Melody Beattie

DER WEG ZU INNERER STÄRKE

Inspirationen für die Seele

Ins Deutsche übertragen
von Gabriel Stein

WILHELM HEYNE VERLAG
MÜNCHEN

HEYNE ESOTERISCHES WISSEN
Herausgegeben von Michael Görden
13/9864

Die amerikanische Originalausgabe erschien unter dem Titel
FINDING YOUR WAY HOME: *A Soul Survival Kit*
bei HarperSanFrancisco

Umwelthinweis:
Dieses Buch wurde auf chlor- und säurefreiem Papier gedruckt.

2. Auflage

Taschenbucherstausgabe 6/2001
Copyright © 1998 by Melody Lynn Beattie
Copyright © 1999 der deutschsprachigen Ausgabe
by Wilhelm Heyne Verlag GmbH & Co. KG, München
http://www.heyne.de
Published by arrangement with HarperSanFrancisco,
a division of HarperCollins Publishers, Inc.
Umschlaggestaltung: FranklDesign, München
Umschlagillustration: Shivananda
Gestaltung und Herstellung: Helga Schörnig
Satz: Leingärtner, Nabburg
Druck und Bindung: Ebner Ulm
Printed in Germany

ISBN 3-453-18922-1

Dieses Buch ist für Licht-Arbeiter
und für Licht-Kinder

Inhalt

Einleitung

Die Veränderung, die uns bevorsteht,
ist im Universum kein streng gehütetes Geheimnis.

BRIAN LUKE SEAWARD, *in:* LYN ROBERT-HERRICK,
The Good Remembering

Meine Aufgabe als spirituell ausgerichtete Journalistin besteht zum Teil darin, zuzuhören, aufmerksam zu sein und dann die Energien, Gefühle, Absichten, die im Äther herumschwirren, aufzufangen und in eine Geschichte zu verwandeln. Wenn ich Glück habe, wird daraus eine Geschichte zum Thema Heilung, die einigen Menschen helfen kann, auf ihrem Weg besser zurechtzukommen.

Und wenn ich ganz großes Glück habe, entsteht eine Geschichte, die auch mich heilt.

In letzter Zeit sprechen die Leute oft über die Idee der Heimkehr. Sie wollen nach Hause gehen. Auf unterschiedliche Weise bringen sie diesen Wunsch zum Ausdruck. Der Gedanke liegt geradezu in der Luft. Schauen Sie sich um! Sie können ihn ebenfalls wahrnehmen und fühlen.

Diese Menschen – wir alle – möchten nach Hause gehen.

Damit meinen sie nicht, dass sie in das Zuhause ihrer Kindheit zurückkehren wollen. Manche wissen nicht einmal genau, was sie sich da eigentlich wünschen. Es handelt sich um eine Vorstellung, die aus der Seele kommt, aus dem tieferen Teil unserer selbst. Um eine Idee, deren Zeit nun gekommen ist.

Wir möchten nach Hause gehen.

Es ist ein Bedürfnis, eine Sehnsucht, ein Verlangen, das einem Drang gleicht – fast eine kosmische Bewegung.

Wir möchten unseren Lebenszweck entdecken, unseren Platz im Leben, die richtigen Menschen, um mit ihnen zusammenzuleben und zu arbeiten, das Richtige zu tun. Wir möchten mehr tun als nur herausfinden, warum wir hier sind; wir möchten tun und ausleben, was wir hier mit den Menschen tun und ausleben sollen, derentwegen wir hierher kamen. Wir möchten übereinstimmen – mit unserem höchsten Gut und mit unserem Schicksal.

Wir möchten das Ziel unserer Seele ausfindig machen und danach leben.

Wir möchten all jene Facetten unseres Selbst zum Ausdruck bringen und benutzen, die wir stets verdrängt und versteckt haben. Wir wollen kein Wort mehr darüber hören, was wir nicht können. Wir wollen wissen, was wir tatsächlich können, und das wollen wir dann gut machen. Wir wollen aufhören, uns auszubeuten, und anfangen, unsere Talente und Begabungen zu erforschen, sie der Welt zu zeigen.

Und daran wollen wir uns erfreuen. Wir wollen Spaß haben. Außerdem würden wir gerne ein bisschen Geld verdienen. Vielleicht auch eine ganze Menge. Nicht, dass Geld das Wichtigste wäre. Wir wollen weder gekauft noch verkauft werden. Wir wollen einfach nicht mehr unsere Seele verkaufen. Aber wir wollen genug haben – sodass am Monatsende eventuell noch ein klein wenig übrig bleibt. Wir wollen uns über Geld keine Sorgen mehr machen.

Wir würden uns gerne gut fühlen, unser Werk tun, nützlich sein, mit Menschen Umgang haben, die wir lieben, die unsere Ansichten teilen, und möglicherweise auch ein bisschen Freude, Glück und Euphorie empfinden. Wir wollen Teil einer Gruppe von hochgesinnten Seelengefährten sein, die in ihrer Arbeit ähnliche Ziele verfolgen. Wir wollen ein paar Freunde, die wirklich Freunde sind, wir wollen einem »Stamm« verwandter Seelen angehören; und wir wünschen uns mehr als nur eine Beziehung – nämlich eine leidenschaftliche Liebesbeziehung mit unserer »Zwillingsflamme«, unserem Seelengefährten.

Vielleicht wollen wir aber auch beim Alleinsein ein Gefühl von Zufriedenheit und Wohlbehagen verspüren.

Wir haben es satt, ängstlich und verwirrt zu sein. Wir würden gerne einige Risiken eingehen, möchten uns aber auch sicher fühlen, beschützt. Wir ersehnen eine Lebensweise, die uns natürlich und richtig erscheint.

Wir wollen die sein, die wir sind – all das sein, was unsere Seele hier sein soll.

Wir sind der Zwangsjacken und Begrenzungen überdrüssig, und wir haben genug davon, unsere Seele für Geld oder Sicherheit zu verkaufen. Wir wollen ausbrechen – unsere Seele befreien, zur richtigen Zeit am richtigen Ort sein, unsere Aufgabe erfüllen, mit dem Schicksal tanzen und beobachten, wie sich das Universum zu unseren Füßen entfaltet.

Wir wollen genügend Drama und Aufregung, damit das Leben interessant bleibt, aber wir wollen auch, dass allem ein dauerhaftes Gefühl von Frieden zugrunde liegt.

Karma und Schwere haben uns lange genug gefesselt und geknebelt. Wir wollen zu unseren geistigen Wurzeln zurückkehren. Wir wollen fliegen lernen.

Wir wollen den Himmel – direkt hier auf der Erde.

All das habe ich gehört, und auch ich habe darüber gesprochen.

Wir wollen heimkehren.

Es ist Zeit, heimzukehren – auf der zellularen, körperlichen und seelischen Ebene. Unsere Seele verlangt das ebenso wie das Universum.

Dieses Buch handelt davon, wie man den Weg nach Hause findet – wo immer Sie sich gerade aufhalten.

Es ist für Menschen, die Heimweh haben, die es kaum abwarten können, jenen Ort namens Heimat zu entdecken – zumal wenn sie nicht genau wissen, wo sich die Heimat überhaupt befindet.

Es ist für Menschen, die immer noch an Engel glauben; an Licht, Farbe und Töne; und an höhere Wesen, die kommen, um uns zu helfen. Für Menschen, die an Musik und an Geschichten glauben; an Wünsche, Schicksal, Babys, Haustiere; an das Leben – vor und nach dem Tod; an das Heilige und Erhabene; an das Sinnliche; an das Lachen; an sich selbst; an Gott; an diesen Planeten – und auch an das übrige Universum.

Es ist für Menschen, die an ein klein wenig Magie und an viel Liebe glauben.

Es ist für Menschen, die daran glauben, dass wir genauso multidimensional sind wie die Welt, in der wir leben, und dass sich diese Dimensionen in einem hohen, vorherbestimmten Tempo wandeln, um uns an einen Ort zu führen, den wir auf diesem Planeten noch nicht kennen gelernt haben – um uns nach Hause zu geleiten.

Unter dem Waschbecken in meinem Badezimmer befindet sich – ordentlich verstaut – eine kleine blaue Polyestertasche mit rotem Riemen. Darin sind eine Schere, Verbandsmull, Aspirin, eine Decke aus Aluminiumfolie, ein behelfsmäßiges Schutzzelt, Wasservorräte für drei Tage und eine Handvoll Nahrungsmittel. Dies ist eine Überlebensausrüstung bei Erdbeben, ein kleines Etwas, das mir helfen soll, im schlimmsten (zuletzt allerdings relativ oft eingetretenen) Notfall in der Gegend von Los Angeles – die ich seit einigen Jahren als meine *Heimat* bezeichne – über die Runden zu kommen.

Auch dieses Buch ist eine Art *Überlebensausrüstung*, ein kleines Etwas, um das Unbehagen zu lindern und zu helfen, damit wir diese Zeiten mit unversehrter Seele und offenem Herzen überstehen.

Ich schlage vor, dass Sie das Buch von vorne bis hinten durchlesen, um sich die darin enthaltenen Ideen bewusstzumachen. Dann empfehle ich, die einzelnen Kapitel je nach Bedarf zu benutzen – prophylaktisch, routinemäßig und für den Fall einer geistigen und seelischen Katastrophe.

Am Ende eines jeden Kapitels finden Sie Übungen und Anleitungen zur Meditation. Sie können diese Übungen gleich nach der ersten Lektüre des jeweiligen Kapitels machen, um die entsprechenden Zusammenhänge herzustellen und die erörterten Vorstellungen zu verinnerlichen, solange sie noch »frisch« sind. Sie können die Übungen aber auch überfliegen und später zu ihnen zurückkehren, nachdem Sie den ganzen Text gelesen haben. Manche Übungen werden Ihnen mehr zusagen als andere. Vertrauen Sie Ihrer Intuition, um herauszufinden, welche Sie brauchen und wann Sie sie machen.

Das Buch ist in drei Teile gegliedert. Der erste Teil entwickelt die Idee der Heimkehr – was damit gemeint ist und wie wir sie verwirklichen. Gerne würde ich eine Landkarte beifügen, aber das ist gar nicht nötig. Sie tragen eine in Ihrem Herzen und in der DNS Ihrer Seele. Ich hoffe, dass die Lektüre dieses Buches Ihnen hilft, die eigene Landkarte ans Licht zu bringen.

Der zweite Teil konzentriert sich auf die Grundsätze, die wir brauchen, um nach Hause zu finden. Die Menschen mögen Richtlinien, in Schritten abgefasste Anweisungen, konkrete Vorgaben. *Welche Richtlinien gibt es dafür?* werde ich gefragt, wenn ich empfehle, das Innere zu öffnen, die Seele zu befreien oder in Einklang zu kommen mit der universellen Liebe. Ich bezweifle, dass es derartige Richtlinien gibt; jedenfalls nicht solche, die unser logischer, rationaler Verstand gerne hätte, damit wir einen Plan ersinnen und die Dinge kontrollieren können. Aber wir alle haben gewisse Grundsätze, eine Reihe von fundamentalen Überzeugungen, die zu Richtlinien werden, zu Gesetzen, nach denen wir leben. Dieser Teil über die Grundsätze wird uns helfen, die eigenen Richtlinien zu untersuchen und sie zu ändern, wenn das unser Wunsch ist.

Der dritte Teil macht ganz einfach Spaß. (Eigentlich trifft das auf alle drei Teile zu, weil die Heimkehr meistens erfreulich und wohltuend ist.) Er handelt von den Heilmitteln. Jedes Kapitel wird Ihnen helfen, die besondere Stimmung, Atmosphäre oder wirksame Absicht ins Gedächtnis zurückzurufen und zu erzeugen, um die es jeweils geht. Viele von Ihnen sind es gewohnt, eine Kerze anzuzünden, damit eine bestimmte Energie entsteht – zum Beispiel Stille, Kreativität, Leidenschaft, Überschwang.

Einige von Ihnen haben vielleicht die Aromatherapie angewandt, auf Öle oder homöopathische Heilmittel zurückgegriffen, um in Ihrem Leben eine bestimmte Energie zu verstärken. Jedes Kapitel in diesem Teil hat die Funktion einer Kerze, eines Öls, eines Homöopathen. Lesen und benutzen Sie diese Kapitel so, wie Sie eine Kerze abbrennen würden – um das zu erhellen, was Sie jeweils brauchen.

Lange Zeit – den größten Teil meines Lebens – dachte ich (wie viele meiner gleich gesinnten Freunde), wir müssten passiv darauf warten, dass sich diese gewünschte Energie in unserem Leben manifestiert – ob wir uns nach einer Einsicht oder einer Offenbarung sehnten, ob wir Kreativität, Ruhe, Liebe, Verzicht, seelische Heilung, Freude, Glück oder die Befreiung von Sorge und Stress erhofften (allesamt notwendige Hilfsmittel für die Heimreise).

Heute bin ich anderer Meinung. Wir können mehr tun, als nur warten oder mit Menschen zusammenarbeiten. Wir können mit den Kräften des Universums arbeiten, um gemeinsam das hervorzubringen, was zu jedem beliebigen Zeitpunkt wünschenswert und notwendig und zu unserem Besten ist. Eine konzentrierte, bewusste Zielsetzung – die adäquate Verwirklichung von Wunsch und Wille – ist keine Option mehr, sondern eine entscheidende Vorbedingung.

Die Wiederbelebung ist greifbar nahe – in unserem Dasein und auf diesem Planeten.

Auf den folgenden Seiten werden wir untersuchen, wie wir mit dieser neuen Energie umgehen, die uns entwurzelt, drängt, stimuliert und manchmal mit aller Macht an jenen Ort treibt, den unsere Seele als *Heimat* bezeichnet.

1. Teil

DER WEG NACH HAUSE

Schließ die Augen,
Schlag dreimal die Hacken zusammen,
Und denk dir:
Nirgendwo ist es so schön wie zu Hause.

Aus: Der Zauberer von Oz

1. Kapitel

Toto, ich habe das Gefühl, dass wir
nicht mehr in Kansas sind.

Aus: Der Zauberer von Oz

Es ist eine Frage der Zeit

Sind Sie verwirrt, entwurzelt, ratlos – fast deprimiert, aber nicht völlig? Dreht sich die Welt um Sie herum, anstatt dass Sie sich natürlich und mühelos mit ihr drehen? Kommt es Ihnen gar so vor, als ob sie Ihnen manchmal feindlich gesinnt sei? All das, worauf Sie vertrauten – zieht es sich zurück, schwindet es? Und selbst wenn Sie die Dinge einmal im Griff haben, dreht sich dann die Welt erneut um Sie, in feindlicher Absicht?

Sind Sie ziemlich verunsichert, wenn Sie sich fragen, was Sie für wahr halten, welchen Sinn das Leben hat, wie es funktioniert und wo Ihr Platz darin ist? Verschwimmt die feine Grenze zwischen Illusion und Wahrheit, Fiktion und Tatsache, Einbildung und Realität, wird sie mit jedem Tag undeutlicher und schwächer?

Auf die Gefahr hin, ein Klischee zu benutzen: *Schließen Sie sich den anderen an!* Oder lieber, wenn ich es mir recht überlege: Wir sollten uns neu zusammenfinden. *Schließen wir uns der Masse an!*

»Ich weiß gar nicht, was in den letzten Jahren mit der Welt und in meiner eigenen Welt los ist«, sagt eine dreiundvierzigjährige Frau, eine erfolgreiche Therapeutin aus dem Mittleren Westen, die intensiv an ihrem Leben gearbeitet und vielen Menschen geholfen hat. »Meistens habe ich das Gefühl, rückwärts durch ein Astloch gezogen zu werden.«

»Schon seit einigen Jahren kommt es mir so vor, als stapfte ich durch einen langen dunklen Tunnel«, meint ein zweiundfünfzigjähriger Mann von der Westküste, ein ehemaliger Polizist, der heute Drehbücher schreibt. Er hat sich jahrelang um seine geistige und seelische Entwicklung bemüht. »Manchmal habe ich das Gefühl, deprimiert zu sein, aber das bin ich nicht wirklich. Keine Ahnung, was da abläuft.«

»Ich sehe nicht mehr deutlich, was vor mir liegt«, berichtet eine andere Frau. »Die Dinge wurden derart durcheinander gewirbelt, dass ich dem Geschehen jetzt kaum noch folgen kann. Ich kapier's einfach nicht. Es scheint, als würde alles in eine Richtung laufen, aber dann komme ich vom Kurs ab und knalle gegen eine Wand. Erinnern Sie sich an den alten Beatles-Song ›Twist and Shout‹? Nun, das ist seit kurzem meine ›Titelmelodie‹. Das Leben nimmt eine schlimme Wendung, und ich stehe da und schreie.«

In letzter Zeit sind diese Wendungen und Umschwünge des Lebens gewaltig, unbegreiflich und unberechenbar. Vorherzusehen ist nur das Unvorhersehbare, das hinter der nächsten Biegung lauert.

Eine junge Frau von der Ostküste, eine New Yorkerin, pflichtet dem bei: »Man kann ein Schleudertrauma bekommen, ohne überhaupt ins Auto gestiegen zu sein. Am

Ende eines Tages sinke ich nicht in den Schlaf«, fügt sie hinzu, »sondern in Ohnmacht. Alles Stress und Zwangsvorstellungen.«

»Ich fange an, Johanniskrautplätzchen zu backen«, schaltet sich ein anderer Freund ein, ein Mann in den Dreißigern. (Johanniskraut ist eine Heilpflanze, die als natürliches Antidepressivum wirken soll – die Antwort der ganzheitlich orientierten, holistischen Gemeinde auf Prozac.) »Nein, ganz im Ernst«, sagt er, »ich werde das tun. Ich habe gehört, dass einige Leute Haschischplätzchen gebacken haben. Es gibt keinen Grund, warum man das nicht auch mit Johanniskraut machen kann.«

Andere waren noch schneller als er. Einige Bioläden verkaufen bereits Tortilla Chips mit Johanniskraut.

Die Worte, die die Menschen benutzen, um ihre Reaktionen zu beschreiben, sind von Ort zu Ort verschieden, aber die Geschichten, die ich rund um den Globus hörte und sammelte, ähneln sich inhaltlich. Wenn ich den Leuten erzähle, was andere sagen, hören sie aufmerksam zu, nicken zustimmend und antworten mit einem Wort: *genau*. Wenn ich dagegen frage, was denn bloß los ist, welchen Sinn sie in diesen Vorgängen sehen oder wohin das alles führt, schütteln sie den Kopf, zucken mit den Schultern und erwidern: *Ich weiß es nicht*.

Ende 1997 unternahm ich eine Art Forschungsreise durch das von terroristischen Massakern zerrissene Algier und ins Zentrum der Protestdemonstrationen in Istanbul. Während ich in der Wartehalle eines Schweizer Flughafens saß und überlegte, ob ich nach Bosnien weiterfliegen sollte, erregte eine Nachrichtensendung im Fernsehen meine Aufmerksamkeit. Der Reporter stand an der Küste von Malibu in Kalifornien, nahe dem Ort, den ich seit ein paar Jahren als meine *Heimat* bezeichne. Er berichtete über El Niño, jenes extreme klimatische Phänomen, das vor etwa zweihundert Jahren nach dem Christuskind benannt wurde. (El Niño trifft meistens um Weihnachten ein und ist eine Periode ungewöhnlicher globaler Wetterbedingungen, die aus besonders warmen Temperaturen in den Tiefen des Pazifischen Ozeans resultieren.)

Der Reporter interviewte einen Wetterexperten, fragte ihn, was die Leute von diesem El Niño zu erwarten hätten – mehr Hurrikans, Regenfälle, Überschwemmungen und folglich auch mehr Erdrutsche? Er versuchte, seinen Gesprächspartner auf eine *genaue* Vorhersage künftiger Ereignisse festzunageln.

Der Meteorologe lauschte den ungestümen und hartnäckigen Fragen des Interviewers und antwortete dann ruhig, dass wir seiner Meinung nach das gleiche Wetter haben würden wie bisher, nur würde El Niño die bereits existierenden Verhältnisse intensivieren.

Ich bin zwar kein Wetterexperte, aber dies wäre eine exakte Prognose für das seelische und geistige Klima rund um den Globus.

Alles wird intensiver.

In einer unsicheren Zeit der Wendungen und Umschwünge, da sich die Kodak-Momente in Prozac-Momente verwandeln und die beiden bevorzugten Schlagwörter »genau« und »Ich weiß nicht« lauten, ist ein weiterer Ausdruck ins Bewusstsein vorgedrungen.

Heimkehren.

»Ich habe die Nase voll von all dem Kram«, sagt eine Frau. »Ich bin es leid, zu hetzen, nicht dazuzupassen, nicht meinen Ort zu finden und die ganze Zeit ein wenig unglücklich zu sein. Ich weiß, dass es auf diesem Planeten einen Ort gibt, wo ich glücklich sein, mein Kind großziehen, am Meer leben und meine Arbeit machen kann. Ich will ihn nur finden und dorthin ziehen. Ich will heimkehren.«

»Seit einem Jahr lüge und manipuliere ich, presse mich selbst in ein Firmenschema, in das ich nicht gehöre, und trinke, um mein ganzes Tun zu verschleiern«, konstatiert eine Frau. »Ich bin von Haus zu Haus und von Stadt zu Stadt gezogen, aber im Grunde bin ich nur vor mir selbst weggerannt. Jetzt reicht's. Es ist Zeit, diese Flucht zu beenden. Ich vermisse mich. Ich möchte mich wohl fühlen in meiner Haut. Ich will meine Seele zurückhaben. Ich will nach Hause.«

»Jahrelang habe ich es zugelassen, als Geisel festgehalten zu werden«, bekennt ein Mann. »Ich habe für Menschen gearbeitet, die ich nicht mag, und ich bin bitter geworden über meiner Arbeit, die ich früher geliebt habe. Ich selbst habe mich zur Geisel gemacht. Ich wurde durch meine eigenen Ängste und meinen Mangel an Vertrauen gefangen gehalten – Geldängste und Unsicherheit, wohin ich gehen und was ich als nächstes tun sollte. Es ist Zeit, das alles loszulassen. Es ist Zeit, mit mir selbst und meiner Seele wieder in Berührung zu kommen. Es ist Zeit heimzukehren.«

»Etwas ist mit mir geschehen«, sagt eine fünfundvierzigjährige Frau, eine Therapeutin. »Ich weiß nicht, wann oder wie es dazu kam, aber ich habe meine Integrität verloren. Dadurch habe ich auch meine Leidenschaft für die Arbeit und das Leben verloren. Ich will sie wiederhaben. Ich will heimkehren.«

»Ich habe mich total verkauft«, erklärt eine weitere Frau. »Weil ich von anderen übernommen habe, was es heißt, erfolgreich zu sein. Ich habe mich immer wieder Leuten angepasst, mit denen ich nicht warm wurde. Ich redete mir sogar ein, dass es gleichgültig sei, wo ich lebe oder ob ich Freunde habe. Allmählich war ich wohl davon überzeugt, dass es für mich keinen Platz gibt auf diesem Planeten. Ich vergaß, dass die kleinen Dinge durchaus wichtig sind. Ich entfernte mich immer weiter von mir selbst, bis ich fast vergaß, wer ich eigentlich bin, wie ich mich fühle und was ich möchte. Eines Tages konnte ich mich nicht mehr wie ein Gummiband weiter dehnen. Ich schnellte zurück. An diesem Tag wachte ich auf, und die Lichter gingen an. Ich sah, was ich getan hatte, wie ich bei meinem Versuch, die gesellschaftliche Leiter nach oben zu klettern, so viele Dinge aufgegeben hatte, die mir am Herzen lagen. Ich wusste, was zu tun war. Es war höchste Zeit, herauszufinden, was ich wollte, was mir wirklich wichtig war und was sich in meinem Leben gut und richtig anfühlte. Das Leben war so schwer und mühsam geworden. Es war höchste Zeit, wieder leichter zu werden, zurückzukehren zu meinen Träumen und zu den Menschen und Orten, die mir sympathisch waren. Ich musste nicht annähernd so unglücklich sein, wie ich inzwischen war, um mich anschließend über meinen wahren Zustand hinwegzutäuschen oder mich dafür zu bestrafen, dass ich mich so fühlte. Ich brauchte nicht derart flexibel zu sein, mich derart anzupassen. Ich musste nicht so sein, wie ich gar nicht bin, und versuchen, diese Rolle vor Leuten zu spielen, die ich nicht mochte.

Nein, es war Zeit heimzukehren.«

Manche wissen genau, was mit dem Ausdruck »heimkehren« gemeint ist, und können dessen Sinn knapp und anschaulich zur Sprache bringen. Andere wiederum sind sich gar nicht so sicher, was sie damit sagen wollen. Das Bedürfnis nach Heimkehr ist jedenfalls mehr als ein Ausdruck mit einer bestimmten Bedeutung – es ist ein tiefes, dauerhaftes, universelles, geistig inspiriertes *Gefühl*.

Vor Jahren nahm ich meinen Sohn Shane an Halloween mit auf eine der üblichen Touren durch die Nachbarschaft. Den ganzen Tag hatte er aufgeregt daran gedacht, wie er sein Kostüm tragen, mit anderen Kindern von Haustür zu Haustür ziehen, anklopfen und den Leuten zeigen würde, wie er verkleidet war, um dafür dann Süßigkeiten zu bekommen. Nachdem Shane etwa anderthalb Stunden lang treppauf, treppab gelaufen war, an Türen geklopft hatte und mit Gespensterlauten andere Kinder in die Flucht geschlagen hatte, fühlte er sich völlig ausgelaugt.

»Ich will an keine Tür mehr klopfen. Ich will keine Süßigkeiten mehr. Ich will dieses Kostüm nicht länger tragen«, sagte er und riss sich die Maske vom Gesicht. »Ich will nur noch nach Hause.«

Das ist genau die Stimmung, die ich ringsum wahrnehme.

Es gibt eine alte Geschichte, die jahrelang in Hollywood kursierte. Ein Agent wird von seiner Assistentin angerufen, die ihm mitteilt, ein Mann namens Luzifer wolle ihn auf Leitung drei sprechen.

»Ich kenne niemanden mit Namen Luzifer«, betont der Agent.

»Nun, er sagt, dass er Sie kennt«, entgegnet die Assistentin, »und dass er sofort mit Ihnen sprechen muss.«

Der Agent murmelt ein bisschen vor sich hin, nimmt dann den Hörer ab und sagt »Hallo«.

»Ich schlage Ihnen ein Geschäft vor«, sagt Luzifer. »Gegen Ihre ewige Seele gebe ich Ihnen soviel Geld, Macht und Sex, wie Sie haben wollen.«

»Einen Augenblick«, erwidert der Agent. »Ich will mich nur versichern, ob ich Sie auch richtig verstanden habe. Sie sagen mir, dass ich nicht mehr tun muss, als Ihnen meine Seele zu geben, und dafür geben Sie mir soviel Geld, Macht und Sex, wie ich haben will. Ich bin doch nicht blöd. Wo liegt denn da der Haken?«

Der Haken liegt natürlich darin, dass unsere Seele äußerst wichtig ist.

Die Menschen haben es satt, sich selbst zu verkaufen. Sie wollen ihre *Seele* zurückhaben. Sie wollen heimkehren.

Wie wichtig oder wie real ist die Seele? Wir stehen vor einem wissenschaftlichen und technologischen Durchbruch, der es der Menschheit ermöglichen wird, das Leben in all seinen Formen durch Klonen zu erzeugen und zu vervielfältigen. Daisy, das geklonte Schaf, wurde sogar schwanger. Die Auswirkungen dieser Entdeckung sind unglaublich, insofern sie das Leben auf der Erde und unseren Umgang mit Verlust, Trauer und Tod verändern. Man behauptet, durch Klonen könne eine bestimmte Person aus ihrer Haarlocke und ein Ei aus dem mütterlichen Eierstock reproduziert werden.

Doch auf der Schwelle verharren wir in einer Unentschlossenheit, die an panische Angst grenzt. Was passiert, wenn dieser neu erzeugte Mensch zwar in jedem Teil perfekt nachgebildet ist, *aber einer Seele ermangelt*? Die daraus resultierenden Folgen sind noch bestürzender.

Das zeigt, wie wichtig eine Seele ist – wie wichtig jede unserer Seelen ist.

Und wie wichtig ist die Seele, der Geist oder der Charakter eines Unternehmens, einer Organisation, einer Institution? Arbeiten Sie einmal für eine Organisation, oder begeben Sie sich in die Obhut einer Institution, die keinen Geist hat, deren Charakter betäubt, abgetötet oder vergiftet wurde – beziehungsweise den Wertvorstellungen Ihrer eigenen Seele widerspricht. Diese Frage lässt sich schnell beantworten.

Die Menschen brauchen mehr als einen Körper, und Unternehmen und Institutionen brauchen mehr als eine Gewinn-und-Verlust-Rechnung.

Es kommt vor allem auf den Geist einer Sache an. Dieses Buch handelt davon, wie man sich mit der Kraft des Geistes – unserer Seele – verbindet und zulässt, dass diese Verbindung jede(n) von uns in den günstigsten Zustand versetzt.

In diesem Buch geht es darum, den Weg nach Hause zu finden. Das kann bedeuten, in Sachen Wohnort die beste Stadt – oder das beste Land – ausfindig zu machen, die besten Menschen für gemeinsame Aktivitäten zu treffen und die beste Arbeit auszuwählen. Aber es geht hier noch um mehr. Sie sollen eine feste, fühlbare Verbindung zu Ihrer Seele herstellen und dadurch jeden Tag Ihren eigenen Weg in Richtung Heimat einschlagen.

Können wir mit unserer Seele in bewussten Kontakt treten? Kann dieser Prozess gelehrt, gelernt, vereinfacht und in ein Selbsthilfebuch oder in einen Wochenendworkshop »verpackt« werden? Ich bin davon überzeugt, dass wir aus einem Buch – und aus jeder anderen Wissensquelle, zu der wir geführt werden – Botschaften und Unterweisungen empfangen können. Und ich weiß nicht, inwieweit uns die Frage, ob wir mit der eigenen Seele in

Berührung kommen und den Weg nach Hause nehmen können, überhaupt noch eine Wahl lässt.

Diese Verbindung mit unserer Seele kann nicht erkauft, manipuliert oder erzwungen werden. Und man kann sie nicht auf unbestimmte Zeit ignorieren.

Der geheimnisvolle Schleier, der unser Bewusstsein von unserem Unterbewusstsein oder Überbewusstsein – und letztlich vom lebendigen Bewusstsein unseres Universums – trennt, wird immer dünner.

Es ist eine Frage der Zeit.

Haben Sie das Gefühl, rückwärts durch ein Astloch gezogen zu werden? Vielleicht, und vielleicht werden dabei all Ihre Ängste »herausgepresst«. Sind Sie der Meinung, durch einen langen, dunklen Tunnel zu stapfen? Wäre es nicht möglich, dass Sie sich durch die Dunkelheit kämpfen, um zum anderen Ende zu gelangen und dort das Licht zu sehen und zu schätzen? Wirbelt das Leben Sie im Kreise herum und stößt Sie dann blindlings auf einen Weg? Vielleicht sollen dadurch Ihre Gewohnheiten erschüttert, Ihre Wertvorstellungen in Frage gestellt, Ihre Gefühle wachgerüttelt werden, damit Sie merken, wie viel Sie schon über Ihre Reise in Richtung Heimat wissen.

Es liegt etwas in der Luft, in den Winden, im Wetter, im Regen. Man spürt mehr als nur die Auswirkungen von El Niño. Dies sind keine Zeiten, die die Seele des Menschen auf eine harte Probe stellen. Nein, dies sind Zeiten, die sie *befreien*.

ÜBUNGEN

Legen Sie sich eine Überlebensausrüstung für die Seele zu. Genauso wie viele von uns eine Überlebensausrüstung für Erdbeben oder Erste-Hilfe-Ausrüstungen für verschiedene Notfälle haben, können wir uns eine Überlebensausrüstung für die Seele herrichten. Wir nehmen einen Rucksack, eine Samttasche oder eine Schachtel und tun Dinge hinein, die für uns in geistiger oder seelischer Hinsicht von Bedeutung sind. Oder wir kreieren eine solche Ausrüstung in unserer Vorstellung und lassen die Dinge verstreut in unserem Heim herumliegen, wohl wissend, dass sie Bestandteil unseres imaginären Rüstzeugs sind, das zu unserem seelischen Überleben beitragen soll. In diesem Buch ermuntere ich Sie immer wieder, Listen mit verschiedenen Aktivitäten zu erstellen, die Ihrer Seele Nahrung geben. Darüber hinaus fordere ich Sie auf, gewisse Dinge auszuwählen, die zu Ihrer Seele sprechen und Ihnen wichtig sind. All diese Dinge – und andere notwendige Gegenstände wie Ihr Tagebuch und Traumarbeitsbuch – werden gleichsam zu Werkzeugen in Ihrer Ausrüstung. Dabei kommt es nicht darauf an, eine bestimmte Tasche für die Ausrüstung zu fabrizieren, obwohl auch das reizvoll und nützlich sein kann, sondern darauf, allmählich an Dinge und Aktivitäten zu denken, die unsere Seele ansprechen, hegen und pflegen.

Überbrücken Sie die Kluft zwischen Ihrem Bewusstsein und Ihrer Seele mit Hilfe einer vorgegebenen Meditation. Die folgende ist einfach, aber wirksam. Lesen Sie sie so lange, bis Sie mit ihr vertraut sind, und nehmen Sie dann eine bequeme Position ein, entweder sitzend oder liegend. Schließen Sie die Augen, und visualisieren Sie die geschilderte Situation, bis Sie das Bild deutlich sehen und sich selbst darin erkennen können.

Stellen Sie sich vor, dass Sie vor einer Brücke stehen, einem Gehweg über einem Abgrund. Sie können diese Brücke so hoch oder so niedrig, so breit oder so eng gestalten, wie Sie möchten. Aber um auf die andere Seite zu gelangen, müssen Sie die Brücke betreten und überqueren. Die Seite, auf der Sie stehen, ist ein wenig dunkel. Das sind Sie gewohnt, und dennoch wollen Sie an diesem Ort nicht mehr bleiben. Selbst wenn Sie ziemlich Angst haben, sollten Sie sich vergegenwärtigen, dass Sie aufgeregt und gespannt darauf sind, die andere Seite zu erreichen. Vielleicht können Sie noch nicht deutlich sehen, was Sie da drüben erwartet, aber dort scheint alles grüner, heller, fröhlicher zu sein. Fühlen Sie Ihre Sehnsucht und Ihre Entschlossenheit, die Brücke zu passieren.

Stellen Sie sich vor, dass Sie losgehen, unbeschwert einen Fuß vor den anderen setzen oder (wenn Sie schneller vorankommen wollen) laufen. Bleiben Sie bei jedem Schritt in Verbindung mit sich selbst. Greifen Sie nach dem Geländer, wenn Sie Lust dazu haben, oder rennen Sie ungehindert über die Mitte der Brücke, bis Sie am anderen Ende sind. Dort angekommen, gehen Sie weiter, bis Sie die Brücke verlassen und festen Boden unter den Füßen haben. Gönnen Sie sich einen Moment Ruhe, um zurückzublicken zu jener Stelle, von der Sie aufbrachen. Lächeln Sie und winken Sie all den Menschen und Dingen zu, die Sie zurückgelassen haben. Segnen Sie sie. Lassen Sie sie los. Machen Sie sich keine Sorgen über diejenigen, die noch am Ausgangspunkt sind. Wer bereit ist für die Überquerung, wird seine eigene Brücke finden. Drehen

Sie sich um, lächeln Sie und nehmen Sie sich einen Augen-
blick Zeit, um die Schönheit auszukosten, die Sie auf die-
ser »neuen« Seite wahrnehmen und empfinden.

Jetzt sind Sie in Sicherheit. Sie haben die Brücke erfolg-
reich überquert. Sie stehen mit beiden Beinen auf festem
Boden. Fühlen Sie sich von Leuten umgeben, die Ihnen
Liebe entgegenbringen! Vielleicht können Sie noch nicht
ihre Gesichter sehen oder erkennen, wer sie sind, aber Sie
spüren ihre Liebe. Fühlen Sie sich außerdem von Bäumen,
Bergen, Sonnenschein und Vögeln umgeben! Vielleicht
wissen Sie nicht genau, was Sie auf dieser Seite finden
werden, aber Sie fühlen sich sicher. Seien Sie gewiss und
vertrauen Sie darauf, dass alles zu Ihrem Besten ist.

Wann immer das Leben zu anstrengend wird, greifen Sie
zu Ihrer Überlebensausrüstung für die Seele, und holen
Sie dieses Bild hervor. Visualisieren Sie, wie Sie auf der
anderen Seite der Brücke in Sicherheit sind, lieben Sie
Ihre Gefühle und vertrauen Sie dem, was Sie noch nicht
klar erkennen können!

2. Kapitel

Das Universum besteht aus Geschichten,
nicht aus Atomen.

MURIEL RUKEYSER

Bewusster Kontakt

Meine Heimreise begann mit Rückenschmerzen – einem anhaltenden, lähmenden Schmerz in der Lendengegend, der mich ans Bett fesselte und nicht mehr aufstehen ließ. Sieben Jahre später erreichte die Reise ihren Höhepunkt in einem Hotelzimmer in Redondo Beach, Kalifornien, mit einer Erfahrung, die mich monatelang benommen machte und verwirrte, während ich versuchte, mir darüber klar zu werden.

Für dieses kleine Buch waren intensive Vorarbeiten erforderlich, aber das Durchleben dieser »Recherche« hat mein Leben grundlegend verändert. Im Laufe der letzten acht Jahre habe ich Teile des Materials gesammelt – ungewiss, wie sie zusammenpassen würden und was das alles zu bedeuten hätte.

Ich wusste schon immer, dass ich eine Seele habe – zumindest *glaubte ich* es zu wissen. Ich hoffte, damit würde irgendein Teil von mir nach jener Erfahrung, die wir als Tod bezeichnen, überleben. Aber ich war mir nicht sicher, ob oder inwiefern meine Seele mein tägliches Leben auf der Erde beeinflusst.

Als nächstes werde ich Ihnen erzählen, wie ich meine Seele entdeckte und mit ihr in Berührung kam.

Ein heute berühmter Schauspieler saß als kleiner Junge mit seiner Mutter im Kino und sah den Schwarzweißfilm – eine Cowboygeschichte – über die Leinwand flimmern.

»Eines Tages werde ich das auch machen«, sagte er, auf die Leinwand deutend.

»Was denn?«, fragte seine Mutter. »Cowboy? Oder Schauspieler?«

»Nein«, erwiderte der Junge selbstbewusst. »Ich werde Geschichten mit Licht erzählen.«

Wir alle erzählen Geschichten mit Licht, jeden Tag. Wir nehmen quasi an einer »Light-Show« teil. Wie wir dieses Licht benutzen, hängt teilweise von uns und teilweise von jener geheimnisvollen göttlichen Kraft namens Schicksal ab. Während der vergangenen acht Jahre wurde mir die folgende Licht-Geschichte erzählt. Sie ist persönlich, höchst subjektiv und durch all jene Filter gegangen, mit denen ich dieses Licht täglich sehe und deute.

Mögen Ihre Engel Ihnen helfen, sie in einer Weise zu interpretieren, die Ihrer Empfindung von Wahrheit entspricht.

Meine Seele hatte jahrelang versucht, mit mir in Kontakt zu treten, meine Aufmerksamkeit zu erregen. Ich hatte Virusinfektionen, Magen- und Darmprobleme, periodisch auftretende Rückenschmerzen. Meistens brachte ich diese Störungen schnell hinter mich, nannte sie Krankheiten und wandte mich der nächsten Aktivität zu. Ich wollte, brauchte oder hatte das Gefühl, in meinem Leben immer etwas *tun* zu müssen. Einfach nur zu *sein* war mir fremd.

Das machte mich nervös. Ich begriff nicht, was da in mir vorging.

Ich war darin geübt, meinen Körper zu ignorieren. Auch gelang es mir meistens, meine Gefühle zu verdrängen. Gelegentlich brach ein Gefühl wie Trauer, Gereiztheit, Frustration oder Angst – die sich gewöhnlich hinter so genannten »Panikattacken« verbarg – durch einen Riss in der mich umgebenden Schale und bahnte sich einen Weg ins Bewusstsein. Ich betrachtete diese Augenblicke emotionaler Erschütterung als *Anomalien*, die um jeden Preis vermieden werden mussten. Sie waren mir mehr als lästig.

Ich hatte einen Vorsatz, einen Plan, den ich ständig mit mir herumtrug. Und ich wollte nicht, dass er von den körperlichen Symptomen des Kummers oder von *Gefühlen* durchkreuzt würde – ob es nun meine eigenen waren oder die der anderen.

Ich lebte in meinem Kopf und vom Kopf her. Der Kopf war mein Zuhause.

Manchmal hatte ich einen Geistesblitz, durch den meine Psyche oder eine Stimme aus dem Jenseits Botschaften an mich übermittelte, aber auch das erschien mir als Anomalie – als etwas, das nur mitten in einem Trauma oder bei einem rational nicht lösbaren Problem auftrat.

Im Jahre 1970, als ich meinen ersten, gerade geborenen Sohn John von der Klinik nach Hause brachte, wusste ich – in einem plötzlichen Anfall von Hellsicht, den ich jetzt als psychische Vision bezeichnen würde –, dass ich

ihn nicht selbst großziehen würde. Ich hatte keine Ahnung, wie ich mit diesem Bewusstsein umgehen sollte,
was es eigentlich bedeutete. Es enervierte mich noch mehr
als jeder Gefühlsausbruch, den ich bisher erlebt hatte.
Drei Jahre später übertrug ich das Sorgerecht für dieses
Kind auf den Mann, der sein Vater war.

1973 dann, nachdem ich monatelang arbeitslos gewesen war und alle mir bekannten Möglichkeiten für eine
neue Anstellung ausgeschöpft hatte, stand ich deprimiert
und verzweifelt an einer Bushaltestelle. Eine »Stimme«,
eine drängende Macht, die ich heute als Engelserschei-
nung oder bewussten Kontakt mit meinem Schutzengel
beschreiben würde, sagte mir, dass ich mich umdrehen
solle, was ich auch tat. Ich befand mich vor einem Trep-
penhaus, das zu einer Anwaltskanzlei im zweiten Stock
führte. Die »Stimme« sprach weiter, gab mir deutlich zu
verstehen, dass ich die Treppe hochsteigen, um eine Un-
terredung mit dem Inhaber der Kanzlei bitten und ihm
meinen Wunsch mitteilen solle, bei ihm zu arbeiten. Ich
befolgte die Anweisung. Der betreffende Herr reagierte
überrascht, bestätigte dann, dass er tatsächlich daran gedacht hatte, eine weitere Anwaltsgehilfin einzustellen,
aber noch keine weiteren Schritte in dieser Richtung unternommen hatte. Er sagte, dass er darüber nachdenken
und mich zurückrufen wolle. Zwei Wochen später bekam
ich den Job, der an jenem Tag für mich geschaffen wurde,
als ich an der Bushaltestelle stand. Diese Stelle brachte
mir mehr Geld ein als jede andere, um die ich mich be-
worben hatte, und dort war ich glücklicher als die ganze
letzte Zeit davor.

Ein Jahr später, 1974, hörte ich erneut eine »Stimme«.
Diesmal sagte sie mir, dass ein Mann in mein Leben treten

würde, dessen Name die Initialen D. A. B. trage. Ein Jahr
darauf heiratete ich einen Mann, der der Vater meiner bei-
den Kinder Nichole und Shane wurde. Sein Name? David
Anthony Beattie.

Ich glaubte an die Kraft, die wir Intuition oder geistige
Führung nennen. Außerdem glaubte ich, dass sie nur in
Krisenzeiten verfügbar sei – eben wenn ich irgendeinen
Tiefpunkt erreicht hatte. Die Hilfe von unsichtbaren Kräften konnte meine Schale durchbrechen, um meinen Weg
zu erhellen und meine Schritte zu lenken – aber nur wenn
ich hoffnungslos, ohne Arbeit oder ohne Geld war. Dann
aber würde sie verschwinden und erst bei der nächsten Le-
benskrise wieder auftauchen. Ich wusste nicht, wie ich
mich regelmäßig auf Intuition und geistige Führung besinnen sollte. Ja ich wusste nicht einmal, ob ich das überhaupt konnte oder ob dieser Beistand stets verfügbar war.

Ich lebte losgelöst von meinen Instinkten, mit Ausnahme jener Urinstinkte, die dem bloßen Überleben dienen – ein Zuhause einrichten, Karriereziele erreichen und
die alltägliche Aufgabe bewältigen, eine Familie großzu-
ziehen und das Leben zu leben. Ich versuchte, in der ma-
teriellen, zeitlichen Welt physisch zu überleben.

Ich hatte keine Ahnung, dass auch meine Seele überleben wollte.

Ich betrachtete mich als einen ziemlich religiösen
Menschen. Ich glaubte innig an Gott und an die Lehren
des jüdisch-christlichen Glaubens. Ich betete häufig – zumindest einmal am Tag – mit geschlossenen Augen und
gefalteten Händen, in der Hoffnung, die ferne Gottheit,
die ich Gott nannte, würde mich hören.

Doch irgendetwas gab mir das Gefühl, von Gott getrennt zu sein. Ich war abgespalten von meinen Emotio-

nen, von meinem physischen Körper und meinem psychischen Körper – von meiner Intuition und meinen Instinkten. Ich war losgelöst von meiner Seele. Und ich war meistens von der Außenwelt abgekapselt und allein, sogar im Beisein anderer. Mir schien es, als sei ich in diesem so genannten *Leben* völlig auf mich selbst gestellt.

So ganz und gar im Kopf zu leben bereitete mir nicht unbedingt Wohlbehagen, aber er war inzwischen zu meinem Zuhause geworden. Und ich verbrachte einen Großteil der Zeit damit, mich jener Kraft zu widersetzen, die mich in einen anderen Zustand, in ein besseres Zuhause führen wollte.

Ich war verbohrt, aber das Universum ist ausdauernd und unnachgiebig – ebenso wie die Seele. Das Schicksal bahnt sich seinen Weg.

Wie gesagt, meine Reise nach Hause – ein bewusster Gang auf dem spirituellen Pfad im Bemühen, mit meiner Seele in Verbindung zu treten – begann mit hartnäckigen Rückenschmerzen, die mich nicht mehr aufstehen ließen. Ich lag wochenlang im Bett, irritiert und verärgert über die Unannehmlichkeit des Krankseins. Ich wollte im Leben weiterkommen, ich hatte einiges zu tun. Weder verspürte ich den Wunsch noch das Bedürfnis, krank zu sein – zumindest dachte ich das.

Ich suchte einen Arzt auf, was ich in so einem Fall fast immer tue. Nach einer Reihe von Konsultationen und Röntgenuntersuchungen teilte er mir mit, dass ich unter einer chronischen, irreversiblen Bandscheibenabnutzung litt. Der Arzt sagte, ich hätte keine andere Wahl, als mich einer größeren Rückenoperation zu unterziehen oder mein Leben lang Schmerzmittel zu nehmen.

Beide Alternativen erschienen mir inakzeptabel.

Nachdem ich einige Tage im Gefühl der Verzweiflung und des Gefangenseins zugebracht und geweint hatte, spürte ich, wie sich in meinem Leben sanft eine Tür auftat. Ich beschloss, einen neuen Kurs einzuschlagen. Zum ersten Mal fing ich an, etwas für meinen Körper zu tun. Massagen. Mein Körper war eine Masse aus Knoten und verkalkten Klumpen. Manchmal fühlte ich mich nach einer Massage noch viel schlechter als vorher. Allzu lange war ich nicht angefasst worden. Die Mauer rund um mein Herz, meinen Körper und letztlich auch um meine Gefühle war dick und voller Schmerz. Im Laufe von Monaten begannen verschiedene Massagetherapeuten während der Behandlung mit mir zu sprechen, mich aufzuklären. Schmerzen am unteren Rücken? Wahrscheinlich haben Sie das Gefühl, dass es Ihnen an seelischer Unterstützung mangelt. Ihr Rücken versucht Ihnen das mitzuteilen. Schmerzen im Nacken? Welcher Mensch in Ihrem Leben setzt Ihnen denn so zu? Die Augen tun Ihnen weh? Was wollen Sie nicht sehen? Sie husten und Ihre Lungen schmerzen? Irgendein alter Kummer, ein früheres Problem kommt wieder zum Vorschein. In dieser Zeit entdeckte ich Louise Hays Buch *You Can Heal Your Life* (Sie können Ihr Leben selbst heilen). Die darin enthaltenen Diagramme verdeutlichten den Zusammenhang zwischen unserem Körper und unseren Gefühlen.

»Liebevoll lausche ich den Botschaften meines Körpers«, bekräftigte Hay. Anfangs lauschte ich nicht unbedingt liebevoll, aber wenigstens fing ich an zu hören.

All jene Gefühle, die ich die meiste Zeit meines Lebens so eifrig zu unterdrücken und zu kontrollieren versucht hatte – in der Überzeugung, das sei die gesunde, anständige Art zu leben –, machten sich allmählich bemerkbar. Woche um Woche stieg aus den tieferen Schichten ein altes, verdrängtes Gefühl nach dem anderen herauf.

Meinem Rücken ging es zwar besser, mir aber ging es schlechter (zumindest glaubte ich das). *Ich begann zu fühlen.*

Mein Leben entwickelte sich zu einem offenbar endlosen Prozess, bei dem ehemals aufgestaute, festgeklemmte Brocken emotionaler Energie zutage gefördert wurden. Ich war überrascht, irgendwie verblüfft – und mehr als nur ein bisschen gedemütigt. Jahrelang hatte ich an mir selbst gearbeitet. Ich war bewandert in zahlreichen Therapien, sowohl als Patientin wie als Therapeutin. Ich hatte Einblick in die so genannte menschliche Natur und wusste um das Bedürfnis, Gefühle zu empfinden. Das Problem bestand darin, dass ich meine Gefühle einer rein intellektuellen Betrachtung unterzog. Ich lebte sie im Kopf aus. Jetzt aber trat ich tatsächlich in Verbindung mit meinem physischen Körper und mit meinen Gefühlen – meinem *emotionalen Körper.* Ich tat mehr, als halbbewusst darüber zu reden, wie frustriert ich war wegen eines Menschen oder einer Sache, oder über etwas zu meckern oder vorzutäuschen, ich würde ein bestimmtes Gefühl nicht empfinden, weil ich mich seiner schämte oder einfach meine Ruhe haben wollte. Ich hörte auf, mein emotionales Leben zu vertuschen und diese Regungen dann stillschweigend in den dafür geeignetsten Organen meines Körpers zu speichern – in den Lungen, im Herzen, in den Nieren oder in der Leber. Ich nahm nun meine emotionale Energie bewusst wahr, akzeptierte, spürte und befreite sie, indem ich sie durch mich hindurchströmen ließ. Ich hatte mit dem inneren Heilungsprozess begonnen, der von mir verlangte, dass ich für jeden von mir gewünschten Schritt nach vorn meine Vergangenheit offenbare. Diese emotionale Genesung half mir auch, jene Grundsätze und Richtlinien zu erkennen und zu ändern, die mein Leben beherrscht hatten.

Ich kam allmählich in Kontakt mit mir selbst.

Ich hatte jene sagenumwobene Büchse der Pandora geöffnet, aber ich war nicht sicher, ob in ihr unter all den alten negativen Gefühlen noch etwas Hoffnung übrig war. Zunächst dachte ich, ich würde vielleicht ein oder zwei verborgene Gefühle zum Vorschein bringen, sie durch ein paar neue ersetzen, und schon sei der Prozess beendet. Ich glaubte, ich könnte mein Leben so leben, wie ich es vorher getan hatte – nämlich vom Kopf aus. Es dauerte eine ganze Weile, bis ich sowohl verstandes- wie auch gefühlsmäßig begriff, dass ich einen Zyklus begonnen hatte, durch den ich meinen Körper entgiftete und eine weitere Ebene spirituellen und emotionalen Wachstums anvisierte.

Und es dauerte noch länger, sich diesem Prozess völlig hinzugeben und ihn zu achten.

Meine heilsame geistige Reise nahm mich immer mehr in Anspruch. Unterwegs taten sich verschiedene Quellen auf. Ich konsultierte einen Kinesiotherapeuten – einen Chiropraktiker, der nicht nur die Wirbelsäule zurechtrückt. Die Kinesiotherapie ist eine Methode, über die Muskeln zum Körper zu sprechen. Zum Beispiel streckt man einen Arm so weit es geht nach vorn. Dann stellt der Arzt mehrere Fragen; sobald die Kraft im Arm nachlässt, wenn Sie ihn nicht länger gestreckt halten können, benutzt der Arzt diese »Schwäche«, um Ihre körperlichen

Reaktionen auf eine Frage zu verstehen und zu deuten. Dadurch lassen sich bestimmte Substanzen wie homöopathische Mittel, Öle oder Nahrungszusätze am Körper testen, um herauszufinden, ob das jeweilige Präparat ihn stärkt, schwächt oder überhaupt nicht beeinflusst. Es ist dies ein ganzheitliches Verfahren, um mit dem Körper zu kommunizieren. Viele Kinesiotherapeuten wenden es unter Zuhilfenahme persönlicher Techniken an, um neben dem physischen Körper ihrer Patienten auch deren emotionalen, psychischen und spirituellen Körper zu behandeln.

Indem sich mein Körper auf diese Weise artikulierte, erzählte er dem Therapeuten – und letztlich auch mir selbst –, was jede Woche los war.

Ich begriff allmählich, dass die Frage »Was ist los, Herr Doktor?« soviel bedeutet wie: »Was teilt meine Seele meinem Körper und mir mit, was ist sie bereit zu lösen und zu heilen?« »Was ist los, Herr Doktor?« hieß, die emotionalen Blockaden zu beseitigen, um bewusst mit der eigenen Seele zu kommunizieren.

Einige Leute bezeichnen diesen Prozess als *Heilung der Seele.* Ich weiß nicht, ob Seelen geheilt werden müssen. Meine jedenfalls musste befreit werden.

Gewöhnlich stellten sich ein oder zwei alte Gefühle ein, zum Beispiel Kummer, Trauer, Wut oder Angst. Indem der Therapeut den Zustand meines Körpers anhand des Muskeltests erkannte, konnte er auch sagen, welche Überzeugung mit welcher Emotion verbunden war. *Ich bin von Gott getrennt. Das Leben ist zwangsläufig hart. Ich bin ein Opfer. Ich habe es verdient, bestraft zu werden.* Es ging immer wieder um die gleichen Themen. Nach und nach wurde mir klar, dass sich viele Gefühle in meinem Körper festgesetzt hatten, wobei jedes mit einer bestimmten Grundanschauung zusammenhing. Es war, als hätte ich um mich und in mir ganze Schichten von Bodensatz – der aus einengenden Emotionen bestand, die ich nicht zu empfinden gewagt hatte, aus lähmenden Ansichten, die zuließen, dass ich das Leben auf diesem Planeten ertrug und ihm einen Sinn verlieh, selbst in Zeiten, da es völlig sinnlos war. Wann immer eine Emotion oder eine Ansicht zum Vorschein kam (und damit signalisierte, dass sie durch einen Muskeltest aus der Blockade gelöst werden konnte), offenbarte sich zugleich eine Strategie, die dazu beitrug, diese Emotion sowie die dazugehörige Ansicht heraufzubeschwören beziehungsweise zu befreien, also zu heilen. Die Strategien waren meistens einfach: am Flussufer spazieren gehen, ein Buch lesen, ein Gedicht verfassen, ins Tagebuch schreiben, mit jemandem sprechen, sich dem Spiel widmen. Sie stellten leichte, gesunde Tätigkeiten dar, nach denen sich mein Körper sehnte, damit meine seelische Entwicklung fortschreiten konnte.

Zu jener Zeit interessierten sich viele Leute für unterschiedliche Techniken und Hilfsmittel, die ihnen halfen, zu ihren Emotionen – ihrem psychischen Körper –, ihrem physischen Körper und ihrer Seele eine bewusste Verbindung herzustellen. Sie richteten ihre Aufmerksamkeit ganz auf das eigene Seelenleben.

Ich vermutete, dass die Kinesiotherapie ein Weg zu einem bestimmten Ziel sein könnte, aber ich wusste nicht, wohin genau er führen würde. Obwohl ich merkte, dass etwas mit mir geschah, begriff ich damals noch nicht wirklich, worum es ging. Die meisten Menschen, die ich kannte, hatten ebenfalls keine Ahnung, wohin sie unterwegs waren. Doch die meisten von uns fühlten zumindest manchmal, dass wir in der eingeschlagenen Richtung weitergehen sollten. Oft war ich skeptisch. Immer wieder beschloss ich *in meinem Kopf*, den ganzen Prozess zu stoppen, weil das alles Unsinn sei. Aber jedes Mal trieb mich dann irgendeine Kraft voran, indem sie entweder die Richtigkeit dieses Prozesses bestätigte oder mir in meinem Widerstand ein so großes Unbehagen bescherte, dass ich einfach weitermachen musste, um den Schmerz zu lindern – selbst wenn er dadurch noch stärker wurde.

Immer häufiger fiel mir Folgendes auf: Bald nachdem ich bereit war, eine Emotion oder eine Erinnerung zu befreien, geschah etwas, das sie im Hier und Jetzt an die Oberfläche brachte. Wenn es zum Beispiel darum ging, dass ich vor zwanzig Jahren zurückgewiesen worden war, so gab es an dem betreffenden Tag ein Ereignis, das dieses Gefühl von Zurückweisung verursachte. Ich empfand deutlich die gegenwärtige Zurückweisung, die eigentlich nur eine Überreaktion auf die jeweiligen Umstände darstellte. Indem ich mir diese Empfindung eingestand und bereit war, tiefer zu graben, wurden sowohl die momentanen wie die früheren Gefühle befreit und geheilt.

Mit einer gewissen Ehrfurcht stellte ich fest, dass das Leben vielleicht doch nicht nur eine Tortur war, wie ich sonst immer gemeint hatte. Vielmehr verwandelte es sich langsam in einen ganzheitlichen Heilungsprozess, der dazu diente, alle möglichen Emotionen, die in mir blockiert waren, und alle einengenden Überzeugungen, an die ich mich geklammert hatte, zum Vorschein zu bringen, damit ich sie losließ, meiner Wahrheit näher kam und ein erfüllteres Leben ins Auge fasste.

Allerdings war das für jemanden, der sich daran gewöhnt hatte, die eigenen Gefühle zu ignorieren oder zu verdrängen, außerordentlich unangenehm. Ich mochte das alles überhaupt nicht. Es handelte sich um einen schwierigen Prozess: Die Reaktion auf die Vorstellung, dass ich ein bestimmtes Gefühl hatte, kostete mich genauso viel Zeit wie die Empfindung dieser emotionalen Energie und das anschließende Loslassen. Die Angst, tatsächlich zu fühlen oder tief ins Innere der Wut oder des Zorns hinabzusteigen, war eine enervierende Erfahrung. Ich hatte völliges Neuland betreten. Vorher hatte ich geglaubt, dass Gefühle einen kontrollieren müssten. Wenn man wütend war, brüllte man automatisch jemand anders an oder schluckte seinen Ärger hinunter und fühlte sich schuldig, ein solches Gefühl überhaupt zu haben. Wenn man gekränkt war, machte man spontan zu und verletzte denjenigen, der einem wehgetan hatte. Wenn man ängstlich war, verdrängte man einfach das, wovor man Angst hatte, ohne dieses Gefühl zu empfinden oder näher zu untersuchen. Es dauerte Jahre, bis ich dem Strom der Gefühle gehorchte und mich den Bewegungen meines emotionalen Körpers anpasste – bis ich die Kunst erlernte, die emotionale Energie in all ihren Farben und Formen durch mich hindurchfließen zu lassen.

Jahrelang war ich hin und her gerissen, ob ich an diesen Prozess glauben oder ihm mit Skepsis und Widerwillen begegnen sollte. Sobald mein Körper registrierte, dass ein Gefühl auftauchen würde, dachte ich: *Ich habe dieses verdrängte Gefühl nicht, und keine Begebenheit wird es aus mir hervorlocken.* Dann wartete ich ab. Und unweigerlich kam es zum Vorschein. Ich erkannte allmählich, dass das Leben – wie ich selbst – wirklich multidimensional ist. Es gab eine Verbindung zwischen ihm und mir. Aber ich verstand noch nicht ganz, wie diese Verbindung beschaffen war und was sie bedeutete.

Anfang 1991 stieg während eines Gesprächs mit meinem Arzt ein Gefühl von Kummer in mir auf, und mein Körper verlangte nach einem bestimmten homöopathischen Mittel, um damit fertig zu werden. Außerdem spürte mein Körper, dass er gerade im Begriff war, einen neuen Lebenszyklus zu beginnen. Auf dem Beipackzettel des Mittels – einer einfachen Blumenessenz, die destilliertem Wasser beigemischt war – stand, dass es bei großem Kummer eingenommen werden sollte, beispielsweise bei Verlust eines Elternteils, eines Ehepartners oder eines Kindes. Im weiteren war die Rede von den Lektionen, die man im Verlaufe der Trauerarbeit lernt, und von der Art und Weise, wie das Mittel dazu beiträgt, Mitgefühl zu entwickeln und der Außenwelt mit mehr Liebe und Offenheit zu begegnen.

Ich erinnere mich, wie ich nach dem Arztbesuch zu Hause saß, den Zettel las und dachte: *Das ist absurd. In meinem Leben ist nichts dergleichen vorgefallen. Unter den mir nahe stehenden Menschen ist niemand gestorben. Ich kann nicht den geringsten Zusammenhang herstellen. Das alles ist Unsinn.*

Drei Tage später kam mein Sohn Shane bei einem Skiunfall ums Leben.

Plötzlich war ich in großem Kummer gefangen, der mir das Herz brach und mein Leben grundlegend veränderte. Ein neuer Zyklus hatte begonnen. Der tiefere Sinn dieses kleinen Zettels, den ich drei Tage vor dem Tod meines Sohnes erhalten hatte, ließ mich in der Woche seiner Beerdigung und in den folgenden Jahren nicht mehr los.

Mein Körper hatte schon Tage vor dem Zwischenfall gewusst, was passieren würde. Meine Seele – mein Überbewusstsein – hatte es gewusst. Und sie hatte meinen Körper verständigt, hatte ihm zum gegebenen Zeitpunkt die entscheidende Information übermittelt.

Im Laufe der folgenden Jahre wurde mir klar, dass ich nicht nur Kontakt mit meinem emotionalen und mit meinem physischen Körper aufgenommen hatte. Ich war von einer Klippe in eine unbekannte Leere gesprungen. Dadurch hatte ich eine bewusste Verbindung zu meiner Seele hergestellt.

»Ich weiß nicht, was als nächstes kommt«, hatte ich zu einer Freundin einen Monat vor Shanes Tod gesagt.

»Mach dir keine Sorgen«, hatte sie erwidert. »Deine Seele weiß es.«

Ja, meine Seele wusste es. In den Jahren darauf sah ich immer deutlicher, dass die Seele mit einer tieferen Weisheit verbunden ist, einem Bewusstsein, das den Verstand an Klugheit und Hellsicht weit übertrifft. Sie weiß, was als nächstes kommt. Sie ist gleichsam unsere Brücke zur Wahrheit und zu jener vagen doch fühlbaren Eigenschaft, die wir als *Wissen* bezeichnen. Wissen hat nichts mit den Kenntnissen zu tun, die wir durch Bücher erhalten, noch mit intellektuellem Verstehen, obwohl es hier durchaus zu Überschneidungen kommen kann. Wissen ist eine höhere Einsicht, die danach trachtet, unser Bewusstsein zu durchdringen – sobald die Zeit reif dafür ist.

Außerdem wurde mir allmählich klar, dass der innere Bürgerkrieg, in den ich verstrickt war, zum großen Teil aus den Kämpfen zwischen meiner Ratio und meiner Seele resultierte. Mein *Kopf* und mein *Wille* sagten: *Ich will dieses* oder *Ich will jenes* oder *Das sollte ich tun* oder *Dorthin sollte ich gehen.* Die dadurch entstandenen Konflikte bezeugten nichts anderes als mein verzweifeltes Bemühen, mich dem Geist, der leitenden Kraft meiner Seele, zu überlassen.

Ich brauchte Jahre, um zu begreifen, wie viel Angst ich hatte und wie sehr diese mein Handeln bestimmte. Es dauerte lange, bis ich einsah, dass Angst die Stimme des Verstandes ist und dass der Körper mehr ist als ein Behälter, auf dem der Kopf sitzt. Er ist die Stimme der Seele.

Obwohl ich keineswegs wusste, wohin ich überhaupt ging (je näher ich meiner Seele kam, desto weniger konnte ich in die Ferne blicken), war ich doch fest entschlossen, diesen Weg fortzusetzen. Die bewusste Beziehung zu meiner Seele erforderte, in der Gegenwart zu bleiben und noch die kleinsten Details meines Lebens deutlich wahrzunehmen, anstatt sie zu beschönigen oder gar zu vertuschen. Jedes Gefühl, das ich empfand, war wichtig. Auf die Einzelheiten kam es an – und auf die Aufmerksamkeit, die ich ihnen entgegenbrachte.

Selbst die unbedeutendste, scheinbar unlogische Handlung bekam – wenn sie von meiner Seele herbeigeführt wurde – einen besonderen Wert: spazieren gehen, ins Kaminfeuer starren, ins Tagebuch schreiben, ein heißes Bad nehmen, ins Dampfbad gehen, mit einer Freundin sprechen, mein Lieblingsgeschäft aufsuchen, ein Wochenende frei nehmen und einen Ausflug machen, jemandem mitteilen, wie ich mich fühle, in den Spiegel schauen und mir selbst mitteilen, wie ich mich fühle.

Alle diese einfachen Tätigkeiten waren wichtige Ereignisse, die meiner Seele Nahrung gaben und mir halfen, den bewussten Kontakt zu ihr aufrechtzuerhalten.

Jede kleine Aktion führte zum nächsten Gefühl. Und die Verarbeitung und Befreiung eines Gefühls führte zur nächsten Lektion. Je mehr ich bereinigte, wegräumte, desto offener wurde ich und desto tiefer wurzelten meine Überzeugungen in der Wahrheit. All das geschah auf natürliche Weise, fast mühelos, obwohl der gesamte Prozess Konzentration, Zielstrebigkeit, Energie und Engagement verlangte.

Die Details wurden zum Fundament, zum »Trainingslager« für das Bewusstsein.

Ich lernte, aufmerksam und wach zu sein, zu empfinden und wahrzunehmen, wie die Dinge und ich selbst – meine Seele – sich wirklich anfühlten. Auch die Außenwelt wurde wichtig. Es war Zeit, genau darauf zu achten, was die Menschen sagten, taten oder unterließen – wie die Energie der Dinge und Personen nicht nur auf mich wirkte, sondern wie ich sie zuinnerst empfand. Es war Zeit, mich darauf zu konzentrieren, was mein Interesse erregte, was mich inspirierte, was mir Kraft gab und was nicht. Es war Zeit, den Glauben aufzugeben, ich wisse genau, welche Lektion als nächste kommt, und zu einer gelehrigen Schülerin zu werden. Der richtige Lehrer würde unterwegs irgendwann auftauchen, obwohl die höchste Lektion gerade darin bestand, mir selbst zu vertrauen und mich entspannt meiner eigenen Seele sowie dem Wohlwollen universeller Liebe zu überlassen.

Anstelle von direkten, klaren Lehren empfing ich jetzt Hinweise, Mosaiksteine des Lebens. Die Lektionen waren subtiler als jene früheren, die ich während meiner rein verstandesmäßigen Phase »durchgekaut« hatte. Eine dieser neuen Lektionen zu lernen kam der Lösung eines Rätsels gleich. Zunächst hatte ich große Angst davor. Allmählich aber entwickelte sich das Leben zu einem Spiel, das ich mitspielte und schließlich sogar genoss.

Manchmal präsentierten sich die Lehren als verschlüsselte Botschaften. Ich tat oder hörte etwas, und obwohl ich dabei das Gefühl von einer überwältigenden oder schicksalhaften Erfahrung hatte, erschien meinem Bewusstsein das Ganze völlig sinnlos. Später fand ich heraus, dass die betreffende Handlung oder das Zusammensein mit einer bestimmten Person oder die Lektüre eines bedeutsamen Buches etwas in mir ausgelöst und eine tiefere Ebene berührt hatte. Die Sprache des Überbewusstseins ist eine andere als die, die wir sprechen. Denn sie richtet sich an die Seele.

Bisweilen ähnelten die empfangenen Botschaften energiegeladenen kleinen Zeitbomben. Sie nisteten sich in mir ein, um dann später regelrecht zu explodieren, ihren Sinn zu offenbaren, ans Licht zu treten und dadurch noch mehr Licht auf mein Leben zu werfen.

Auf meinem Weg sammelte ich aber auch noch andere Mosaiksteine. Ich erfuhr von den Chakren – jenen sieben Energiezentren des geistigen Körpers – und begriff, wie wichtig es ist, sie rein zu halten. Ich erkannte die Bedeutung jedes einzelnen Chakras – und dass ich mein inneres Gleichgewicht bewahren und die Verbindung zum Bewusstsein knüpfen konnte, indem ich ihre Reinheit sicherstellte.

Ständig lernte ich etwas Neues, selbst dann, wenn nichts zu passieren schien. Meine Seele leitete und belehrte mich. Ich gab meine alten Überzeugungen auf und erwarb – oder erinnerte mich an – neue Grundsätze. Diese steigerten mein Lebensgefühl. Sie kamen der Wahrheit näher. Ja, sie waren die Wahrheit. *Ich bin. Ich bin verbunden mit Gott. Ich bin an den Strom universeller Liebe angeschlossen. Ich bin in Kontakt mit der geistigen Kraft. Ich bin kein Opfer.*

Die jetzigen Anschauungen unterschieden sich grundlegend von jenen zittrig dahingekritzelten Bestätigungsformeln, die ich früher an den Spiegel geklebt hatte und die meinem Intellekt entstammten. Nun verfügte ich über tief empfundene Einsichten, die sowohl mein Bewusstsein als auch mein Überbewusstsein als Wahrheit anerkannten. Ich entwickelte ein neues Verständnis davon, wie man solche Bestätigungsformeln und die Macht der Worte einsetzt, um sich selbst auf der zellularen Ebene zu ändern.

Bestätigungsformeln wurden eher zu Mantras – zu Gesängen, die der Befreiung der Seele dienten. Je nachdem, was ich gerade erlebte, welche Überzeugungen ich untersuchte und wo ich mich auf meinem Weg befand, musste ich zu verschiedenen Zeiten verschiedene Vorstellungen bekräftigen. Meistens zielten sie darauf ab, die Macht des Augenblicks zu bejahen und immer mehr das Vertrauen zu haben, dass ich vom gegenwärtigen Punkt aus dorthin geführt würde, wo ich sein sollte, dass alles sich Schritt für Schritt und auf geheimnisvolle Weise in etwas Großes und Bedeutsames verwandeln würde. Diese Formeln waren Mantras, die zu meiner Seele sprachen, bis mein Geist und meine Gefühle mit der Wahrheit übereinstimmten.

Das höchste Mantra, die wirksamste Äußerung, die wir tun können, besteht aus zwei einfachen Wörtern: *Ich bin.*

Der Lernprozess, durch den ich diesem Wissen vertraute, ging langsam, fast unmerklich vonstatten. Gerade wenn ich an dieser lebendigen, vielseitigen Methode, mit Gefühlen, Intuition, physischem Körper, Geist und Seele in Beziehung zu treten, zu zweifeln begann, offenbarte sich eine Einsicht so deutlich, so sichtbar, so spürbar, dass kein Zweifel mehr möglich war.

Das Universum erzählte mir ständig Geschichten. Ich lernte allmählich, mehr zu tun, als nur die passive Beobachterrolle einzunehmen. Ich wurde zu einer aktiven, lebhaften Teilnehmerin. Ich begriff, dass ich integraler Bestandteil des Geschehens war. Ebenso verhält es sich mit jedem Menschen, jeder Schöpfung, jedem Ding auf diesem Planeten.

Im Laufe der Jahre entstand aus dem gelegentlichen Geistesblitz, der spontanen Erkenntnis, ein täglich erneuertes Vertrauen in meine psychischen und intuitiven Fähigkeiten, die nun zum Leben ganz einfach dazugehörten. Aus den ehemals sporadischen Gefühlsausbrüchen wurde fließende Hingabe, während ich die eigenen Gefühle wahrnahm, emotionale Energie durch mich hindurchströmen ließ und die Farbe würdigte, die sie meinem Leben verlieh. Aus der völligen Ignoranz und Fremdheit gegenüber meinem Körper erwuchs eine bewusste Beziehung zu ihm.

Je mehr ich mich mit mir verband, desto stärker fühlte ich mich mit Gott und der Welt ringsum verbunden.

Obwohl ich früher Muskeltests und irgendeine Art von therapeutischem Beistand benötigte, um mich zu entspannen und die Signale meines Körpers zu deuten, erkannte ich jetzt allmählich aus eigener Kraft jenen sanften, aus der physischen Wahrnehmung resultierenden Stoß, wenn sich etwas gut beziehungsweise schlecht anfühlte. Ich merkte, dass ich mich jedes Mal vom Bewusstsein abspaltete, wenn ich einen Gedanken oder ein Gefühl verdrängte. Sobald ich aber einen Gedanken oder ein Gefühl beachtete, akzeptierte und dann losließ, beseitigte ich damit die Barrieren, die mich vom Bewusstsein trennten. Ich verband mein Bewusstsein mit meinem Unterbewusstsein oder Überbewusstsein. Damit schloss ich auch die Lücke zwischen meiner Seele und dem lebendigen Bewusstsein der Welt.

Genauso wie ich ausgiebig Hilfe gebraucht hatte, um meine Gefühle, Überzeugungen und neuen Lektionen zu erkennen, so erkannte ich diese nun selbst. Inzwischen wusste ich auch, dass ich nicht allein war. Wenn ich Hilfe brauchte, konnte ich sie bekommen. Völlige Hingabe und feste Absicht machten es möglich.

Ich begriff, dass ich nicht nur einen physischen Körper hatte, sondern noch vier weitere: einen emotionalen, einen psychischen, einen mentalen und einen spirituellen Körper. Jetzt schlossen sich alle diese Körper zusammen und wurden lebendig. Ich war mit meiner Seele in Kontakt gekommen.

Ich begann, die Vorstellung der Korrespondenz zu übernehmen und zu schätzen, die besagt, dass alles auf diesem Planeten miteinander verbunden, bedeutungsvoll und energiegeladen ist. Welche Nahrungsmittel ich meinem Körper zuführte, war ebenso von Belang wie die Dinge, mit denen ich mich umgab, oder die Personen, zu denen ich in Beziehung trat. Ich merkte allmählich, wie wichtig die Absichten sind, die die Menschen hegen. Wenn sie voller Abneigung und Ressentiments waren oder böswillige Hintergedanken hatten, so konnten mich diese Energien zumindest genauso negativ beeinflussen wie die Worte, die sie über ihre angeblichen Vorsätze oder Gefühle äußerten. Selbst wenn sie sich ihrer doppeldeutigen Mitteilungen nicht bewusst waren, entschlüsselte mein neues Bewusstsein die Botschaft und reagierte dementsprechend.

Ich brachte einiges in Erfahrung über Allergien; es gibt Nahrungsmittel und Leute – mit gewissen Überzeugungen –, die für mich derartig giftig sind, dass der Genuss dieser Stoffe beziehungsweise der Umgang mit diesen Personen mich schwächt und aus dem Gleichgewicht bringt. Zugleich erkannte ich, dass andere Stoffe und Personen mich stärken. Je klarer ich wurde und je aufmerksamer ich meiner Seele lauschte, desto mehr fühlte ich mich – fast magnetisch – hingezogen zu dem, was mir Kraft verlieh. Je mehr ich mein Energiefeld reinigte und meine einengenden Überzeugungen gegen solche eintauschte, die mich stimulierten, desto weniger war ich auf die leidvollen, beschränkten Lektionen der Vergangenheit angewiesen. Ich spürte, dass ich immer dorthin getrieben wurde, wo ich meine Bedürfnisse befriedigen und die nächste Lektion in Angriff nehmen konnte. Ich musste mich nur umschauen. Ich war bereits an der richtigen Stelle.

Nach und nach gelangte ich zu der Auffassung, dass ich nicht Schmerz, sondern Freude verdiente. Und wenn sich Schmerz einstellte, so lernte ich, ihn zu empfinden und zu akzeptieren.

Alle meine Gefühle wurden Bestandteil des gleichen Prozesses. Das Leben erschien mir immer weniger als eine Tortur. Mit Ausnahme jener dunklen Zwischenzeiten, in denen ich lernte, reinigte, verzichtete oder den nächsten Schritt vorbereitete, war ich meistens ziemlich bezaubert von dem Prozess, der da stattfand und einem Tanz gleichkam.

Das Gefühl von Getrenntheit, das ich so oft gehabt hatte, ließ mehr und mehr nach.

An seine Stelle trat das immer stärkere Gefühl, mit dem Universum und der universellen Liebe verbunden zu sein.

Ich entdeckte, wie sehr ich im Grunde dazugehörte – und wie eng wir alle miteinander verknüpft sind.

Ich war gerade von einer Forschungsreise, die mich nach Ägypten, Israel, Jordanien, Pakistan und schließlich noch einmal nach Ägypten geführt hatte, in die Vereinigten Staaten zurückgekehrt. Mit wachsender Gewißheit stellte ich fest, dass diese Reise um den Globus in enger Beziehung stand zu meiner geistigen Reise – ja, dass sie deren lebendige Metapher war.

Das Universum teilte mir mit, dass sich die Bühne für die »Light-Show« von Minnesota über den Südwesten der USA bis zu jedem Ort der Welt ausgedehnt hatte, wohin der Geist mich leitete. In Gise, Ägypten, konnte ich genauso mit mir selbst, mit Gott, mit der Wahrheit, mit den Lektionen, mit dem Universum und den Menschen darin verbunden sein wie in Stillwater, Minnesota. Ich war erpicht darauf, sowohl neue wie zeitlos alte Orte aufzusuchen. Endlich befreit, glich meine Seele einem aufgeregten Kind, das mich an der Hand nahm und sagte: *Komm hierher. Schau dir das an. Fühle. Hör zu. Bleib stehen. Sieh dich um!* Oft war mir intellektuell nicht klar, was ich jeweils erlebte oder lernte, aber inzwischen vertraute ich darauf, dass etwas Magisches stattfand, das über das bloß Sichtbare hinausging. Außerdem glaubte ich allmählich daran, dass sich diese Lektionen ergänzen und zur rechten Zeit meinem Bewusstsein erschließen würden.

Ich hatte meine Seele befreit. Ich hatte gelernt, mich ihrer Führung anzuvertrauen. Und jetzt also führte sie mich in ein Hotelzimmer in Redondo Beach, Kalifornien. Dort musste ich noch etwas klären mit einem Mann, den ich seit fünfundzwanzig Jahren kannte – und von dem ich mich in den letzten fünf Jahren mehrmals getrennt hatte, um mich dann doch wieder mit ihm zu versöhnen. Die Details sind nicht wichtig, wohl aber einige Hintergrundinformationen. Er war für mich ein Lehrmeister gewesen, eine wichtige Bezugsperson auf meiner spirituellen Reise, aber die Beziehung erschien mir weder kalkulierbar, noch entsprach sie meinen Vorstellungen. Ja im Grunde war sie äußerst stürmisch.

Wir waren beide nicht fähig gewesen, die Beziehungsprobleme zu lösen. Wir hatten den Tag damit verbracht, das eine oder andere zu erledigen, und diese Stunden waren genauso stürmisch und unkalkulierbar gewesen wie die Beziehung selbst.

Nun ging die Sonne unter. Ich saß ihm gegenüber auf einem Stuhl, während er auf der Bettkante hockte. Ich war wütend auf ihn und auch ein bisschen aufgebracht, aber diese Gefühle überraschten mich nicht. In solchen Fällen bestand meine übliche Reaktion darin, zuzumachen, den Raum zu verlassen, ihn monatelang nicht wieder zu sehen. Dann lief ich verwirrt, bestürzt und unschlüssig in der Gegend herum und wusste nicht, was aus dieser Beziehung noch werden sollte.

An diesem Tag aber rannte ich nicht weg. Ich sprudelte förmlich über vor Lebensenergie, die ich an den von mir besuchten Orten und aus den Lektionen meiner letzten Reise gewonnen hatte. Inzwischen wusste ich, dass ich kein Opfer des Lebens war. Ich sah, dass nichts zufällig oder ohne Absicht geschah. Und ich erkannte, dass das Zusammentreffen mit diesem Mann in Redondo Beach, dem ich mich seit vielen Jahren verbunden fühlte, eine Lehre bereithielt. ›Ein Mosaikstein fehlt mir noch, sonst wäre ich jetzt nicht hier‹, dachte ich. Also war ich entschlossen, zu bleiben und ihn zu finden.

Anstatt aus dem Zimmer zu rennen, begann ich still zu beten – mit offenen Augen, damit er es nicht merkte. *Wenn es etwas gibt, das ich bisher nicht begriffen habe, dann hilf mir doch bitte, es zu begreifen! Mach, dass ich nicht wegrenne und mich verletzt, gequält oder ungerecht behandelt fühle. Zeig mir, was ich hier lernen soll. Teil mir mit, worum es in dieser Beziehung eigentlich geht, warum sie Teil meines Lebens ist.* Ich bat Gott ganz bewusst um Unterweisung. Heute frage ich mich, ob mein fester Wille, Einblick in die Lektion zu gewinnen, nicht ein fast ebenso wirksames Gebet darstellte.

Ich saß da, sammelte geistige Kraft, schaute zu ihm hinüber, versuchte herauszufinden, was als nächstes zu tun sei.

Dann fing ich an zu reden, ohne Ressentiment, Angst oder Wut, und erzählte ihm, was ich auf meiner Reise erfahren hatte – nämlich wie man in Einklang kommt mit der Energie, wie man zu einer versöhnlichen Einstellung gelangt. Ich berichtete ihm von meinem Aufstieg zum Berg Sinai – über die Rückseite, in Begleitung eines vierzehnjährigen Führers, der wie eine Bergziege über Steine sprang. Dieser Weg sollte der leichtere sein, aber dem war nicht so. Man hatte mich hereingelegt. Er war länger und beschwerlicher als alle anderen. Als ich das merkte, war es zu spät. Ich war schon zu weit vorgedrungen; über das felsige Gelände zurückzuklettern und aus dieser misslichen Lage gerettet zu werden war mindestens genauso mühsam, wie weiter voranzuschreiten. Ich saß in der Falle. Ich erklärte ihm, was ich an jenem Tag in Sachen Karma lernte – nämlich dass wir manchmal in Situationen geraten, die so verzwickt sind, dass wir uns einfach nicht daraus befreien können. Bis wir merken, was da abläuft, sind wir schon zu tief in die Sache verstrickt. Wir müssen die Erfahrung hinter uns bringen, alle etwaigen Ereignisse empfinden und in uns aufnehmen. Nicht immer bestimmen wir dabei das Timing. Schließlich sprach ich mit ihm über meine Reise durch Israel und über die geistige Energie, die sich meiner Seele bemächtigte, als ich am Ufer des Toten Meeres saß und die Heimat der Kabbala in mich einsog.

In meiner Stimme war keine Angst, keine Wut, kein Bedürfnis, zu kontrollieren, zu überzeugen oder jemand zu sein, der ich nicht bin. Ich sprach aus dem Herzen. Die aggressive Stimmung wich, und er lauschte meiner Geschichte ohne Voreingenommenheit, ohne Furcht.

Ich hatte an jenem Tag zu Mittag gegessen, einen chinesischen Geflügelsalat. Ich hatte etwas Kaffee getrunken, allerdings weniger als sonst. Mein Körper war frei von Alkohol und Drogen. Dennoch geschah etwas Seltsames – und zwar so schnell, dass ich keine Zeit hatte, zu erschrecken, das Ganze zu unterbinden oder zu reagieren. Es handelte sich um ein Phänomen, von dem ich gehört und über das ich gelesen hatte. Jetzt war ich im Begriff, es am eigenen Leibe zu erfahren.

In den darauf folgenden Monaten hatte ich große Hemmungen, mit anderen Menschen über dieses Erlebnis zu sprechen. Ich fürchtete mich vor ihrer und meiner eigenen Reaktion auf das Phänomen. Es war das unmotivierteste und beunruhigendste Ereignis in den vierundzwanzig Jahren, in denen ich meinen Weg bewusst gegangen war, und in den acht Jahren, seit ich mit meiner Seele in Verbindung stand. Wenn ich aber trotz aller Vorbehalte das Risiko einging, einigen vertrauenswürdigen Freunden davon zu berichten, stellte ich fest, dass sie in ihrem Leben bereits ähnliche Erfahrungen gemacht hatten. Jetzt gehe ich ein weiteres Risiko ein und erzähle auch Ihnen diese Geschichte – so genau und so detailliert, wie es die Grenzen des gedruckten Wortes erlauben.

Als ich im Hotelzimmer saß, geschah es, dass alles, was mir vorher als fester Vorhangstoff, stabiler Stuhl, massiver Tisch, solides Bettgestell erschienen war, sich allmählich zu einem vibrierenden Energiefeld verwob. Die vibrierende Energie eines jeden Gegenstandes im Raum ging über ins Energiefeld des nächsten. Jedes Ding, das ich ins Auge fasste, bestand aus der gleichen vibrierenden immateriellen Energie. Das war alles! In den folgenden zwei Stunden sah ich ohne Unterbrechung das feine Energienetz, das der ganzen Welt zugrunde liegt. Es war eine vitale, vibrierende Energie. Sie durchdrang Tigger, das ausgestopfte Tier auf dem Fußboden, ebenso wie die Stühle und den Raum zwischen den Gegenständen. Ein und dieselbe Kraft beherrschte und durchströmte jedes Teil, das sich meinem Blick darbot. Die einzelnen Gegenstände unterschieden sich allein durch ihre Farbe und ihre Gestalt. Innerhalb dieses Feldes glichen sie Traumformen, luftigen Arrangements von farbiger Energie.

Ich erkannte, dass solide Gegenstände im Grunde nicht solide sind, sondern vibrierende Massen von Energie, die auch meinen Freund und mich durchpulste.

Ich konnte seine Seele sehen, und ich fühlte die meine.

Er sah nicht aus wie sonst – ein fester physischer Körper mit bestimmten Maßen. Vielmehr ähnelte er dem Negativ eines Fotos. Der dichteste und konsistenteste Teil, den ich bei ihm wahrnahm, war seine Seele. Er war verbunden mit dieser Masse von Energie, gehörte ihr an.

Das traf auch auf mich zu.

Ich sah, fühlte und erfuhr deutlich das einheitliche Feld.

Das Leben und ich waren wirklich eins.

Eine solche Erfahrung hatte ich andeutungsweise schon vorher gemacht. Manchmal, wenn ich mich sicher fühlte und tatsächlich losließ, wenn ich ehrlich war in Bezug auf mich und meine Gefühle, teilte sich der Schleier ein wenig, so dass ich das einheitliche Feld sehen und spüren konnte. Doch dann bekam ich es mit der Angst zu tun und wollte das Bild festhalten oder verstandesmäßig erfassen, wodurch es sich schnell auflöste.

Diesmal hatte ich keine Angst.

Früher hatte ich gesagt, dass wir alle auf unsichtbare Weise miteinander verbunden sind. An diesem Tag in Redondo Beach sah und fühlte ich, wie eng unsere Verbindung wirklich ist.

Diese Einsicht veränderte mein Leben, meine Einstellung zur Welt und meine Auffassung von der Wahrheit.

Vielleicht war es auch umgekehrt: Erst nachdem meine Auffassungen sich geändert hatten, konnte ich zu dieser Einsicht gelangen.

Vor ein paar Jahren hörte ich einen Witz über einen buddhistischen Mönch. Dieser Mönch fragt einen Hotdog-Verkäufer: »Can you make me one with everything?« (Kannst du mir einen/kannst du mich eins/mit allem machen?)

Niemand muss uns eins mit allem machen. Wir sind es bereits. Das ist die grundlegende Voraussetzung der spirituellen Reise, die wir unternehmen, und der Kern der Erleuchtung, die wir erstreben. Aber bevor wir mit allem eins werden können, müssen wir eins werden mit uns selbst. *Den geistigen Weg zu beschreiten* heißt nichts anderes, als den physischen, den emotionalen, den psychischen und den mentalen Körper miteinander in Einklang zu bringen. Dabei dürfen wir auch die Seele nicht übersehen.

Sie ist unsere Verbindung zum Überbewusstsein in uns und zum Übernatürlichen in der Welt.

Das Universum ist kein feindseliger Ort, obwohl es manchmal so scheint. Die meisten von uns fühlen sich bisweilen traurig, einsam, ängstlich, verwirrt, verlassen oder auf sich selbst gestellt. Doch sobald wir unseren spirituellen Weg gehen, können wir uns entspannen, vertrauen, Erfahrungen sammeln, jedes sich regende Gefühl loslassen und unsere Seele fragen, wohin sie gerne möchte. In ihrem Buch *Embraced by the Light* (Umfangen vom Licht) beschrieb Betty Eadie ihr Sterbeerlebnis und was sie daraus lernte. Sie und die anderen, die fast gestorben waren und wieder auf diesen Planeten zurückgekehrt sind, berichten von einer tiefen Einsicht – nämlich dass jede Erfahrung, die wir machen, einen bestimmten Zweck hat. Alles, was wir sagen und tun, enthält eine Lektion, einen wichtigen Mosaikstein.

Dessen war sich Eadie bewusst, als sie den Weg des Todes ging. Ich glaube, dass auch wir jetzt anfangen können, es zu erkennen.

Auf diese Weise schaffen wir den Himmel hier auf Erden.

Jedem Menschen und jedem Ding eignet eine Energie und eine Schwingung. Vorstellungen von Harmonie und Gleichgewicht, von Energie, die wir in uns einsaugen möchten, von geistiger Führung, vom Zusammensein mit gleich Gesinnten sind keine Abstraktionen, sondern Widerspiegelungen von Gesetzen, die dieses wundersame Universum in Gang halten.

Während wir hier sind, gibt es für alles und jeden einen höchsten Ort des Glücks.

Wir alle befinden uns auf einer spirituellen Reise, und viele von uns versuchen, einen bewussten Kontakt zur eigenen Seele herzustellen. Es gibt zahlreiche Methoden, um dieses Ziel zu erreichen; unsere Seele ist nicht so weit entfernt. Den spirituellen Weg einzuschlagen bedeutet, in inniger Verbindung mit der Seele zu stehen und darauf zu vertrauen, dass sie – wie auch die daraus resultierende Verbindung mit dem Universum und mit Gott – uns dorthin führt, wo wir ankommen müssen.

Der Zug wartet. Kommen Sie! Kaufen Sie Ihr Ticket und steigen Sie ein.

Jede Reise hat ein Ziel, sonst wäre sie ziemlich sinnlos. Im nächsten Kapitel wollen wir einige Konzepte untersuchen, die davon handeln, wohin dieser spirituelle Weg führt.

ÜBUNGEN

Verbindung mit der Seele. Dieser Abschnitt erzählt, wie ich mich mit meiner Seele verband. Obwohl jeder von uns seine eigene Geschichte, seinen eigenen Rhythmus und seine eigenen Hilfsmittel hat, um mit dem Innern in Beziehung zu treten, haben sich doch einige Techniken als klassische Übungen erwiesen, die den meisten Menschen helfen, zu ihrer Seele, zu ihrem Überbewusstsein vorzudringen. Es folgt eine Liste mit Empfehlungen, wie Sie den bewussten Kontakt zu Ihrer Seele herstellen können, die ich Ihnen dringend ans Herz legen möchte. Machen Sie sich mit diesen Techniken vertraut, da viele der Übungen in den folgenden Kapiteln darauf aufbauen.

Tagebuch. Tagebuch führen ist eine der effektivsten Methoden, die Seele zu befreien und die Gefühle zu heilen. Ob Sie mit der Hand schreiben oder in den Computer tippen – Erlebnisse und Gedanken auf Papier oder auf den Bildschirm zu bannen ist ein äußerst nützliches Hilfsmittel, um jene inneren Blockaden zu beseitigen, die den Weg zur Seele versperren, um das emotionale Chaos in den Griff zu bekommen und die Vergangenheit zu bereinigen. Es gibt dafür kein »richtiges« Verfahren, aber die Faustregel lautet: Das Tagebuch ist nur für Sie bestimmt. Bewahren Sie es an einem sicheren Ort auf. Schreiben Sie nicht hinein, weil Sie gelesen werden möchten, sondern weil Sie das Bedürfnis haben, sich ungezwungen auszudrücken. In ihrem Buch *The Artist's Way* (Die Methode des Künstlers) empfiehlt Julia Cameron, gleich morgens nach dem Aufstehen die ersten Notizen zu machen. Obwohl sie vor allem darüber spricht, wie man die Kreativität steigert, lehrt sie doch auch, wie man die Verbindung zur Seele festigt. Gleich nach dem Aufwachen gibt es eine kurze Zeitspanne, in der sich die Verdrängungen und Ängste noch nicht »eingenistet« haben. Der Schleier ist dünner; wir rühren an die Ränder unseres Überbewusstseins. Morgens als erstes fünf bis zwanzig Minuten mit dem Tagebuch zu verbringen ist eine geeignete Methode, um herauszufinden, wer wir wirklich sind und was unsere Seele mitzuteilen hat.

Träumen. Achten Sie auf Ihre Träume! Sie sollten neben Ihrem Bett ein Notizbuch liegen haben und sich abends vor dem Einschlafen sagen, dass Sie sich nach dem Aufwachen an ein Bild oder ein Bruchstück des nächtlichen Traums erinnern werden. Erübrigen Sie dann morgens etwas Zeit, um für sich selbst einige Teile dieses Traums schriftlich festzuhalten; das Überbewusstsein entzieht sich schnell und wird nur allzu leicht vergessen. Wenn Sie sich am roten Faden des Traums weitertasten und mehr Zeit haben, ihn zu untersuchen, wird er sie in die Geschichte zurückführen. Ich habe meine Kinder von früh an dazu ermuntert, mit mir über ihre Träume zu sprechen. Und auch ich nehme mir Zeit, um Freunden von meinen Träumen zu berichten – und ihnen zu lauschen, wenn sie von ihren Träumen erzählen. Manchmal erscheinen mir die Träume vom Standpunkt des Bewusstseins durchaus sinnvoll, dann wieder nicht. Dennoch ist es wichtig, sie zum Ausdruck zu bringen. Sobald ich über einen Traum oder eine bestimmte Szene darin schreibe, entwickelt sich die Geschichte oft von alleine weiter. Bisweilen notiere ich auch meine diesbezüglichen Fragen, die dann meistens durch das Schreiben oder bald danach beantwortet werden. Es kommt vor, dass ein Traum mich nicht mehr loslässt. Er verfolgt und quält mich, bis ich zu ihm spreche, mit ihm kommuniziere, ihn anerkenne. In unseren Träumen leisten wir viel Arbeit. Manchmal befreien wir dabei blockierte Gefühle. Dann wieder bekommen wir eine Ahnung künftiger Ereignisse. Unter Umständen ergibt sich ein Teil für das Puzzle, das wir gerade zusammensetzen. Oder wir träumen einfach nur. All unsere Träume sind von Bedeutung. Selbst wenn wir uns nicht daran erinnern, sind sie wichtig für unser geistiges Wohlbefinden. Wenn ich wegen eines Problems völlig durcheinander bin und regelrecht festsitze, programmiere ich mich vor dem Einschlafen darauf, die Lösung zu träumen. Nicht immer weiß ich die Antwort sofort nach dem Aufwachen, aber oft stellt sie sich dann im Laufe des Tages oder der nächsten Woche ein. Wenn Sie weiter in dieses geheimnisvolle und energiegeladene Territorium vordringen möchten, können Sie auf zahlreiche gute Bücher und Arbeitsbücher zurückgreifen, um Ihre Träume besser zu verstehen und richtig mit ihnen umzugehen.

Poesie. Gedichte zu schreiben oder zu lesen ist eine weitere wirksame Methode, die Verbindung zum Überbewusstsein herzustellen. »Die Lyrik ist die Sprache der Metaphern«, sagt ein Freund. »Sie spricht zu jenem Teil in uns, der Metaphern braucht und versteht.« Dieser Teil ist die Seele. Wir können Verse schreiben, um aus einer Zwickmühle herauszukommen, um unsere momentanen Erfahrungen zu erhellen oder um jene reine Freude auszukosten, die gerade der bildliche Ausdruck gewährt. Unsere Poesie mag aus einfachen Reimen bestehen oder ungereimt sein; wir haben völlig freie Hand. Möglicherweise dient sie dazu, einem anderen Menschen mitgeteilt zu werden – oder sie ist, wie das Tagebuch, nur für uns selbst bestimmt. Wissen Sie nicht weiter? Sind Sie wütend? Verwirrt? Blockiert? Voller Freude oder Ekstase? Dann schreiben Sie darüber ein Gedicht. Lassen Sie Ihre Seele durch die alte Sprache der Dichtung erzählen, was in ihr vorgeht.

3. Kapitel

Besinne dich darauf, wer du bist, sagte sie.
Du bist ein Meister.

ANIESA THAMES

Heimat

Wir alle befinden uns auf einer spirituellen Reise, weil jeder von uns eine Seele hat – mit Ausnahme von Klonen, was allerdings noch zu beweisen wäre. Viele Menschen behaupten, einen geistigen Weg zu gehen, womit sie meinen, dass sie diese spirituelle Reise ganz bewusst unternehmen und sich für sie engagieren.

Doch wohin führt sie? Irgendwohin? An einen bestimmten Ort? *Ich entwickle mich geistig*, sagen einige. Aber in welcher Richtung?

Im Laufe des letzten Jahres verwies ein Freund und Lehrer immer wieder auf eine Szene in *Alice im Wunderland*, wo Alice der Cheshire-Katze begegnet, ihr mitteilt, dass sie die Orientierung verloren habe, und fragt, wohin sie gehen solle.

»Das hängt vor allem davon ab, wohin du möchtest«, antwortete die Katze.

»Das ist mir ziemlich egal«, sagte Alice.

»Dann spielt es auch keine Rolle, welchen Weg du nimmst«, erklärte die Katze.

Es dauerte eine Weile, bis ich verstand, warum mir diese Stelle nicht mehr aus dem Kopf ging. Dann endlich wusste ich's.

Wir wandern nicht ziellos einen geistigen Weg entlang. Weder sind unsere Augen verbunden, noch werden wir im Kreis herumgewirbelt, um dann herausfinden zu müssen, was als nächstes zu tun ist, weil jemand Blindekuh mit uns spielt. Diese emotionale Achterbahnfahrt, diese schaukelnde Bewegung auf dem geistigen Weg, die uns durch Astlöcher zieht, uns durch lange, dunkle Tunnel treibt, dann plötzlich die Richtung ändert und uns manchmal gegen eine Wand prallen lässt, führt zu einem Ziel.

Ob man von Weg, Reise oder Abenteuer spricht – es gibt einen Bestimmungsort.

Und dieser Bestimmungsort erklärt die Wörter in der Luft, im Äther, im Bewusstsein und auf den Lippen so zahlreicher Menschen. Er erklärt die Ruhelosigkeit, den Drang, die Sehnsucht, das Heimweh, die so weit verbreitet sind. Er löst das Rätsel, warum sich viele plötzlich ihres Wunsches bewusst werden, die richtige Arbeit, den richtigen Ort zum Leben, die richtigen Menschen für ein geselliges Zusammensein oder berufliche Projekte zu finden, und warum sie diesen Vorstellungen einen so großen Wert beimessen. Er erhellt, weshalb immer mehr Leute darauf bedacht sind, eine bewusste Beziehung zu ihrer Seele herzustellen – und beleuchtet ihre Beziehung zur Welt ringsum.

Alle Wege führen nach Hause.

Sämtliche Kräfte des Universums drängen, treffen zusammen, wirbeln, drehen sich, ziehen und schieben jetzt, um uns dorthin zu treiben. Ob sich die Sehnsucht nach außen richtet und darauf abzielt, am richtigen Platz zu leben und zu arbeiten, oder nach innen, wo das Interesse an der Seele wiedererwacht: *Es ist Zeit heimzukehren.*

Es ist Zeit, sich darauf zu besinnen, wer wir sind und was wir hier tun sollen.

Es ist Zeit, nicht mehr vom Kopf her zu leben, auf Autopilot zu schalten und aus Angst zu handeln.

Es ist Zeit, sich die Absichten der Seele in Bezug auf unser Dasein bewusstzumachen und in die Tat umzusetzen.

Das ist gemeint, wenn wir davon sprechen, heimkehren zu wollen. Es bedeutet, dass wir in unser Inneres hinabsteigen und entdecken, worin unser irdischer Auftrag eigentlich besteht. Die DNS der Seele enthält einen Lebensplan. Indem wir unser Herz öffnen, kommt er zum Vorschein und nimmt Gestalt an.

Die Seele zu verkaufen ist nicht irgendeine großangelegte Transaktion mit dem Teufel. Und gewöhnlich geht es dabei auch nicht um ein so eindeutiges Geschäft, wie es Luzifer jenem Agenten in Hollywood vorschlug: jede Menge Geld, Macht und Sex gegen Ihre ewige Seele.

Aber selbst das passiert manchmal.

»Die Seele verkaufen bedeutet, dass man sich für Kleinigkeiten hergibt, die einem scheinbar Glück, Freude und Wohlgefühl bescheren«, erklärt eine Freundin von mir. »Es bedeutet, dass wir unsere Gefühle, unser Glück und unsere Träume verraten.«

Dieser Ausverkauf zeigt an, dass wir vergessen haben, was für uns wirklich wichtig ist.

Eine bestimmte Redewendung macht gerade die Runde. *Gefällt es dir?* fragen die Leute in Bezug auf einen Haarschnitt, eine Hose oder ein trautes Heim. Diese Frage ist zunächst einmal ein Klischee, aber wir sollten sie uns selbst und unserem Gegenüber immer wieder stellen, wenn es um kleine und große Dinge, um Orte und Menschen geht. Verabscheust du es, magst du es, liebst du es? Wie empfindest du es? Passt es dir? Macht es dich froh? Stimmt es dich glücklich? Erscheint es dir gut und richtig? Entspricht es dem, was deine Seele ersehnt? Entgegen allgemeiner Auffassung sollte sich das Leben genauso anfühlen, wenn wir auf dem richtigen, auf unserem geistigen Weg sind. Es geht nicht um endlosen Schmerz und Leid, um Kompromisse, bei denen wir uns fragen, ob überhaupt noch etwas von uns übrig ist. Es geht darum zu lernen, die Freude zu wählen und das Leben zu bejahen.

Das heißt nicht, dass wir anderen absichtlich Schmerz zufügen, um uns selbst glücklich zu machen. Träume sollen und müssen nicht auf Kosten der Träume eines anderen erkauft werden. Denn im Universum herrscht Überfluss. Es gibt zahllose Träume, denen wir uns widmen können.

Eine der schlimmsten Auswirkungen der Dunkelheit ist die Bitterkeit, die dazu führt, dass man die eigenen Träume, Wünsche, Hoffnungen und Freuden aufgibt.

Kaufen Sie ein Glas Honig. Essen Sie jeden Tag ein bisschen davon. Holen Sie den Wermut aus sich heraus. Schmecken Sie, wie süß das Leben sein kann!

Norman, ein Freund von mir, ist Wissenschaftler und Erfinder. Er erforscht und erfindet wunderbare Dinge, die den Menschen helfen, sich besser zu fühlen, und die der Atmosphäre der großzügigen, lebendigen Mutter Erde zugute kommen. Eines Tages zeigte er mir, wie ein Tropfen Blut von mir aussieht, vergrößert auf dem Videobildschirm.

Fasziniert starrte ich auf den Bildschirm. Ein Tropfen meines Blutes enthielt Hunderte, vielleicht Tausende von glänzenden, lebendigen, emsigen kleinen Zellen.

»Norman, mein Gott«, sagte ich. »Da ist ein ganzes Universum in diesem einen Tropfen Blut.«

Er lächelte. »Genau«, sagte er. Dann fing er an, über das zu sprechen, was ich sah, wie jede Zelle in meinem Blut hart daran arbeitete, alles abzuwehren, was sie angriff oder in sie eindrang: Viren, Parasiten – eben all die »Feinde«, denen wir begegnen und die unsere Widerstandskraft, unsere Überzeugungen, unsere Vitalität in Frage stellen.

»Schau doch, wie jede von ihnen glänzt«, sagte er, auf die strahlenden, leuchtenden Zellen deutend, die sich geschäftig über den Bildschirm bewegten.

Ich nickte.

»Das zeigt mir, dass du liebst, was du tust. Du bist voller Leidenschaft für die Dinge, die in deinem Leben passieren.«

»Das stimmt«, bestätigte ich und dachte dabei an die Buchhandlung, die ich gerade eröffnet hatte, an mein Schreiben, meine Freunde, meine Familie. Ich tat das, was ich schon immer hatte tun wollen – zusammen mit Menschen, die mir dabei wahre Freude schenkten. Ich jagte meinen Träumen nach. Selbst wenn Hindernisse auftauchten, genoss ich die Herausforderung. Ich fing wirklich an, das geheimnisvolle Spiel des Lebens mitzuspielen und auszukosten, während ich in jeder Situation, die mich betraf, auf die subtilen und zugleich nachhaltigen Lektionen achtete, anstatt am »Ich-armes-Opfer«-Spiel teilzunehmen. Ich war ebenso lebendig geworden wie die Welt ringsum.

»Meistens kann ich sehen, ob jemand Krebs hat«, sagte Norman. »Diese Menschen mögen ihre Tätigkeiten nicht. Ihre Zellen sind düster und stumpf. Und sie werden immer düsterer und lebloser, bis die Person schließlich stirbt. Manchmal denke ich, aggressive Zellen und Viren kommen nur herein, um unsere Überzeugungen in Frage zu stellen, um herauszufinden, wie stark unser Wunsch ist, hier zu bleiben, um unser Engagement für das Leben einer Prüfung zu unterziehen.«

»Du sagst mir also nicht nur, dass in jedem Tropfen unseres Bluts ein ganzes Universum enthalten ist, sondern auch, dass jede Zelle in diesem Tropfen die ganze Geschichte unseres Lebens erzählt«, stellte ich fest.

»Genau«, erwiderte Norman.

Auf die kleinen Dinge kommt es an – zum Beispiel darauf, dass der Mann im Feinkostgeschäft an der Ecke jedes Mal etwas Zeit erübrigt, um sich nach unserem Wohlbefinden zu erkundigen, oder dass der Arbeitskollege ein Seelengefährte ist, dem wir uns besonders verbunden fühlen. Aber auch die großen Dinge sind wichtig – wo wir leben, welcher Arbeit wir nachgehen, mit wem wir beruflich zu tun haben, wie wir unsere Freizeit verbringen und was wir im Leben, bei uns selbst und bei anderen Menschen für wahr halten.

Unsere Träume spielen eine ebenso wichtige Rolle wie unsere Gefühle und Überzeugungen. Auch wie eine Sache auf uns wirkt, ist von Bedeutung. Wir müssen die Fähigkeit besitzen, uns mit ganzem Herzen unseren Plänen zu widmen – das heißt mit all unseren Gefühlen, unserer Leidenschaft, unserem Wissen, unserem Glauben und unserer Sehnsucht. Auf diese Weise merken wir, dass wir auf der richtigen Spur sind. Es ist wichtig, mit gleich gesinnten Menschen zu leben, zu arbeiten und Liebesbeziehungen zu haben – mit Menschen, mit denen wir harmonieren. Wir alle sind durch einen meist unsichtbaren, manchmal aber auch sichtbaren und spürbaren, energiegeladenen Äther miteinander verbunden. Wenn wir dagegen mit Menschen leben, arbeiten oder Liebesbeziehungen haben, deren Überzeugungen sich grundlegend von den unseren unterscheiden, deren Absichten und Ziele den unseren widersprechen, dann werden wir nicht nur mit ihnen im Streit liegen, sondern auch mit uns selbst. Gemeinsam mit den Personen in unserer Nähe erzeugen wir ein Energiefeld. Dieses enthält die Gedanken, Ansichten, Empfindungen sowie die psychischen und geistigen »Rückstände« all derer, die daran beteiligt sind. Es birgt ihre Schwingungen. Wenn die Menschen, mit denen wir zusammenkommen, uns ihre Abneigung, ihre Ressentiments zeigen und – aus welchem Grund auch immer – hoffen, dass wir auf die Nase fallen und scheitern, können wir durch diese Negativität ernsthaft beeinträchtigt werden. Denn diese durchwirkt unsichtbar das Energiefeld. Falls wir nicht gut dagegen gewappnet sind, absorbieren wir wahrscheinlich die negative Kraft, die uns dann extrem behindert. Es ist, als würde sie heimlich in uns eindringen und zu unserer eigenen werden. Das merken wir vielleicht gar nicht. Aber wir werden dadurch aufgehalten, eingeschränkt, blockiert. Folglich machen wir oft automatisch zu und unterdrücken unsere Gefühle. Das passiert zwangsläufig. Wir sind wirklich eins mit der Welt ringsum. Sobald wir Verbindungen eingehen, ist also höchste Vorsicht geboten.

Als ich vor Jahren einige Leute bat, mir bei einem bestimmten Projekt zu helfen, stieß ich schließlich auf eine

Frau, von der ich dachte, dass sie die Fähigkeit und die Bereitschaft besäße, diese Aufgabe zu bewältigen. Doch als ich ihr erklärte, worum es ging, sträubte sie sich.

»Mir scheint, als verlangten Sie von mir, dass ich mit Leib und Seele bei der Sache bin«, sagte sie.

»Ja«, bestätigte ich.

»O nein«, erwiderte sie. »Das könnte ich nicht.«

Ich hatte mich geirrt. Sie war nicht geeignet für diesen Job. Der Wunsch, sich seiner Aufgabe mit Haut und Haaren zu verschreiben, ist eine wesentliche Voraussetzung dafür, dass man nach Hause findet. Sobald wir auf der richtigen Spur sind, strömt – aus uns, durch uns – Energie aus, die uns vorantreibt.

Falls kein klares »Ja« kommt, lautet die Antwort wahrscheinlich »Nein«.

Wenn wir suchtkrank sind und unsere Gefühle gegen eine Substanz eintauschen, die sie verändert oder zerstört, kann der Verkauf unserer Seele ziemlich kostspielig sein. Sie zurückzukaufen erfordert dann große Anstrengungen. Unter gewissen Umständen mag es etwas einfacher sein, trotzdem aber sind Mühe, Verhandlungsgeschick und Zeit vonnöten, um wieder freizukommen. Jedenfalls lohnt der Rückkauf den Aufwand. Die Geisel, die wir befreien, ist unser *Selbst*.

»Als ich arm war, musste ich nie meine Seele verkaufen«, sagt eine Frau. »Ich wusste, dass Gott für mich sorgen würde, wenn ich mir selbst gegenüber ehrlich war und der Stimme des Herzens folgte. Gott kümmerte sich tatsächlich um mich. Ich war auf meinem Gebiet ziemlich erfolgreich. Doch mit dem beruflichen Erfolg änderte sich etwas. Ich übernahm die Definitionen anderer Leute, die mir einredeten, wie wichtig es sei, die Leiter nach oben zu klettern. Ich schuftete immer mehr, um mich den neuen Gegebenheiten anzupassen, wobei ich mir sagte, dass mit mir wohl etwas nicht stimme, eben weil die erreichten Ziele mich keineswegs ausfüllten. Ich war auf dem Gipfel! Das hätte eigentlich großartig sein sollen. Vielleicht war es das auch, aber ich fühlte mich nicht gerade großartig. Ich hasste meine Arbeit, und ich hasste mein Leben. Ständig schluckte ich meinen Ärger und meinen Kummer hinunter im Glauben, dass ich etwas falsch machte – bis schließlich fast nichts mehr von mir übrig war. All die Leidenschaft und die Freude, die mir anfangs in der Arbeit zum Erfolg verholfen hatten, waren aufgebraucht. Ich konnte nicht mehr.

Zunächst war Erfolg gleichbedeutend damit, dass ich tat, worauf ich Lust hatte, dass ich mit den Arbeitskollegen und der Gemeinschaft, in der ich lebte, einen liebevollen und harmonischen Umgang pflegte und darauf vertraute, dass sich die finanziellen Angelegenheiten von selbst regeln würden. Erfolgreich sein hieß, leidenschaftlich zu Werke zu gehen, ein Ziel zu haben, egal wie groß oder wie klein die Aufgabe war, und Teil einer Gruppe von Menschen zu sein, mit denen ich mich geistig verbunden fühlte, die einen ähnlichen Auftrag zu erfüllen hatten. Aber irgendwie kam alles durcheinander. Ich verkaufte meine Seele für berufliche und finanzielle Sicherheit. Zwar lebte ich in gesicherten Verhältnissen, aber am Ende hasste ich meinen Job genauso wie mich selbst. Meine ganze Freude war dahin, meine Leidenschaft auch. Es ist also höchste Zeit, zum Anfang zurückzukehren, zu meiner liebenden Hingabe. Es wird wohl eine Weile dauern, diesen Zustand wiederherzustellen und mein Leben neu zu organisieren, aber das zahlt sich aus.

Wer sagt denn, Erfolg bedeute, besser und mächtiger zu werden? Vielleicht besteht er ja gerade darin, das zu tun, was einen glücklich macht, und fest zu glauben, dass man diese Aufgabe mit jedem Tag besser bewältigt.

Ich habe lange genug meine Seele verkauft«, schloss sie. »Jetzt will ich sie wiederhaben.«

»Ich mochte meinen Job«, sagt ein Mann in den Dreißigern, ein begabter Künstler und Handwerker. »Natürlich gab es da auch Probleme. Manche Tage waren einfach langweilig. Einmal hatte ich die Nase sogar ziemlich voll. Jemand kam vorbei und bot mir ein größeres, besseres Büro und mehr Geld, wenn ich für seine Firma arbeiten würde. Damals wusste ich schon, dass die Leute dort mich und meine Fähigkeiten nicht wirklich schätzten. Im Grunde waren sie an mir und meiner Arbeit überhaupt nicht interessiert. Sie dachten nur, mit mir mehr Geld verdienen zu können. Trotzdem gab ich meine Stelle auf und trat in die neue Firma ein.

Vom ersten Tag an war mir die Arbeit verhasst. Nichts klappte. Ich konnte meine Kunst, mein Handwerk nicht ausüben. Ich hatte keine Kunden. Ich kam mit meinen Kollegen nicht klar. Ich war nicht auf ihrer Wellenlänge und sie nicht auf meiner. Sie verstanden weder mich noch meine Arbeit. Sie schätzten mich nicht. Sie wollten bloß das Geld, das ich ihnen einbringen sollte. Ich konnte keine Beziehung zu diesen Leuten herstellen, sosehr ich mich auch bemühte. Also saß ich ohne Kunden, ohne Arbeit, ohne Geld in meinem neuen Büro, war unglücklich und fragte mich, was eigentlich verkehrt lief. Es dauerte nicht lange, bis mir ein Licht aufging. Ich wusste, dass ich einen Fehler gemacht hatte. Schließlich kehrte ich – ziemlich kleinlaut – zu meiner früheren Firma zurück. Ich entschuldigte mich dafür, dass ich gekündigt hatte, und gab zu, dass das ein Irrtum war. Dann bat ich darum, wieder nach Hause kommen zu dürfen.

Sie sagten ja. Das heißt nicht, dass ich dort für immer bleibe. Aber ich werde, so Gott will, nie mehr meine Seele verkaufen. Ich werde nicht weggehen, ehe ich nicht einen Ort gefunden habe, der ein wirkliches Zuhause ist.«

Ich habe gerade im letzten Jahr viele Geschichten über Leute gehört, die ihren Weg nach Hause finden.

»Ich verließ New York, eine Stadt, die ich liebte, um in eine andere Stadt zu ziehen, die nach Ansicht aller Leute besser sein sollte«, erzählt ein anderer Mann, ein auf seinem Gebiet anerkannter Fachmann. »Aber ich mochte diese neue Stadt nicht. Es gab dort zwar Orte, die ich frequentierte, und Tätigkeiten, denen ich nachging, aber ich hatte zu dieser Stadt nie eine solche Beziehung wie zu New York. Außerdem war meine Lebensgefährtin vom ersten Tag an unglücklich. Wir versuchten immer wieder, uns auf die neue Umgebung einzustellen, und verstanden einfach nicht, was da ablief und warum wir uns nicht wohl fühlten. Eines Tages bot sich uns die Gelegenheit, nach New York zurückzukehren. Wir zögerten nicht lange und nahmen sie wahr. Da erkannten wir, warum wir so unglücklich gewesen waren, warum nichts funktioniert hatte: Wir hatten unsere Heimat verlassen.«

»Ich habe meine Seele an die Geschäftswelt verkauft. Jetzt fordere ich sie zurück«, erklärt eine Frau Ende dreißig. »Ich habe mich in dieser Welt ganz schön verheddert. All meine Rechnungen und Zahlungen – mein Leben – hängen von dem Geld ab, das ich monatlich verdiene. Ich sitze in der Falle. Irgendwann werde ich einige Arbeit, Zeit und Mühe investieren müssen, um mein Leben neu zu strukturieren. Dazu bin ich fähig, aber es wird eine Weile dauern. Ehe ich mich endgültig aus dieser unangenehmen Situation befreit habe, kann ich jetzt schon einmal anfangen, mein Herz zu öffnen.«

Ich habe Geschichten darüber gehört, dass Menschen ihre Seele für Geld, für Macht, für Sex, für Drogen oder für Alkohol verkauft haben.

»Ich habe meine Seele jahrelang für Sex verkauft«, sagt ein gut aussehender Mann Ende dreißig. »Mein Leben ist eine Serie von flüchtigen Abenteuern mit Frauen, die ich nicht ertragen kann, die aber herrliche Körper haben. Mein Sexualleben ist phantastisch, doch in meinen Eingeweiden befindet sich an der Stelle, wo ich eine Seele haben sollte, ein Loch.

Ich konnte sehen, welche Auswirkungen diese Art von Sex auf meine Gespielinnen hatte – auf Frauen, die ebenfalls nach kurzen Liebesabenteuern suchten oder ihren Körper Nacht für Nacht an Männer verkauften, die ihnen zuwider waren. Ich schaute sie an und dachte: *Jedes Mal, wenn sie das tun, verlieren sie ein Stück von ihrer Seele – bis sie fast ganz weg ist und sie sich leer fühlen.* Allerdings übersah ich dabei, dass ich ja das Gleiche tat wie sie.«

In jüngeren Jahren tauschte ich selbst meine Seele gegen Heroin, Morphium, Kokain, Marihuana, Alkohol und jede andere Substanz ein, die versprach, meinen Gefühlszustand zu ändern. Ganz zu Anfang versetzte mich Heroin in Ekstase. Sehr bald entwickelte sich daraus ein hohles Verführungsspiel. In den nächsten acht Jahren jagte ich diesem Hochgefühl nach und verkaufte meine Seele – für eine Droge, die mich besitzen und umbringen wollte und die mir nie Erleichterung verschaffte. Dafür gab ich mein Glück, meine Freude, meine innere Harmonie auf. Meine Seele von der Sucht zurückzukaufen war ein kostspieliger, langwieriger Heimkehrprozess, der allerdings weniger Kosten verursachte als zuvor der Verkauf.

Ich habe meine eigenen Erfahrungen mit der Trennung von zu Hause gemacht – in der Arbeit, in der Liebe, in Sachen Wohnort. Auch ich weiß, wie es ist, die Seele zu verkaufen und nicht daran zu glauben, dass man haben kann, was man will, dass die eigenen Wünsche zählen oder dass die Herzensangelegenheiten wichtig sind. Und auch ich kenne die Unklarheit, dass man nicht weiß, was man eigentlich ersehnt.

Ich habe erlebt, dass ich abstumpfte und vergaß, wer ich war und was ich als Wahrheit erkannt hatte.

Als ich nach dem Tod meines Sohnes nach Malibu in Kalifornien zog, dachte ich, dies sei ein angenehmer Ort zum Leben. Aber ich war abgetrennt von meinem Herzen und meinen Gefühlen. Ich sagte mir, dass ich nie wieder ein Zuhause haben würde. Nach ein paar Jahren und einigen Problemen mit dem gepachteten Anwesen beschloss ich, in einer anderen kalifornischen Stadt zu wohnen. Ich war angeekelt, konnte nicht den richtigen Ort finden. Ich redete mir ein, dass es völlig gleichgültig sei, wo ich mich niederlasse. Ich konnte überall leben, alles mögliche machen und diesen Ort Heimat nennen.

Ich rannte von zu Hause fort. In der neuen Stadt fand ich hier und da Anschluss – und ein paar kleine Orte, die ich ganz gerne mochte. Aber ich wurde nie wirklich heimisch.

Das Universum ist voller Geduld und Güte. Es ließ mich erkennen, was ich lernen musste. Sechs Monate nach dem Wegzug von Malibu beschloss ich, genau dort eine Buchhandlung zu eröffnen. Das erschien mir richtig

und versetzte mich in Aufregung. Ich war voller Leidenschaft und Engagement. Nachdem ich täglich zwischen
Buchhandlung und Wohnort hin- und hergefahren war
(vier Stunden im Auto), fing ich an zu verstehen.

Mit all seinen Vor- und Nachteilen war Malibu zu
meinem Zuhause geworden. Dort hatte ich Verbindungen aufgebaut – zum Bioladen, zu meinem Arzt, zu dem
Mann, der das UPS-Büro leitete. In dieser Stadt nahm ich
Anteil am Leben, heilte ich innerlich, weinte und lachte
ich. Wenn ich auf Forschungsreisen ging, kehrte ich immer wieder gerne nach Malibu zurück.

Und obwohl ich gerade weggezogen war, war es Zeit
zurückzuziehen. Es war Zeit heimzukehren.

In *Der Zauberer von Oz* von L. Frank Baum unternimmt Dorothy eine unglaubliche und manchmal auch
beängstigende Reise weg von Kansas, ihrem Zuhause, als
sie von einem Tornado – einem Wirbel – fortgerissen und
ins Land von Oz getragen wird. Die meisten kennen diese
Geschichte, aber eine kurze Zusammenfassung kann
nicht schaden. Dorothy begegnet Vogelscheuche, dem
Mann aus Blech sowie dem ängstlichen Löwen und
freundet sich mit ihnen an. Sie alle suchen nach etwas,
das sie nicht zu haben glauben. Vogelscheuche will ein
Gehirn, der Mann aus Blech ein Herz und der ängstliche
Löwe eine Dosis Mut.

Dorothy aber will einfach nach Hause.

Sie folgen der Yellow Brick Road, halten Ausschau
nach dem großen Zauberer, von dem sie sich die Erfüllung ihrer Wünsche versprechen. Unterwegs wehren sie
Hexen, Dämonen und zwielichtige Gestalten ab. Schließlich wird ihnen bewusst, dass sie das, was sie wollten,
schon die ganze Zeit besaßen.

Der Zauberer braucht dem Mann aus Blech kein Herz zu geben, denn der hat schon eins. Die Vogelscheuche hat ein Gehirn, der Löwe ist mutig. Und während der gesamten Reise trug Dorothy bereits jene magischen Schuhe, die sie nach Hause bringen werden. Sie braucht nur die Hacken zusammenzuschlagen und sich zu sagen: »Nirgendwo ist es so schön wie zu Hause.« Dorothy ist aus dem Häuschen, als sie erfährt, dass sie endlich nach Hause darf, aber zugleich ein bisschen verstört, weil sie merkt, dass sie ihr Ticket immer schon bei sich hatte.

In diesem Augenblick teilen ihr die Freunde mit, erst durch die Reise sei ihnen bewusst geworden, dass jeder das Gewünschte bereits besaß.

Hat jeder Mensch ein Zuhause?, fragt ein Mann. *Hat jeder den richtigen Ort zum Leben, die richtige Arbeit?*

»Ich habe mein ganzes Leben in der Schweiz verbracht. Dann zog ich nach Kalifornien. Jetzt ruft mich Südafrika. Vielleicht ist dort mein Zuhause, aber ich weiß es nicht genau«, sagt eine schöne Frau Ende zwanzig. »Was ist, wenn ich gar kein Zuhause habe?«

Lange Zeit war ich mir unsicher, ob ich ein Zuhause habe – ob ich irgendwo auf diesem Planeten hinpasse oder dazugehöre oder ob ich nur störe, völlig überflüssig bin und einfach Platz wegnehme. Einige Leute sagen, dass sie am Monatsende »noch ein paar Tage, aber kein Geld mehr übrig haben«. Ich fragte mich, ob ich noch etwas Leben, aber keinen Lebenszweck mehr übrig hatte.

Die Antwort auf diese Frage erhielt ich in Gise, der Heimat der großen Pyramiden in Ägypten. Ich weilte bei Essam, einem Araber, den ich als Freund und Lehrmeister gewonnen hatte. Es war die letzte Nacht vor meiner Rückkehr nach Hause. In Essams Wohnräumen fand ein

Festessen statt. Seine neue Frau Rabab speiste mit uns. Sie sprach kein Englisch; und da sich meine arabischen Sprachkenntnisse auf *Guten Morgen, Hallo, Willkommen* und *Danke* beschränkten, kommunizierten wir über Essam.

Sie erzählte mir, dass ihre jüngere Schwester vor Jahren durch einen Stromschlag auf der Stelle getötet worden sei, als sie in ihrem Haus einen elektrischen Anschluss berührt hatte. Während sie Essam bat, die Geschichte zu übersetzen, sah sie sehr traurig aus. Ich legte meine Hand aufs Herz und sagte, dass ich ihren Schmerz gut nachempfinden könne, denn vor ein paar Jahren sei mein Sohn bei einem Skiunfall ums Leben gekommen. Auch mein Herz sei gebrochen.

Plötzlich sprudelten die Wörter aufgeregt aus ihr hervor. Ich verstand nicht, was sie sagte und was Essam ihr erwiderte. Aber ich spürte, dass die Energie sich verändert hatte. Es schien fast so, als ob er sie ausschelten würde. Als die beiden ihre Debatte beendet hatten, wandte Essam sich an mich und lächelte.

»Sie ist noch jung. Ich musste sie belehren«, sagte er geduldig. »Als du ihr mitgeteilt hast, dass dein Herz gebrochen sei, reagierte sie betroffen und verwirrt.«

»Was hat sie gesagt?«, fragte ich.

Verlegen antwortete er: »Sie war überrascht zu hören, dass du ein gebrochenes Herz hast. Sie wusste nicht, dass Christen ein Herz haben. Ich musste ihr klarmachen, dass wir alle eins haben.«

Früher sagten die Leute: *Die Heimat ist dort, wo du deinen Hut aufhängst.* In Los Angeles sagt man: *Die Heimat ist dort, wo dein Auto steht.*

Bevor ich die Arbeit an diesem Buch begann, berichtete ich einer Freundin voll innerer Unruhe, dass ich nun das Material ordnen, mich vor den Computer setzen und tatsächlich schreiben müsse. »Mach dir keine Sorgen«, erwiderte sie. »Das Schreiben ist für dich Heimat.«

Meine Freundin hatte Recht.

Heimat ist dort, wo das Herz ist. Und, wie Essam sagte: *Wir alle haben eins.*

Manchmal kommen wir durcheinander. Vielleicht sind einige Kindheitserlebnisse oder andere Situationen, die sich unserer Kontrolle entziehen, verantwortlich dafür, dass wir nicht wissen, was Heimat ist. Wir denken dann, Heimat sei dort, wo uns das Herz brach. Oder wir sitzen fest und machen es uns bequem an einem Ort, der nicht wirklich unser Zuhause ist. Möglicherweise geraten wir auch in die Fänge jener gefürchteten Sandmenschen in der Abenteuerserie »Star Wars«. Und bisweilen sind wir einfach unterwegs, um dorthin zu gehen, wo wir sein *mussten.*

Jetzt ist es Zeit, dorthin zu gehen, wo wir sein *möchten.* Es ist Zeit, heimzukehren.

Wo ist unsere Heimat? Sie müssen nicht in weiter Ferne danach suchen, sondern sich nur erinnern, wo sie ist.

Es gibt einen Ort, an den wir uns in unserem Überbewusstsein erinnern, selbst wenn unser normales Bewusstsein dazu nicht im Stande ist.

Es ist ein Ort, wo übernatürliche Kräfte und Wunder etwas ganz Natürliches sind; ein Ort, den wir sehen und als den unseren akzeptieren, wenn wir an ihn denken und an ihn glauben. In einem einzigen Augenblick erkennen wir ja, wie unsere Gedanken die Realität ständig neu erschaffen.

Es ist ein Ort, wo der Film unseres Lebens schneller abgespult wird und wo wir deutlich sehen, dass die scheinbaren Schmerzen und Qualen einfach heilsame Erfahrungen sind, um all das zu beseitigen, was unserem Einssein mit der Wahrheit und den höchsten Überzeugungen, die wir gutheißen, im Wege steht.

Dieser Ort ist unsere Heimat.

In allem, was wir erlebt, erlitten und erduldet haben, erkennen wir eine Lektion. Wir merken, dass wir das alles durchgemacht haben, um zu dieser Lektion zu gelangen, und dass wir uns dafür so viel Zeit wie nötig genommen haben.

Wir haben die Schranken durchbrochen, die harte Wand um unser Herz und unsere Seele eingerissen. Die meiste Zeit unseres Lebens haben wir damit verbracht, diese Wand zu errichten und uns selbst weiszumachen, dass sie notwendig sei und Sicherheit gewähre. Jetzt können wir über uns lachen und einsehen, dass wir für ihren Abriss ebenso viel Zeit brauchen wie für ihren Aufbau.

Sicherheit bedeutet, keinerlei Wand mehr zwischen Herz und Geist zu haben.

Sicher sein heißt: frei sein.

All die Lektionen, das Karma, das Leid waren wichtig, veranlassten uns dazu, einen Backstein nach dem anderen abzutragen – die falschen Überzeugungen, denen wir anhingen und die unsere Einheit, ja die Wahrheit selbst verdeckten. Jedes Mal, wenn wir einen Backstein in die Hand nehmen und loslassen, scheint die Sonne umso strahlender durch die Wand.

Was hindert uns daran, heimzukehren – mit unserem Geist, mit Gott, mit der Kraft in der Welt ringsum eine innige Verbindung herzustellen?

Ein gebrochenes Herz. Lügen. Schuld- und Schamgefühle. Suchtkrankheiten. Zerstreuungen. Achtlosigkeit. Karma. Probleme, die wir uns selbst eingebrockt haben.

Zwei weitere Hindernisse stehen uns im Weg. Unser Widerwille und unser Unglaube.

»Ich bin jahrelang vor mir selbst weggerannt«, bekennt eine Frau. »Ich bin weggerannt vor meinen Fähigkeiten, meinen Träumen, meinen Gefühlen und meinem Herzen. Dieses Jahr habe ich ein Thema. Keine Lösung, ein Thema. Ich renne mir selbst entgegen, mit weit geöffneten Armen.«

»Wenn Sie unendlich weit in die Zukunft und in den Raum blicken könnten, wäre völlig klar, was Sie sähen«, schrieb Paul Williams in seinem Buch *Das Energi!*. »Sie würden Ihren Hinterkopf sehen.«

Wenn wir lang und weit und schnell genug vor uns wegrennen, rennen wir geradewegs zurück in unser wahres Selbst, in unsere Seele.

Hören Sie auf, vor sich selbst, Ihren Gefühlen und Wünschen wegzulaufen. Seien Sie nicht so anpassungsfähig! Verlassen Sie dieses eingefahrene Gleis. Wer sind Sie? Was fühlen, denken, wissen Sie? Mögen, lieben oder hassen Sie es? Bringen Sie die Dinge in Ihrem Kopf nicht mehr derart durcheinander! Tasten Sie sich intuitiv voran. Hoppla! Sie haben einen Fehler begangen? Vielleicht mussten Sie gerade diese Lektion lernen. Sammeln Sie sich und starten Sie einen neuen Versuch. Es geht um das Lebensspiel »Wahrheit oder Konsequenzen«. Entweder handeln wir nach unserer inneren Wahrheit, oder wir leiden unter den Konsequenzen. Worin also besteht Ihre Wahrheit? Verkrampfen Sie Ihr Herz nicht mehr, bis es ganz verschlossen ist. Öffnen Sie es weit. Erkennen Sie, wer Sie sind und wie viel Sie tatsächlich wissen!

»Falsche Identität führt zu Irrtum, der seinerseits Ignoranz und Angst verursacht«, sagt Norman, der befreundete Wissenschaftler. »Besinne dich auf dich selbst. Du bist ein Wesen mit unbegrenzter Intelligenz und Leuchtkraft, in einem permanenten Zustand der Vollkommenheit.«

Das vorliegende Buch enthält im Folgenden zwei Teile, die uns helfen sollen, mit dem Herzen, der Seele und den vielen Energien und Kräften in Verbindung zu bleiben, die uns in dieser wundersamen und geheimnisvollen Welt zur Verfügung stehen. Die einzelnen Kapitel sind praxisbezogene, meditative Texte. Lesen Sie sie durch, um mit dem entsprechenden Inhalt und Gegenstand vertraut zu werden. Benutzen Sie dann die Kapitel unter »Grundsätze« beziehungsweise »Heilmittel« je nach Bedarf. Wenn Sie zum Beispiel Hilfe brauchen, um sich bewusstzumachen, dass Sie kein Opfer sind, lesen Sie das 8. Kapitel: »Besinnen Sie sich darauf, wie stark Ihre Seele sein kann« im 2. Teil, »Grundsätze«. Wenn Sie dagegen auf Beistand angewiesen sind, um Ihr Inneres zu öffnen, lesen Sie das Kapitel »Das Herz öffnen« im 3. Teil, »Heilmittel«. Jedes Kapitel bietet Anregungen zum Nachdenken, die man in aller Ruhe auf sich wirken lassen kann, sowie zumindest eine Übung und eine Liste mit Mantras für den täglichen Gebrauch. Jedes Kapitel im Teil »Grundsätze« empfiehlt außerdem spezielle Heilmittel, die hinsichtlich des jeweiligen Themas angewandt werden können.

Die Schlüssel zu jedem einzelnen Kapitel finden sich in den letzten Abschnitten des vorhergehenden Kapitels. Verwenden Sie diese Schlüssel nach Ihrer ersten Lektüre, wenn Sie Hilfe benötigen, um eine bestimmte Überzeugung zu revidieren oder ein Heilmittel im täglichen Leben anders einzusetzen.

Machen Sie sich keine Sorgen. Dieses Buch hält Sie nicht dazu an, übermenschliche Anstrengungen zu unternehmen oder jemand zu sein, der Sie gar nicht sind. Heimkehren bedeutet, sich wohl zu fühlen mit dem Menschen, der man ist und den die Seele sich wünscht. Das ist mit keinerlei Zwang verbunden. Zwang und Druck entstehen erst dann, wenn man nicht so ist, wie es die Seele wünscht, und sich dort aufhält, wo sie sich nicht heimisch fühlt. Es gibt auf diesem Planeten kaum etwas Schöneres und Anmutigeres als einen demütigen Menschen, der mit seiner Seele und mit all seinen Kräften ganz und gar verbunden ist.

Ziehen Sie Ihre Schuhe aus. Lockern Sie Ihren Hemdkragen. Lehnen Sie sich zurück, entspannen Sie sich. Sie sind auf dem Weg nach Hause!

ÜBUNGEN

Machen Sie sich daran, Ihre Seele zu erforschen. Stellen Sie sich die schwierigen Fragen. Beantworten Sie sie so ehrlich, wie es nur geht. Auf welche Weise haben Sie sich verkauft – für Geld, Sex, Macht, Sicherheit? Wie haben Sie Ihre Gefühle, Ihre Freude eingetauscht, um das zu bekommen, was Sie Ihrer Meinung nach haben wollten oder haben mussten? Haben Sie die kleinen – oder die großen – Dinge im Leben preisgegeben und allmählich ignoriert, wie wichtig sie für Ihr Herz und Ihre Seele eigentlich sind? Was vermissen Sie? Welcher Mensch fehlt Ihnen? Wenn Geld, Macht oder Sicherheit nicht existierten – nicht real wären –, was würden Sie dann mit Ihrem Leben tun, das Sie jetzt unterlassen? Wo würden Sie leben? Was würden Sie arbeiten? Und wenn es völlig unwichtig wäre, was die anderen von Ihnen denken – wenn es einzig und allein darauf ankäme, wie Sie selbst das Leben sehen –, was würden Sie dann anders machen?

Wenn Sie keine Angst davor hätten, etwas Neues auszuprobieren – was würden Sie machen und mit wem würden Sie es machen?

Wovon versuchen Sie immer mehr zu bekommen, ohne dass Sie das glücklich machen würde – ganz gleich, wie viel oder wie wenig Sie davon bekommen?

Inwiefern haben Sie sich immer wieder angepasst, bis Sie das Gefühl hatten, dass für weitere Kompromisse fast nichts mehr von Ihnen übrig ist?

Welchen Einfluss hätte es auf Ihr Leben, wenn Sie nicht aus der Angst, sondern aus dem Glauben lebten?

Viele Leute finden es wichtig, diese Fragen zu beantworten, weil sie sonst vom Leben dazu gezwungen werden, sich damit auseinander zu setzen. Sie brauchen nicht alle Fragen auf einmal zu beantworten. Das ist keine Fünfminutenübung, sondern ein Abenteuer, bei dem Sie Ihre Seele erforschen. Wenn Sie innerlich bereit sind, dann schreiben Sie diese Fragen – die Sie an Ihre Seele richten – ins Tagebuch; warten Sie ab, bis sich die betreffenden Antworten einstellen. Bleiben Sie in Kontakt mit Ihren Gefühlen. Empfinden Sie alle Regungen, die sich bemerkbar machen, und lassen Sie sie los. Rüsten Sie sich für das Abenteuer Ihres Lebens: den Weg zurück zum Herzen und nach Hause zu finden.

Stellen Sie sich in der Phantasie Ihr perfektes Zuhause vor. Viele Menschen malen sich den idealen Ort zum Leben und zum Arbeiten aus. Dieser Traum, diese Vision gibt Ihnen eine Idee davon, wie der Himmel auf Erden aussähe, wie Sie Ihre Stunden und Tage hier verbringen möchten.

Ich stellte mir immer wieder vor, auf einer Insel zu leben – in einem See oder im Meer. Ich sah, dass ich ein einfaches, unbeschwertes Leben führte. Ich trug bunte Kleidung, konnte anziehen, wozu ich Lust hatte. Und ich gehörte einer Gruppe von gleich gesinnten Menschen an. Sie waren meine Bezugspersonen, meine Seelengefährten. Auf dieser Insel wurden Kunst und Kreativität um ihrer selbst willen geschätzt, nicht nur des Geldes wegen, das sie einbringen könnten. Auch die Spiritualität stand hoch im Kurs, und die Menschen besaßen genügend Feinsinnigkeit, um mich darüber zu unterrichten. Sie führten mich in die alten Sitten und Gebräuche ein. Außerdem gab es die romantische Liebe, den vollkommenen Partner, der dort auf mich wartete. Ich arbeitete zu Hause, schrieb Geschichten, die mir am Herzen lagen. Daneben besaß ich ein kleines Geschäft im Zentrum der Stadt. Meine finanzielle Situation hatte sich vereinfacht. Der Alltag ging mühelos vonstatten. Und der Schleier war dünn: Intuition und psychische Fähigkeiten wurden geachtet und frei zum Ausdruck gebracht.

Eine Zeit lang hatte ich meine Landkarten ausgelegt, um diese Insel zu suchen; dann sah ich, dass meine Phantasie zwar real war, vor allem jedoch eine Metapher, ein Wunschbild meiner Seele, das Hinweise darauf enthielt, was ich wollte und wohin mich mein Weg führte. Meine Phantasie zeigte mir, was in meinem Leben fehlte. Darüber hinaus half sie mir, die Heimat, als ich sie entdeckt hatte, tatsächlich auch als solche zu erkennen.

Einige Leute meinen, Phantasien seien reine Zeitverschwendung. *Kümmere dich um die konkreten Dinge,* sagen sie, *lebe in der Realität!* Vielleicht aber können wir die Realität gerade dadurch formen, dass wir unsere Phantasien respektieren. Möglicherweise sind sie das Medium, durch welches Seele und Überbewusstsein unseren eigentlichen Lebensentwurf zum Ausdruck bringen.

Eine Freundin hatte eine andere Vision vom Zuhause. Sie wollte auf dem Land, auf einem Bauernhof leben. Dort sollte sich eine Bibliothek befinden, ein einfaches Zimmer, in dem sie ununterbrochen lesen und studieren könnte. Nach jahrelangem Stadtleben sehnte sie sich in eine ländliche Umgebung mit Tieren. Sie hatte die Absicht, weiterhin als Heilerin tätig zu sein – aber eben an einem von der Zivilisation unberührten Ort der Freiheit, der Freude und der Einfachheit.

»Ich lebe noch nicht auf diesem Bauernhof«, sagt sie. »Doch ich hoffe, mich eines Tages dort niederzulassen. In meinem Berufsleben habe ich einige grundlegende Änderungen vorgenommen, um als Heilerin arbeiten zu können. Ich gehe wieder auf die Universität, mache meinen Abschluss in Psychologie. Vorher war ich zu ängstlich, zu unentschlossen, um mich darum zu bemühen. Dabei hatte ich das schon immer machen wollen. Ich glaube, die wichtigste Botschaft, die mir mein Traumhaus übermittelt, ist die, dass ich mich sicher und friedlich fühlen möchte. Und genau das versuche ich jetzt mit aller Kraft zu schaffen.«

Wie sieht Ihr traumhaftes Zuhause aus? Tragen Sie in Ihrem Herzen einen Ort, den Sie gerne aufsuchen würden und über den Sie bereits gesprochen haben – zu sich oder mit anderen Menschen? Gibt es einen Ort, der Sie ruft, anzieht? Was ist Ihr Traumjob? Wenn Sie auf einer Insel oder einem Bauernhof oder an einem anderen Ort lebten, den Sie erträumen, was würden Sie dort tun, um Ihre Gaben in die Welt mit einzubringen? Wer wäre dort an Ihrer Seite? Welche Vorteile, die das magische Zuhause verspricht, fehlen in Ihrem jetzigen Leben? Oder existieren sie bereits, sodass Sie nur die Augen öffnen, sie näher betrachten und bejahen müssten? Welche Nachteile würden aus Ihrem jetzigen Leben verschwinden, wenn Sie in Ihrem gewünschten Heim, in Ihrem Himmel auf Erden, wohnten? Mit welchen Unannehmlichkeiten oder scheinbar unlösbaren Problemen oder sonstigen Belastungen haben Sie sich inzwischen abgefunden? Haben Sie Ihre Seele für faule Kompromisse verkauft? Ihre diesbezüglichen Antworten enthalten Hinweise darauf, wonach sich Ihre Seele sehnt.

Schreiben Sie ein Gedicht über das von Ihnen gewünschte Heim! Nehmen Sie sich außerdem vor, es mit Hilfe von Träumen zu entdecken. Führen Sie Tagebuch darüber. Sprechen Sie mit einem Freund darüber. Reden Sie so lange über dieses Heim, bis Sie es deutlich sehen und fühlen. Rufen Sie es an in der Stille des Morgens, wenn die Sonne aufgeht. Rufen Sie die Menschen an, die dort leben, unter einem von Mondlicht erleuchteten Abendhimmel. Lassen Sie dabei Ihre innere Stimme zu Wort kommen. Teilen Sie dem Ort und den Menschen mit, dass Sie auf dem Weg sind. Bitten Sie sie, Ihnen bei der Suche behilflich zu sein.

Formen Sie das Heim aus all den Teilen, die Sie besitzen, und tragen Sie es dann im Herzen. Lassen Sie los, aber geben Sie nicht auf. Machen Sie sich keine Sorgen, wenn Sie es zunächst nicht klar erkennen können – oder wenn Sie überall auf dieser Erde scheinbar vergeblich danach suchen. Es wird sich Ihnen von selbst präsentieren. Halten Sie an Ihrer Vision fest. Vertrauen Sie dem, was Sie sehen. Schaffen Sie den Raum, in dem Ihr Heim Sie finden kann!

2. Teil

GRUNDSÄTZE

Und erinnere dich immer an folgende Dinge,
meine Liebe:
Erinnere dich, dass du einen freien Willen hast.
Erinnere dich, dass du Licht bist und immer sein wirst.
Erinnere dich, dass es weder Richtig noch Falsch gibt,
sondern nur göttliche Wahrheit.
Erinnere dich, dass dir gegeben wird,
wenn du darum bittest.
Erinnere dich!

FLO AEVEIA MAGDALENA, *I Remember Union*

1. Kapitel

Warum musste ich, um die brachliegenden 95 Prozent
meines Gehirns zu nutzen, die fünf Prozent verlieren,
die ich schon hatte?

TASHIRA TACHI-REN, *What Is Lightbody?*

Besinnen Sie sich darauf,
wie Ihre Seele gerne sein würde

»Der Mann, mit dem ich zusammen bin und dem ich seit
Monaten näher kommen will, rief mich gestern Abend
an«, berichtet eine meiner engen Freundinnen. »›Verrat
mir die Geheimnisse deiner Seele‹, bat er mich. ›Sag mir,
wer du wirklich bist.‹

Auf diesen Augenblick hatte ich schon so lange ge-
wartet. Doch vor lauter Glück konnte ich nur stammeln:
Äh, ja, mmh …«

Wir besitzen die ausgeprägte Fähigkeit, uns gewisse
Dinge ins Gedächtnis zurückzurufen. Meine Tochter
Nichole kann sich noch lebhaft an Ereignisse erinnern,
die ab ihrem zweiten Lebensjahr stattfanden – zum Beispiel daran, wer was tat, was diese Person sagte, was sie
anhatte, wie sie sich fühlte und was als nächstes geschah.
Auch können die meisten (wie ich selbst) auf der Stelle
und mit hundertprozentiger Genauigkeit eine Liste mit

Missetaten aufzählen, die ihnen angetan wurden – wie schlecht sie von anderen doch behandelt wurden.

Warum erscheint es dann manchmal so schwer, ja fast unmöglich, sich auf den Menschen zu besinnen, der man tief im Herzen und in der Seele ist, und dann einfach dieser Mensch zu *sein*?

»Ich saß mit meinem Freund, Begleiter, Liebhaber – nenn ihn, wie du willst – in einem Restaurant in Kalifornien«, erzählt eine erfolgreiche junge Frau. »Er forderte mich auf, zu bestellen, worauf ich Lust hätte. Ich starrte auf die Speisekarte, konnte jedoch nicht bestellen. Ich mochte immer Sushi, wusste aber nicht, ob es mir auch jetzt noch schmecken würde. Normalerweise weiß ich, wer ich bin und was ich mag. Aber als ich in diesem Restaurant saß, war ich wirklich bestürzt, dass ich in Gegenwart dieses Mannes nicht zu mir fand. Ich hatte einen Blackout, vergaß völlig, wer ich bin. Ich verlor aus den Augen, was mir gut tut und was mich glücklich macht.

Ich glaube, unser Zustand verschlechtert sich schon Minuten nach der Geburt«, schloss sie.

Ich hab keine Ahnung, höre ich viele sagen. Aber das stimmt nicht. Es gibt zahlreiche Hinweise und Zeichen:

Es liegt in der Luft.

Schließen wir uns den anderen an.

Was ist los?

Magst du's nicht?

Keine Ahnung? Oh doch, wir haben sie sehr wohl.

Willkommen in der Realität.

Die Geschichte hat noch eine andere Seite.

Es ist ein langer Weg nach Hause.

Eine Art Vorauführung.

Das lässt sich nicht in Worte fassen.

Immer noch in Wartestellung.
Es ist ein Zeichen der Zeit.
Überall gibt es Fingerzeige, wenn wir nur innehalten, beobachten, zuhören.
Wie wenn der Teufel hinter uns her wäre.
In der Gefahrenzone.
Gegen die Wand knallen.
Abwarten und Tee trinken.
Die Dinge in einem neuen Licht sehen.
Eine schicksalhafte Wende.
Wir können nur hoffen.
Hallo? Ist da jemand?
Gib deine Abwehrhaltung auf.
Komm vom Zaun runter.
Es ist eine Befreiung.
In einem einzigen Augenblick.

Es gibt eine ganze Reihe von Gründen, warum uns die Besinnung auf die wahren Wünsche unserer Seele solche Schwierigkeiten bereitet. Ganze Schichten von Schlacke, die sich durch gewisse Erfahrungen gebildet und abgelagert haben, können die Einsicht in unser Wesen erschweren. In einem Film mit dem Titel *Multiplicity* (Vervielfältigt) versucht die Hauptfigur verzweifelt, mit dem hektischen Tempo des Lebens Schritt zu halten. Als ihr das misslingt, geht sie dazu über, sich mit Hilfe eines Wissenschaftlers zu kopieren, zu klonen. Der fünfte Klon wird zur Kopie einer Kopie, zu einer Gestalt, die im Kopf nicht mehr ganz richtig ist.

Dieser fünfte Klon steckt Pizza anstatt Geld in seine Brieftasche, und vor dem Spiegel stehend rasiert er seine Zunge.

Manchmal sind wir derart damit beschäftigt, uns zu klonen, dass wir uns gar nicht mehr erinnern können, wo unsere ursprüngliche Seele ist.

Politically Incorrect (Das darf man nicht sagen) ist eine spätabendliche Talkshow. Die Gäste bilden ein Forum, und der Talkmaster gibt ihnen ein bestimmtes Thema – in der Hoffnung, dass einer von ihnen sich darüber aufregt. Das dreidimensionale Drama ist in den Medien ebenso beliebt wie in unserem Leben. Dadurch werden so manche Dinge zur Sprache und ans Licht gebracht. Dieses Drama ist so etwas wie ein Ventil für das Bewusstsein. Wir erfahren, was im Moment passiert, und erhalten Hinweise auf den weiteren Gang der Ereignisse.

Als ich eines Nachmittags in der Show zu Gast war, die für den Abend desselben Tages aufgezeichnet wurde, herrschte nicht gerade Hochspannung. Die Gäste wussten nicht genau, wohin das Gespräch führen sollte. Einer von ihnen, der Komiker Richard Belzer, fing an zu reden und versuchte, seinen Standpunkt leidenschaftlich zu vertreten. Er wollte ein interessanter Gast sein, aber seine Worte zielten ins Leere. *Wovon sprechen Sie eigentlich?*, fragte ihn jemand. Belzer wurde immer leiser, bis er schließlich verstummte.

Macht nichts, sagte er plötzlich, als er merkte, dass er Unsinn geredet hatte.

Manchmal schalten wir auf Autopilot und versuchen so zu handeln – oder zu imitieren –, wie wir unserer Meinung nach sein sollten.

Manchmal verhindern Schuld- und Schamgefühle – die wir loslassen und heilen müssen –, dass wir die Wünsche unserer Seele akzeptieren und uns mit diesen Wünschen identifizieren. Aber die Schuld- und Schamgefühle verschwinden nicht wie von Zauberhand. Wenn sie nicht bereinigt werden, äußern sie sich auf extreme, unerfreuliche Weise. Wir gehen in die Defensive und sagen bisweilen höchst merkwürdige Dinge. Die Menschen sind dann vielleicht ratlos, weil sie nicht wissen, was wir meinen. Im Grunde aber verteidigen wir uns nur gegen unsere eigenen Angriffe.

Manchmal projizieren wir unsere Schuld- und Schamgefühle – unsere eigenen Lektionen – auf einen anderen Menschen. Wir sagen ihm, was er tun beziehungsweise unterlassen sollte und was er alles falsch macht. Doch wenn wir uns aufmerksam zuhören, stellen wir fest, dass wir im Grunde zu und über uns selbst sprechen.

Auch die Angst spielt eine große Rolle. Einige Leute betonen, dass Angst und Panik die tiefer liegenden Ursachen für die meisten Probleme in der Welt seien. Wir treten vor, und unsere Kehle ist wie zugeschnürt. Bisweilen sind wir derart beklommen, dass wir uns nicht einmal zu erheben wagen. Gelähmt vor Angst sitzen wir am Rand und kaschieren unsere Ängste durch irgendwelche Ausflüchte: *Ich mag dieses Spiel nicht. Es lässt mich kalt. Kann ich nicht irgendetwas anderes machen?* Eigentlich aber geht es um unsere Angst.

Vor einigen Jahren wurde mir auf einer Forschungsreise allmählich klar, dass ich mich von vielen Ängsten noch nicht befreit hatte. Ich stieß Schreie des Entsetzens aus wie der Junge in dem Film *Kevin – Allein zu Haus*. Während meines Aufenthalts in Ägypten benutzte ein Hotelangestellter seinen Schlüssel, um abends meine Zimmertür zu öffnen. Als er eintrat, schlief ich schon fest. Ich wachte auf und schrie wie am Spieß.

Der Vorfall wiederholte sich in Israel. Diesmal war es Nachmittag, und ich machte gerade ein kleines Nickerchen. Ich hatte ein langes Bad im mineralstoffreichen Wasser des Toten Meeres genommen. Der Hotelangestellte mag angeklopft haben, aber ich hörte es nicht. Dabei wollte er nur die Zimmerbar auffüllen.

Als die Tür aufging, wachte ich auf, erschrak, öffnete den Mund und schrie.

Zuletzt habe ich das in Pakistan getan, am Ende einer Reise, die größtenteils eintönig und schrecklich – ja angsterfüllt – gewesen war. Die meiste Zeit hatte ich allein verbracht – und mich gefragt, was ich da eigentlich tat und ob es ein Fehler gewesen war, dieses Land zu besuchen. Die Lektionen erwiesen sich als schwierig und zäh. Das Karma lastete wie ein ewiger Fluch auf mir. Nun fand ich mich in Pakistan wieder, in der Woche der Wahlen, und eine Revolution lag in der Luft. Überall um mich herum lauerten Gefahren – aber solche, die einfach widerwärtig waren. Ich schloss mich in mein Zimmer ein und ging mit einem guten Buch zu Bett.

Die Eindrücke und dramatischen Ereignisse, mit denen ich während der Reise konfrontiert worden war, hatten mich enttäuscht. Die Ängste, die ich ausgestanden hatte, steckten mir noch in den Knochen. Die Geschichte, die ich suchte, kam nicht zustande. Weit und breit gab es weder Seelengefährten noch interessante Lektionen.

Als ich im Bett lag und las, hatte ich das äußerst seltsame Gefühl, beobachtet zu werden. Aber das war unmöglich. Ich befand mich in einem Hotelzimmer im dritten Stock. Ich blickte durch die Glastür auf den Balkon. Ein Mann war an der Außenwand des Hotels hochgeklettert und versuchte, in mein Zimmer zu gelangen. Ich blinzelte und schaute noch einmal hin. Das konnte doch nicht wahr sein! Offenbar sah ich Gespenster. Aber dem war nicht so. Der Mann machte sich jetzt daran, das Fenster aufzubrechen und einzusteigen.

Ich tat das einzige, was ich in einer solchen Situation kannte – ich öffnete den Mund und schrie aus Leibeskräften.

Doch mein Schrei schreckte den Eindringling nicht ab. Seelenruhig setzte er seine Arbeit fort. Ich sprang aus dem Bett und lief in den Hotelflur. Wegen der drohenden Revolution waren in allen Gängen Soldaten mit Maschinengewehren postiert. Es war zehn Uhr abends. Diese Reise hatte mich in ein von islamischen Fundamentalisten regiertes Land geführt, wo ich jetzt splitternackt und lauthals schreiend in einem Hotelflur stand. Da hatte ich meine Geschichte, aber sie entsprach nicht dem, was ich erhofft hatte. Keine aufregende, begeisternde geistige Lektion war zu lernen; stattdessen erfuhr ich auf dieser Reise, dass es Zeit war, meine Ängste zu empfinden, zu heilen und loszulassen.

Es war Zeit, sich von den Klonen zu befreien.

Ist es möglich, all die Klone, die wir produziert haben, zum Teufel zu schicken? Einige Leute würden wohl sagen: *Hoffen wir's.*

Manchmal ändern wir uns in einem einzigen Augenblick, indem wir unsere Auffassungen ändern und unsere Worte neu definieren.

In meiner Buchhandlung sprach ich einmal mit einer Frau – einer Freundin und Kundin – über Kurse und Workshops, die ich bald geben wollte.

»Ja schön«, sagte sie schüchtern. »Werden Sie mir beibringen, so zu sein wie Sie?«

Diese Äußerung ließ mich schaudern. »Ich hoffe nicht«, erwiderte ich. »Aber vielleicht kann ich etwas tun, damit Sie sich darauf besinnen, mehr Sie selbst zu sein.«

»Das ist ein erschreckender Gedanke«, sagte sie.

Ich musterte sie. Sie meinte es wirklich so.

»Damit haben Sie mir – und sich selbst – gerade mitgeteilt, woran Sie als nächstes arbeiten müssen«, fuhr ich fort.

Sie schien verwirrt.

»Die Angst vor der eigenen Person ablegen«, fügte ich hinzu.

Diese sonst so schüchterne, zurückhaltende und zögerliche Frau lächelte plötzlich. Sie hob die Hände in die Luft. »Ah, ich verstehe«, sagte sie fröhlich. Und zum ersten Mal, seit wir uns kannten, hörte ich sie laut loslachen.

Einige würden angesichts dieser überraschenden Einsicht und Freude sagen: *Sie hat sich einfach mal selbst vergessen.*

Vielleicht ist die Besinnung darauf, was unsere Seele ersehnt – und wie sie im Grunde ist –, wirklich so leicht und so einfach. Das kann in einem Moment geschehen, da wir vergessen, wie wir unserer Meinung nach sein sollten.

In *Ammachi*, der Biographie über Mata Amritanandamayi, eine indische Mystikerin und Heilige, die die reine göttliche Liebe verkörpern soll, berichtet der Autor immer wieder von Matas Geduld und Liebe gegenüber anderen Menschen. Eine zentrale Botschaft dieses Buches lautet: Ganz gleich, wem Mata begegnet – sobald sie ihr Gegenüber betrachtet, sieht sie, wie unschuldig und schön dessen Seele ist.

Wir kommen nicht auf diesen Planeten, um behindert oder unterdrückt zu werden, um übertrieben fromm oder uns selbst entfremdet zu sein. Lassen Sie zu, dass sich das Göttliche in Ihnen durch die Facetten Ihrer Persönlichkeit ausdrückt. Lassen Sie Ihre schöne Seele durchscheinen!

Das letzte Jahrzehnt hat viele Menschen in Verwirrung gestürzt. Vielleicht ist es anmaßend und kurzsichtig zu glauben, es sei beunruhigender und irritierender als jede andere Periode – vielleicht aber auch nicht. Die Verwirrung ist nicht unbedingt schlecht, sofern sie nicht der Verdrängung Vorschub leistet und zum Normalzustand wird. Gerade indem wir unser scheinbares Wissen vergessen, können wir uns manchmal daran erinnern, wer wir wirklich sind, was wir tatsächlich wissen und wonach sich unsere Seele sehnt.

Haben Sie je die Erfahrung gemacht, dass Sie etwas Bestimmtes beabsichtigten – zum Beispiel einen Anruf zu tätigen oder in einem Buch etwas nachzuschauen –, dann aber, als Sie so weit waren, schon wieder vergessen hatten, was Sie eigentlich wollten? Wenn so etwas passiert, stehen Sie in der Mitte des Zimmers, kratzen sich am Kopf und sagen: *Ich weiß, dass ich einen besonderen Grund hatte, hierher zu kommen, doch ich kann mich beim besten Willen nicht mehr erinnern, worum es ging.* Und je mehr Sie versuchen, Ihrem Gedächtnis nachzuhelfen, desto weniger fällt Ihnen ein. Schließlich merken Sie, dass Sie nur sich entspannen, loslassen und vertrauen müssen. Und schon bald kehrt die Erinnerung zurück.

Im nächsten Kapitel wird dieser Gedanke näher untersucht. Es geht darum, wie wir durch Hege und Pflege unsere Seele in einen so friedlichen, entspannten Zustand versetzen, dass wir uns ganz mühelos und natürlich erinnern, was sie sich wünscht und welchen Auftrag wir hier zu erfüllen haben.

ÜBUNGEN

Erstellen Sie eine Liste mit Ihren »Seelenverbindungen«. Nachdem mich kürzlich meine Tochter Nichole zu Hause besucht hatte, erzählte ich einer Freundin, wie gut es war, wieder mit ihr zusammenzusein, wenn auch nur für ein paar Tage: »In ihrer Gegenwart fällt mir immer wieder ein, wer ich bin.« In unserem Leben gibt es viele Menschen, Orte und Dinge, durch die wir uns daran erinnern können, *wer wir sind und wie wir – unserer Seele, nicht unserer Meinung nach – sein sollen*. In der Nähe solcher Menschen oder Orte stellen wir fest, dass wir uns tief entspannen. Alle Steifheit und Förmlichkeit fällt von uns ab. Dann glauben wir nicht mehr, den Ansprüchen nicht zu genügen oder uns ändern zu müssen, um akzeptiert zu werden. Die Anwesenheit der betreffenden Person, der Aufenthalt an jenem besonderen Ort beruhigt unseren Körper und hilft uns, die eigene Seele zu hören, anzuerkennen und zu bejahen. Wir besinnen uns auf uns selbst. Viele Leute haben dieses Gefühl (nach anfänglichem Widerstand) im Zwölf-Schritte-Programm, in einer Kirche oder an heiligen Stätten. Manchmal entsteht eine solche Verbindung zur Seele auch durch ein Essen in unserem Lieblingsrestaurant. Dann wieder sind es bestimmte Gegenstände, die einen noch innigeren Kontakt zum eigenen Wesen ermöglichen. Einige sammeln gerne Muscheln –

mir haben es die Steine angetan. Einer meiner Bekannten sammelt Traktoren, an denen er dann arbeitet. Welche Menschen, Orte und Dinge tragen in Ihrem Leben dazu bei, dass sich Ihre Seele auf sich selbst und ihre Wünsche besinnt? Fertigen Sie eine Liste an, und fügen Sie diese Liste zur Überlebensausrüstung für Ihre Seele hinzu. Diese Menschen sind *Ihre* Seelengefährten. Diese Orte sind *Ihre* heiligen Stätten. Diese Gegenstände sind *Ihre* Talismane. Lieben und schätzen Sie all das. Es wird Ihnen helfen, Ihre Seele zu entdecken, zu bestärken, zu nähren und mit ihr in Beziehung zu treten.

Verpflichten Sie sich, ausgeglichen und klar zu bleiben. Genauso wie es Menschen, Orte und Dinge gibt, die unserer Seele gut tun, so haben wir gewöhnlich auch eine Liste mit Menschen, Orten und Dingen, die in uns das Gefühl hervorrufen, dass wir *nicht* wir selbst sein können. Sobald wir mit diesen Menschen, Orten und Dingen in Berührung kommen, verlieren wir den Bezug zu unserem Innern und zur Welt. Wir erstarren. Unser Gehirn ist umnebelt. Wir wissen nicht mehr, was wir fühlen, ja was ein Gefühl überhaupt ist. Wir sind irgendwie verdreht, dezentriert, aus dem Gleichgewicht. Das kann auf Umweltgifte zurückzuführen sein. Oder ein bestimmter Mensch, Ort, Gegenstand ist für uns ganz besonders giftig. Vielleicht rührt unsere Reaktion auch daher, dass wir einen notwendigen emotionalen Heilungs- und Reinigungsprozess durchlaufen. Die betreffende Person beschwört eine Emotion oder eine Überzeugung herauf, die unsere Verbindung zur Seele blockiert – und die daher erkannt, geklärt und losgelassen werden muss. Wenn wir uns verpflichten, wachsam und bewusst zu bleiben, lernen wir, genau zu unterscheiden, ob eine Person beziehungsweise eine Sache giftig für uns ist – oder ob wir uns gerade von früheren schmerzlichen Erfahrungen befreien. Jedenfalls sollten wir uns weder mit Menschen zusammentun, die schädlich für uns sind, noch uns einreden, dass wir nicht gut genug seien, eines Tages jedoch allen Anforderungen gerecht werden könnten – wenn wir nur härter arbeiteten, anders vorgingen und einfach besser wären. Das ist keine Lösung. (Siehe mein Buch *Codependent No More**.) Es mag an der Zeit sein zu sagen: *Das ist nicht gut für mich, das lasse ich lieber.* Manchmal aber findet auch eine emotionale Heilung statt, und dann ist der andere Mensch, Ort oder Gegenstand genau dort, wo wir selbst sein sollen. Auch diese Personen sind Seelengefährten; sie sind gekommen, um unseren Lern- und Entwicklungsprozess zu unterstützen. Wenn wir uns intensiv bemühen, ausgeglichen und klar zu bleiben, können wir den Unterschied erkennen und wissen, ob wir die Finger davon lassen oder aber daran arbeiten müssen, uns zu ändern und Gefühle und Überzeugungen zu läutern. Eine Möglichkeit, diesen Prozess zu verstehen und unsere Gedanken und Gefühle zu klären, besteht darin, über den betreffenden Menschen, Ort oder Gegenstand Tagebuch zu führen. Wie fühlen Sie sich in Gegenwart dieses Mannes, dieser Frau? Wann hatten Sie früher schon einmal ähnliche Gefühle? Schreiben Sie die Fragen oben auf eine Seite. Warten Sie dann ab, bis die Antwort oder irgendeine Assoziation sich einstellt. Notieren Sie jeden Gedanken, der Ihnen bei diesen Fragen durch den Kopf geht. Lassen Sie alles heraus. Beachten Sie, was Sie

---

* Die deutsche Ausgabe erschien unter dem Titel *Die Sucht, gebraucht zu werden* im Wilhelm Heyne Verlag, München.

über jene Emotion oder Überzeugung, die bereinigt werden soll, zu sagen haben. Vertrauen Sie darauf, dass Ihre Seele Ihnen zeigen wird, wodurch Sie innerlich gesund werden und Klarheit erlangen.

Hier nun ein kleiner Wink, wie Sie herausfinden, ob eine Situation Gift für Sie ist. »Wenn mir an einem bestimmten Ort oder in Gegenwart eines bestimmten Menschen dreimal elend zumute ist, dann ist das ein Zeichen des Universums und von Gott, dass ich mich entfernen sollte«, sagt ein Mann. »Falls ich diese Empfindung ignoriere, fühle ich mich immer schlechter, bis ich schließlich gezwungen bin zu gehen.« Das ist eine nützliche Faustregel. Manche Leute und Orte können uns buchstäblich krank machen. Eine einzelne krankhafte Reaktion mag auf einen gerade stattfindenden Heilungsprozess zurückzuführen sein. Wiederholt sie sich aber, liegen die Gründe wahrscheinlich woanders. In diesem Fall handelt es sich offenbar um ein echtes Unwohlsein, das mit spirituellem und emotionalem Wachstum nichts zu tun hat.

Wenn Sie den bewussten Kontakt zu sich selbst und Ihren Gefühlen aufrechterhalten, wenn Sie sich stets für Ihren Heilungsprozess, Ihre geistige Entwicklung und Ihren Weg Richtung Heimat engagieren, dann wissen Sie auch, welcher Schritt als nächstes zu unternehmen ist. Oft ergibt sich die Antwort – wie ein Geistesblitz –, kurz nachdem Sie Ihre emotionale und spirituelle Arbeit geleistet haben.

Mantras

Wenn ich mich dazu bekenne, dass ich unschuldig und rein sein kann, bringe ich auch meine Kraft besser zum Ausdruck.

Ich öffne mich, um mich selbst zu akzeptieren.

Ich liebe den Ausdruck meines liebevollen Wesens.

Dieses liebevolle Wesen bin ich.

Ich lasse die Liebe überallhin in mich einströmen.

Ich verbinde mich mit der Unschuld meiner Seele.

Wenn ich meine Schamgefühle nicht mehr verdränge, beginnt die Heilung in meinem Innern.

Frauen sind voller Seele.

Männer sind voller Seele.

Frauen sind Götter.

Männer sind Götter.

Anmerkung: Im 2. und 3. Teil dieses Buches finden Sie am Ende jedes Kapitels eine Liste mit Mantras. Diese mögen Ihrem logischen Verstand zunächst nicht einleuchten. Sie klingen teilweise etwas seltsam, aber das ist durchaus beabsichtigt. Die Mantras sind bewusst so formuliert, dass sie Ihre Seele aktivieren und sich darauf einschwingen. Sie sind für den allgemeinen Gebrauch bestimmt, aber Sie können jederzeit auch selbst welche ersinnen und benutzen. Überfliegen Sie die Liste der Mantras bei der ersten Lektüre des Kapitels. Wenn Sie bereit sind, mit einem Mantra zu arbeiten, wählen Sie eines aus, das Ihnen zusagt (oder auch mehrere). Vielleicht möchten Sie herausfinden, gegen welche Sprüche Sie sich am meisten sträuben. Gerade mit diesen müssen Sie sich wohl intensiv auseinander setzen. Mantras sind wirksamer, wenn Sie ausgesprochen werden. Ich schlage vor, sie erst leise und dann laut zu lesen. Ein Mantra muss man mindestens dreimal hintereinander lesen, und zwar dreimal täglich. Wenn Sie es wirklich verinnerlichen wollen, empfehle ich Ihnen dazu eine der beiden folgenden Methoden.

1. Holen Sie zweimal tief Luft, die Ihre Lungen ganz ausfüllt, und atmen Sie sie jeweils langsam wieder aus. Am Ende des dritten Atemzugs, wenn Ihre Lungen voll Sauerstoff sind, ist Ihr Gehirn bereit, eine neue Botschaft zu empfangen und sie Ihrem Körper und Ihrer Seele zu übermitteln. Sprechen Sie das Mantra laut und deutlich am Ende dieses dritten Atemzugs. Wiederholen Sie den Vorgang dreimal, wobei Sie jedes Mal am Ende des dritten Atemzugs das Mantra sprechen.

2. Singen Sie das Mantra mehrmals nacheinander, indem Sie die Silben und Wörter so miteinander verbinden, als ob Sie ein Mantra in einer fremden Sprache singen würden. Wenn Sie das eine Minute lang tun, ist Ihnen schon geholfen; nach drei bis fünf Minuten prägt sich der Satz tief in Ihr Bewusstsein ein.

Sie merken selbst, wann ein Mantra seine Aufgabe erfüllt hat. Sie hören sich dann sagen: »Das brauche ich nicht mehr zu sagen, zu wiederholen, zu singen oder zu bestätigen. Das weiß ich doch schon! Natürlich stimmt es!« Ihr Widerstand hat nachgelassen. Sie haben sich an die Wahrheit erinnert, die in Ihrer Seele verborgen war, und alle anderen Facetten Ihrer Persönlichkeit – einschließlich Verstand und Gefühl – werden diese Wahrheit anerkennen und in Einklang mit ihr sein.

EMPFOHLENE HEILMITTEL

1. Heilmittel: Die Angst überwinden
   Siehe S. 243
2. Heilmittel: Klarheit und Ausgeglichenheit
   Siehe S. 255

2. Kapitel

Perfektes Tempo, mein Sohn, heißt:
zur richtigen Zeit am richtigen Ort sein.

RICHARD BACH, *Die Möwe Jonathan*

Besinnen Sie sich darauf, was Ihre Seele gerne tun würde

Es waren drei arbeitsreiche Monate gewesen. Ich hatte die Buchhandlung eröffnet. Ich war zurückgezogen nach Malibu. Viele zeitraubende Kleinigkeiten nahmen mich voll in Anspruch. Ich liebte meine Arbeit, aber nun war es Zeit, mich wieder meinem Schreiben, meiner Kreativität zu widmen und meine Spiritualität auf einer neuen Ebene zu erfahren.

Doch ich schaffte den Übergang nicht. Meine Gedanken waren blockiert. Ich sah nur Telefonanrufe, die mir bevorstanden, Rechnungen, die zu bezahlen waren, Aufträge, die erledigt werden mussten, eine endlose Liste mit Problemen, die ich zu lösen hatte, und Menschen, die meine Aufmerksamkeit brauchten. Je verzweifelter ich versuchte, mich von all dem freizumachen und endlich das zu tun, was ich tun wollte, desto unfähiger war ich dazu. Inzwischen hatte mich Panik ergriffen. Ich musste etwas unternehmen, um in einen anderen Rhythmus zu kommen, aber das war unmöglich, wenn ich in die alltäglichen Details verstrickt blieb. Ich hörte mein Herz nicht mehr. Ich hörte die innere Stimme nicht mehr. Ich hörte nur ein hohes, quietschendes Geräusch, das aus meiner Seele drang.

Erneut erschien mir das Leben als Tortur.

»Willkommen in der Realität«, sagte ein Freund eines Tages zu mir.

Kyle, ein anderer Freund, schlug mir vor, die zweistündige Fahrt zu den heißen Quellen in Desert Hot Springs anzutreten, der Hektik zu entfliehen, mich ein paar Tage zu hegen und zu pflegen, damit ich wieder Tritt fassen könne. Ich sträubte mich. Nein, ich *widersetzte und verweigerte mich*. Ich hatte zu viel zu tun. Zeit und Geld für die Reise aufzubringen, zu packen, zu fahren – all das kam mir unlogisch vor. Zeit zu erübrigen, um mich selbst zu verwöhnen, erschien mir unvernünftig.

Ob die Botschaften des Universums von einem Freund oder einem Fremden kommen, ob wir uns ihrer durch die eigene Inspiration oder jene Stimme namens Intuition bewusst werden – sie sind vom *Klang der Wahrheit* umgeben. Nachdem ich mich durch all den Lärm in meinem Kopf hindurchgearbeitet hatte, vernahm ich diesen Klang in den Worten meines Freundes. Ich musste in meinem geistigen Leben in einen anderen Zustand gelangen, und um diesen zu erreichen, war es gut, einen anderen Ort aufzusuchen.

Es war die Woche zwischen Weihnachten und Neujahr. Ich brauchte für diesen Trip nicht allzu weit zu fahren; der Ort, an den ich dachte, lag nur zwei Autostunden entfernt. Ich griff zum Telefon, um mich im dortigen Kurhotel nach einem freien Zimmer zu erkundigen. Im selben Augenblick sah ich ein, wie unlogisch mein Plan eigentlich war. Es handelte sich um einen beliebten Erholungsort, der zu dieser Jahreszeit den größten Zulauf hatte, und ich wollte schon am nächsten Tag aufbrechen. Die Chancen, so kurzfristig ein Zimmer zu bekommen, waren gleich null.

Als der Empfangschef sich meldete, sagte ich ihm, was ich wollte. »Wir hatten gerade eine Stornierung für die Tage, die Sie wünschen«, berichtete er. »Ich kann es kaum fassen, aber trotz der kurzen Frist können wir Sie unterbringen. Vielleicht müssen wir Sie nach der ersten Nacht umquartieren, aber das Zimmer, das Sie dann beziehen werden, ist sowieso schöner«, fuhr er fort. »Ich denke, Sie haben großes Glück gehabt.«

Ich war einverstanden, regelte mit ihm die weiteren Details und kehrte nach Hause zurück, um zu packen.

Nachdem ich am nächsten Tag die Buchhandlung abgeschlossen hatte, fuhr ich aus der Stadt und bahnte mir einen Weg durch den chaotischen, stockenden Verkehr auf dem Highway 10. Nach dreieinhalb Jahren hatte ich mich diesem Verkehrsrhythmus einigermaßen angepasst. Als ich die kleinen Orte passierte, die den östlichen Rand von Los Angeles bilden, ging gerade die Sonne unter.

Der Verkehr ließ nach, und mein Körper entkrampfte sich. Die städtischen Häuser, Industriegebäude und Fabriken wichen der warmen, windigen Stille der Wüste. Meine Wirbelsäule wurde lockerer, Nacken und Schultern befreiten sich von der Spannung, die sich dort aufgespeichert hatte. Ich konnte meinen Körper wieder spüren. Jenes hohe, quietschende Geräusch in meinem Innern war verschwunden. Stattdessen machte ich mir Gedanken darüber, wie es mit dem Schreibprojekt weitergehen sollte, um das ich mich bisher vergeblich bemüht hatte. Ich schaltete das Radio aus, um der Musik des Universums und der Stimme meiner Seele lauschen zu können.

Ich war wieder zu Hause. Das stimmte mich froh.

Vor mir lag die Welt, die ich so gut kannte und liebte.

Seit ein paar Jahren hatte ich immer mehr das Gefühl, in zwei Welten zu leben. Die eine beinhaltete die geschäftlichen Angelegenheiten sowie die alltäglichen Beschäftigungen – die Rechnungen, Probleme und zwischenmenschlichen Beziehungen. Hierbei handelte es sich teils um übliche Erfordernisse, teils aber auch um zeitraubende Dramen, die mich manchmal zu verschlingen drohten. Die andere Welt, in der ich lebte, war dagegen geheimnisvoll, mystisch, magisch – von einer vibrierenden Vitalität. Im Laufe der letzten Jahre hatte sie sich mir immer wieder offenbart. Von den heiligen Stätten im Westen der USA über Ägypten, Israel, Frankreich bis nach Pakistan hatte das Universum zu mir gesprochen, für mich und mit mir getanzt, mich geheilt, mich umarmt, mir Dinge beigebracht, die ich nie zu lernen oder zu wissen geglaubt hatte. Städte besaßen ein Leben, einen Rhythmus, eine Seele, eine Persönlichkeit. Heilige Stätten hatten ebenfalls ihre eigene Energie. Die Erde war ein lebendiges, dynamisches Wesen.

Biblische Verweise auf die Erde, ihre Kräfte und Fähigkeiten – etwa Menschen zu verstecken oder die Meere zu öffnen, um sie zu beschützen – waren keine Metaphern. Dieser Planet war voller Leben. Und ich auch.

Wenn ich mich an diese Verbindung zur Erde erinnerte und sie achtete, dann fühlte ich sie auch – tief in meinem Innern.

Ich hatte nicht nur *Glück* gehabt, dass ich aufgrund einer Stornierung nach Desert Hot Springs reisen konnte. Nein, dieser Erholungsort hatte sich aufgetan und mich zu sich gerufen.

Mir war lediglich entfallen, wie eng ich mit der Welt verbunden sein konnte – und es tatsächlich auch war.

Kein Wunder, dass mir das Schreiben unmöglich erschien! Kein Wunder, dass ich meinen Platz nicht fand! Kein Wunder, dass ich die Stimme meiner Seele nicht vernahm! Kein Wunder, dass ich nicht hörte, was ich als nächstes tun sollte!

Ich hatte meinen Sinn für das Wunderbare und meine Ehrfurcht vergessen.

An diesem Abend badete ich noch lange in den heißen Quellen, unter den silbrigen Sternen und dem hellgoldenen Mond. Die Palmen bewegten sich sacht in der abendlichen Brise. Für einen Augenblick schien es fast so, als sagten sie: *Hallo, willkommen daheim!* Da ich nun mit einiger Mühe dem Gefängnis meiner Gedanken entflohen war, indem ich mich meinem Geist gefügt und die Zeit erübrigt hatte, Körper und Seele – und damit auch das Schreibprojekt – zu respektieren, strömten die Wörter nur so aus mir hervor. Ich fand meinen Platz wieder.

Das Leben auf diesem Planeten ist keine Tortur, auch wenn es uns gelegentlich so vorkommt.

Öffnen Sie all Ihre inneren Kanäle, wenn Sie das nächste Mal dieses hohe, quietschende Geräusch in Ihrer Seele hören. Lassen Sie die Energie des Universums in sich einströmen. Geben Sie sich dem prächtigen Orange, Rosa und Blauviolett von Sonnenaufgang und Sonnenuntergang hin. Lauschen Sie den Gesängen der Bäume, der Wüste, des Ozeans und der Flüsse. Fühlen Sie die

Majestät schneebedeckter Berge und das Wunder von abertausend schimmernden Sternen am Abendhimmel.

Achten Sie auch die Zyklen des Mondes und seine Bahnen. Er wird Sie nach Hause führen.

Befreien Sie die Geisel! Wir mögen zwar eine Tagesordnung und einen Plan in unserem Kopf haben, aber der Entwurf für unser Leben ist ins Herz und in die Seele eingeschrieben. Indem wir uns selbst lieben und fürsorglich behandeln, kommt er zum Vorschein. Die Worte *Ich weiß es nicht* haben eine besondere Macht. Sie sprengen unsere verstandesmäßigen Fesseln, sodass die Seele uns mitteilen kann, was als nächstes ansteht. Wir brauchen uns nicht abzumühen. Auf magische, einfache und natürliche Weise finden wir heraus, welchen Auftrag wir hier erfüllen sollen. Wir stellen fest, dass die Absichten der Seele uns große Freude bereiten, eben weil sie stets unseren eigenen Wünschen entsprechen.

Manchmal wird uns schlagartig bewusst, warum wir hierher gekommen sind. Eines Tages am Ende der siebziger Jahre, als ich gerade ein Zimmer in meinem Haus strich, erinnerte ich mich plötzlich daran, dass ich immer schon Schriftstellerin werden wollte. Diese Erinnerung, diese Erkenntnis stellte sich völlig unerwartet ein. Sie war durch gewisse Erfahrungen verhindert worden – zum Beispiel dadurch, dass ich mich selbst nicht mochte. Aber zur rechten Zeit besann ich mich auf das Wesentliche. Ich legte den Pinsel zur Seite, schaute zur Decke und sagte: »Gott, wenn es das ist, was du mir zu tun aufgibst, dann musst du es auch bewerkstelligen.«

Das geschah dann auch. Schon am nächsten Tag hatte ich einen Job bei einer örtlichen Zeitung, für die ich Artikel verfasste. Seither habe ich Geschichten geschrieben und publiziert und damit Geld verdient. Um das Handwerk zu erlernen, war jedoch harte Arbeit vonnöten. Manchmal musste ich diese Tätigkeit ruhen lassen, um andere Dinge zu erledigen. Manchmal musste ich warten. Aber meine Stärke und der Wunsch, mich ins Zeug zu legen, das Lernen, die Begleichung der Schulden – all das ergab sich fast wie von selbst, sobald ich mich an die Aufgabe erinnerte, die meine Seele hier ausführen sollte.

Ich wurde auf meinem ganzen Weg geführt und geleitet.

Das trifft auch auf andere wichtige Veränderungen und Umstellungen zu, die ich vornahm. Die Buchhandlung eröffnete ich ganz spontan, als ich mich daran erinnerte, dass ich das immer schon hatte tun wollen. Der Wunsch, schwanger zu werden und Mutter zu sein, war ebenfalls eine plötzliche Eingebung. Lange Zeit hatte ich gesagt, dass ich nicht unbedingt Kinder bräuchte; auch ohne sie ging es mir gut. Als ich dann eines Tages mit einer Freundin im Park saß, erinnerte ich mich daran, dass ich hier war, um Mutter zu sein. Nach einigen Monaten trug ich Nichole in mir. Ein Jahr später wurde mir bewusst, dass ich noch einen kleinen Jungen wollte. Und so kam Shane.

Wir müssen keine großen Anstrengungen unternehmen, um uns zu erinnern. Entscheidend ist, dass wir uns entspannen, die eigenen Gefühle empfinden und klären, umso unsere begrabenen Träume ins Gedächtnis zurückrufen zu können. Wir müssen nicht verzweifelt nach unserem Schicksal suchen.

Hegen und pflegen Sie Ihre Seele, und das Schicksal wird Sie finden. Schalten Sie einen Gang zurück. Besinnen Sie sich bei wichtigen Lebensentscheidungen darauf, was Ihre Seele möchte. Und respektieren Sie deren Wünsche auch in den kleineren, alltäglichen Dingen. Lassen Sie sich von ihr nach Hause führen!

Viele Menschen streben nach der »großen Sache«, der überwältigenden Offenbarung, der tiefen Einsicht, die ihr Leben verändern wird. Wir wollen den Hauptgewinn in der Lotterie. Nur dadurch glauben wir unsere Rechnungen bezahlen zu können. Manchmal denken wir mit der gleichen Einstellung an Erleuchtung, Lebenszweck, geistiges Wachstum und innere Heimkehr. Obwohl wir uns in einem einzigen Augenblick ändern können – was ja auch tatsächlich geschieht –, finden wir unseren Ort und unser Ziel doch nicht, indem wir herumsitzen und jammern, dass wir endlich einmal das große geistige Los ziehen müssten.

Es liegt bereits in unserer Hand.

Hinweise darauf, wer wir sind, wie wir uns entwickeln und was wir hier tun sollen, sind überall vorhanden. Die Wahrheit ist in den unscheinbaren Details unseres täglichen Lebens verborgen. Diese Hinweise und ihre Bedeutung entdecken wir nicht dadurch, dass wir hartnäckig versuchen, alles genau zu begreifen, sondern dadurch, dass wir jeden Moment bewusst wahrnehmen. Wir müssen uns klarmachen, was außen und innen vorgeht und wie wir uns tatsächlich fühlen. Dann verarbeitet unsere Seele die Hinweise und übermittelt die Lösung des Rätsels dem Bewusstsein, sobald die Zeit reif dafür ist. Möge der Geist uns leiten. Die richtigen Antworten sind in jedem von uns vorhanden. Manchmal kann das kleinste Ereignis eine innere Befreiung bewirken. Es ist, als würde unsere Seele den Code dessen entschlüsseln, was wir im Alltag tun, sagen, hören und sehen. Dann weiß sie, dass es Zeit ist, die entsprechenden Handlungsanweisungen ins Bewusstsein zu senden. Unscheinbare Dinge können durchaus wertvoll sein. Sie helfen der Seele, die Daten zu transferieren und dem Bewusstsein verständlich zu machen – etwa in Form einer Botschaft oder Erinnerung in Bezug auf unseren Lebenszweck. Bisweilen hören wir unsere Seele aus der wahren Stimme eines Freundes sprechen. Dann wieder hören wir sie, indem wir den Verstand zum Schweigen bringen und unserer Intuition folgen.

Seien Sie nicht beunruhigt, wenn es bei Ihnen einige Leerstellen gibt, die noch ausgefüllt werden müssen. Das Leben ist ein Geheimnis. Daher macht es durchaus Sinn, alle Hinweise geduldig zu sammeln und in sich aufzunehmen.

Wenn wir sämtliche Informationen darüber, wohin wir gehen und welchen irdischen Auftrag wir zu erfüllen haben, gleichzeitig erhielten, würde uns das nur überfordern. Wir müssen das Vertrauen haben, dass sie uns nach und nach zuteil werden, dass dieses Ganze ein fortlaufender Prozess ist. Die allmähliche Verarbeitung bewahrt uns vor geistiger, emotionaler und psychischer Überlastung, die schnell zum Notfall ausarten könnte.

Außerdem: Wenn wir zu genau wüssten, was als nächstes ansteht, würden wir vergessen, uns darauf zu konzentrieren, wer wir sind, wo wir uns befinden und was wir gerade tun. Manchmal beschert mir meine Unfähigkeit, in die Zukunft zu blicken, heftige Gefühle von Wut und Frustration. Aber sobald ich mich meinem Glauben hingebe, bin ich umso mehr davon überzeugt, wirklich geführt zu werden.

Es geht darum, den Glauben einzuüben und zu lernen, auf dem Wasser zu gehen.

Das Schicksal offenbart sich in seinem eigenen Rhythmus. Wenn wir bewusst leben und so klar und ausgeglichen wie möglich sind, werden wir unser Dasein nach den Plänen der Seele gestalten. Unseren Absichten kommt eine große Bedeutung zu. Wenn wir klar, ausgeglichen und konzentriert sind, können wir uns die besten Absichten von Herz, Geist und Seele vergegenwärtigen.

Manchmal ist das Überraschungselement des Lebens genau das, was wir brauchen, um jene früheren Gefühle zu empfinden und zu heilen, die uns immer wieder davon abhalten, leichtfüßig durch das Leben zu gehen. Manchmal braucht – und mag – unser Bewusstsein solche Überraschungen.

Wendungen und Umschwünge – sie sind das Überraschungselement des Lebens. Sie geben uns eine Chance zu sehen, wie viel wir wissen, und einen Anlaß, unsere Überzeugungen zu ändern.

Wendungen und Umschwünge helfen uns, die reine und wahre Macht des Glaubens zu verstehen. Sie befördern uns vom Kopf ins Herz. Wenn wir nicht wissen, was als nächstes kommt, sind wir gezwungen, unserer Seele die Führung zu überlassen.

In dem ganzheitlichen Universum, in dem wir leben, findet eine große, multidimensionale »Light-Show« statt. Wir sehen und fühlen die ersten drei Dimensionen: Höhe, Breite und Tiefe. Darin eingeschlossen sind die Dinge, die wir sagen und tun, die Gegenstände, die wir mit unseren Augen erkennen können – Gebäude, Städte und die ganze Szenerie des Lebens –, sowie die Ereignisse, die auf diesem Planeten eintreten. Diese Ereignisse spielen sich zugleich in der vierten Dimension von Raum und Zeit ab. Sie sind Konstrukte von begrenzter Dauer und Wirkung.

Lassen Sie sich also von den vier Dimensionen nicht allzu sehr einschränken. Sie haben zwar eine gewisse Bedeutung, aber im Grunde sind sie nur flüchtige Erzeugnisse unseres Denkens.

Das nächste Kapitel behandelt jene Dimension, die die ersten vier Dimensionen hervorbringt. Es ist die Dimension – oder das Element – des Geistes: das genauso vitale wie dynamische Bewusstsein, das uns die ganze Zeit steuert und die ersten vier Dimensionen entwirft, erschafft, gestaltet, verbindet, zerstört, neu erschafft, durchdringt und erfüllt – ihnen also zugrunde liegt. Jahrelang haben wir alle uns gesagt – und immer wieder zu hören bekommen –, wie real diese vier Dimensionen seien. Nun wollen wir die fünfte Dimension erforschen – jene, die unsere sichtbare Welt konstituiert.

ÜBUNGEN

Verbinden Sie sich mit der Natur! Wenn wir Zeit erübrigen, die Natur in uns aufzunehmen, ja regelrecht einzusaugen, so ist das eine sehr wirksame Methode, mit dem Universum in Kontakt zu treten und die Stimme der Seele zu hören. Durch die Achtung vor der Natur schätzen wir auch unsere Beziehung zum Weltall und zu uns selbst. Nur allzu leicht kann es passieren, dass wir an einem See entlang fahren und ihn gar nicht richtig sehen; dass wir über einen Fluss fahren und ihn nicht spüren; oder dass wir den Sonnenaufgang und Sonnenuntergang einfach ignorieren. Verpflichten Sie sich also, ab jetzt die ganze Natur ringsum bewusst wahrzunehmen und zu empfinden. Berühren Sie diesen Baum dort. Fühlen Sie ihn. Bleiben Sie einen Moment bei ihm. Legen Sie beide Hände auf den Stamm. Bitten Sie ihn stillschweigend, Ihre Ängste zu beseitigen und Ihnen Kraft zu geben. Vergessen Sie dann nicht, ihm dafür zu danken. Gehen Sie abends nicht blindlings vom Auto zum Haus. Schauen Sie zum Himmel hinauf. Betrachten Sie die Sterne. Spüren Sie ihr Licht, ihre Strahlen, ihre Energie. Beobachten Sie den Mond in all seinen Phasen. Machen Sie es sich zur Gewohnheit, alle Kräfte der Natur zu erfassen, im Innern wirken zu lassen und das gemeinsame Band zu festigen. Erkennen Sie, wie Sie sich durch diese bewusst angenommene Gewohnheit allmählich verändern. Öffnen Sie sich, damit die Erde zu Ihnen sprechen und Ihnen ihre bevorzugten Stellen zeigen kann. Gibt es in Ihrer Umgebung Orte von natürlicher, wunderbarer Schönheit, die Ihnen besonders gefallen? Investieren Sie Zeit, und sparen Sie Geld (meistens ist es gar nicht so teuer), um zu entdecken, was Mutter Erde Ihnen offenbaren möchte.

Erinnern Sie sich daran, dass Sie der Ort sind, wo Himmel und Erde einander begegnen. Die folgende Übung ist eine zielgerichtete Meditation, auf die mich eine Freundin aufmerksam machte. Sie können Sie auf zweierlei Weise benutzen. Entweder lesen Sie den Text so oft durch, bis Sie ihn auswendig können, begeben sich dann an einen stillen Ort – vielleicht an Ihren Lieblingsplatz draußen oder auch in Ihrem Wohnzimmer, wo Sie bequem sitzen oder liegen –, schließen die Augen und gehen jeden einzelnen Schritt durch. Oder Sie nehmen das Buch mit an einen gemütlichen Ort, entspannen sich, lesen die Passage und lassen sich vom gedruckten Wort – einem Echo meiner Stimme – auf folgende meditative Reise führen.

Entspannen Sie sich. Steigen Sie hinab in Ihren Körper. Er ist ein angenehmer Ort zum Leben, ein Ort, an dem man sich gerne aufhält. Darin gleicht er dem wunderbaren Planeten Erde.

Holen Sie tief Atem. Halten Sie ihn kurz an. Lassen Sie ihn dann wieder ausströmen. Wiederholen Sie das zweimal.

Stellen Sie sich oben auf Ihrem Kopf eine Öffnung vor, als handelte es sich um die Blende eines Fotoapparats. Vielleicht war sie eine Zeit lang geschlossen, aber jetzt werden Sie sie weit öffnen. Sehen Sie, wie sie sich auf Ihrem Schädel zu einem großen Kreis ausdehnt.

Stellen Sie sich das Licht von tausend Sternen vor, gebündelt in einem einzigen Strahl, der vom Himmel kommt und in die Öffnung auf Ihrem Schädel dringt. Sehen Sie, wie dieser silberweiße Strahl aus Sternenlicht ihren Schädel durchquert, die Wirbelsäule hinabfließt, sich teilt und an den Füßen Ihren Körper verlässt. Wenn das Licht von Ihren Füßen in die Erde übergeht, vergegenwärtigen Sie sich, dass aus seinem Silber leuchtendes Gold wird.

Sehen Sie, wie dieser goldene Sternenstrahl tief in die Erde einströmt, bis zu ihrem Kern. Sie sind mit ihr verbunden. Sie werden mit dem Licht des Himmels genährt, und jetzt geben Sie die Energie an die Erde weiter. Das ist ein Akt der Großzügigkeit. Sehen Sie dann, wie das Licht aus dem Kern der Erde zurückkehrt, wie es in entgegengesetzter Richtung durch Ihre Füße, Ihre Wirbelsäule, Ihren Schädel wieder in den Himmel und zu den Sternen fließt, woher es kam.

Bleiben Sie einige Minuten lang still sitzen, und lassen Sie die Energie durch Ihr Inneres strömen. Lassen Sie sich vom Himmel mit dem Licht von tausend Sternen nähren, das in einem einzigen Lichtstrahl gebündelt ist und Ihren Körper passiert. Lassen Sie zu, dass diese Energie die Erde nährt, und empfangen Sie die Energie dann wieder von der Erde. Sie sind ein Übermittler von Energie zwischen Himmel und Erde, zwischen Erde und Himmel. Lassen Sie zu, dass die Energien sich gegenseitig unterstützen, nähren, verstärken – und miteinander harmonieren. Lassen Sie zu, dass sie auch Sie stärken und mit Ihnen harmonieren.

Wenn Sie fertig sind, schließen Sie die Öffnung oben an Ihrem Kopf. Seien Sie gewiss, dass Sie sie jederzeit öffnen und sich selbst und Mutter Erde mit jenem einzigen Lichtstrahl nähren können, der sich aus dem Licht von tausend Sternen zusammensetzt, dass Sie sich selbst und den Himmel mit dem goldenen Licht der Erde nähren können.

Entspannen Sie sich einen Augenblick. Atmen Sie dreimal tief ein und aus, und erinnern Sie sich daran, wer Sie sind: ein Wesen von unbegrenzter Intelligenz, ein Licht im permanenten Zustand der Perfektion. Erheben Sie sich jetzt, kehren Sie ins Leben zurück. Lassen Sie sich von Ihren Füßen dorthin tragen, wo Sie sein müssen, und lassen Sie Ihre Stimme sagen, was Sie sagen müssen. Vergessen Sie nicht: Sie sind der Verbindungspunkt, der magische Ort, wo der Himmel die Erde trifft.

MANTRAS

Wenn ich Glück erhoffe, beginne ich mich für die Ziele meiner Seele zu engagieren.

Wenn ich mich mit meinem Lebenszweck verbunden fühle, werden meine Schmerzen geheilt.

Wenn ich meiner Sehnsucht nach innerem Frieden nachgebe, stimmen meine Träume mit dem Schicksal überein.

Wenn ich meine panische Angst kenne, akzeptiere ich geduldig die Freiheit, meinem Schicksal zu folgen.

Ich bin nützlich.

Ich glaube an meine Göttlichkeit.

Gott ist eins mit mir.

EMPFOHLENE HEILMITTEL

3. Heilmittel: Gefühle heilen
   Siehe S. 263
4. Heilmittel: Auf dem Wasser gehen
   Siehe S. 277

3. Kapitel

In unseren Gedanken liegt Kraft.
Wir schaffen unsere eigene Umgebung
durch die Gedanken, die wir denken.
Physisch kann das einige Zeit dauern,
geistig aber geschieht es sofort.

BETTY J. EADIE, *Embraced by the Light*

Besinnen Sie sich darauf, wie kreativ Ihre Seele sein kann

»Glaubst du, dass ich meine Geschichten ziemlich bald finden und schreiben werde?« fragte ich einen Freund während jener langen Jahre nach dem Tod meines Sohnes, als ich versuchte, ins Leben zurückzukehren.

»Nein«, antwortete er. »Ich glaube, dass du deine Geschichten *leben* wirst.«

Ob Sie Schriftsteller(in) sind oder nicht – Sie leben und schreiben die Geschichte Ihres Lebens.

Ich saß auf der Treppe vor der Buchhandlung und redete mit einer Bekannten. Sie gab sich alle Mühe, ihr Leben grundlegend zu ändern. Sie hatte gerade mit dem Trinken aufgehört und versuchte, ihre Finanzen in Ordnung zu bringen, ihre Angelegenheiten zu regeln.

»Aber es ist so schwer. Ich bin so allein«, sagte sie.

»Aha«, erwiderte ich, ohne zu wissen, woher meine Worte kamen, »Thema Getrenntsein.«

»Ich verstehe die anderen einfach nicht«, fuhr sie fast weinend fort. »Es fällt mir wahnsinnig schwer zu begreifen, dass einige Leute lügen, betrügen und stehlen. Ich denke, jeder hat solche Wertvorstellungen wie ich, und dann bin ich tief schockiert, wenn ich feststelle, dass das nicht stimmt…«

»Thema Naivität und Opferrolle«, warf ich ein.

Sie dachte einen Moment über meine Bemerkung nach und pflichtete mir dann bei. Vor allem aber wurde mir etwas Wichtiges klar. Zum ersten Mal verstand ich die Wechselbeziehung zwischen unseren Gedanken, Meinungen, Überzeugungen und unseren Äußerungen. Ich erkannte und fühlte die kreative Macht unserer Seele.

Einige Leute sagen: *Die Geschichte hat noch eine andere Seite.* Und die spielt sich hinter den Kulissen ab. Sie ist das Drehbuch, das wir aufgrund von Überzeugungen selbst über unser Leben geschrieben haben.

Alles, was wir in den ersten vier Dimensionen – Höhe, Breite, Tiefe, Raum/Zeit – sehen, resultiert aus dem, was wir in der fünften Dimension der Gedanken, Überzeugungen und Wörter entworfen haben. Es ist die Dimension des Geistes und des Lichts.

Die ersten vier Dimensionen sind leicht zu erfassen. Dinge geschehen; Leute sagen etwas; wir haben Gefühle; die anderen Menschen auch; wir bewegen uns im Haus oder im Büro hin und her; wir achten auf die Uhrzeit. Jetzt lassen wir diesen Schauplatz hinter uns und betrachten jene Energie, die das Sichtbare hervorbringt.

Die fünfte Dimension zu erkennen ist schwieriger, aber nicht unmöglich. Wir bezeichnen sie als Seele, als Überbewusstsein in unserem Innern – und als Geist, *ki* oder *chi* in der äußeren Welt, die uns umgibt. In der *Star-Wars*-Filmtrilogie (*Krieg der Sterne*) ist die Rede von »Macht« (Force). Sie belebt uns und alle anderen Wesenheiten. In ihren höchsten und heiligsten Formen nennen wir sie göttliche Energie, Heiliger Geist und Atem Gottes. Der Schleier zwischen den ersten vier Dimensionen und der fünften wird, bildlich gesprochen, immer dünner – nämlich dann, wenn wir sprechen. Die fünfte Dimension kann mit den Augen der Seele gesehen werden – und manchmal sogar mit unseren Augen im Körper. Einige von uns haben einen Blick von ihr erhascht. Wir erspähten sie aus dem Augenwinkel, schauderten und sahen schnell weg. Andere wiederum haben eine tiefere Erfahrung mit der fünften Dimension gemacht – ich zum Beispiel, als ich sie im Hotelzimmer in Redondo Beach mehr als zwei Stunden lang wahrnahm und fühlte.

Sie ist der schöpferische Faden, der alles Lebendige miteinander verbindet. Sie verleiht den Dingen Gestalt und erzeugt – nach unseren inneren Vorgaben – die Szenerie, die wir in den ersten vier Dimensionen sehen.

»Der Geist ist das Leben, der Verstand das formende Prinzip, und die stoffliche Welt das Ergebnis«, schreiben David und Bruce McArthur in ihrem Buch *The Intelligent Heart*, wobei sie aus den Vorlesungen von Edgar Cayce zitieren.

Wir haben an dieser Kraft teil, indem wir sie die ganze Zeit benutzen, selbst wenn uns das gar nicht bewusst ist. Wir kreieren ständig etwas durch unsere Worte, Gedanken und Vorstellungen.

Wie viele andere Menschen habe auch ich jahrelang davon gehört, dass unsere Gedanken und Wörter die Macht haben, die Realität zu erschaffen. Zunächst sträubte ich mich gegen diese Vorstellung. Ich räumte zwar ein, dass sie teilweise zutreffen könnte, aber ich widersetzte mich der Ansicht, ich selbst würde meine sichtbare Welt erzeugen.

Ich hatte Angst vor meiner eigenen Kraft. Ich hielt mich für ein Opfer, also sah ich eben nur das.

Zu akzeptieren, dass Worte und Gedanken die Wirklichkeit hervorbringen, stürzte mich vor allem deshalb in so große Konflikte, weil dadurch mein Glaube an Gott und an seine Vorherrschaft erschüttert wurde. In meinem Leben geschahen Dinge, von denen ich wusste, dass ich sie – zumindest bewusst – nicht verursacht hatte, da mein Verstand etwas völlig anderes gewollt hatte. Und ich war fest davon überzeugt, dass Gott in Bezug auf mich einen bestimmten Plan, eine Absicht hatte. Dies in Einklang zu bringen mit meiner geistigen und schöpferischen Kraft war äußerst problematisch.

Mein »Glaubenssystem« beruhte auf der Maxime »Alles oder nichts«. Entweder besaß Gott sämtliche kreativen Fähigkeiten und ich gar keine. Oder ich selbst trug die Verantwortung für mein Leben, aber dann war es mehr als fraglich, was Gott noch darin zu suchen hatte.

Inzwischen bin ich irgendwo in der Mitte »gelandet«. Ich glaube an ein höchstes Wesen, an einen Gott, der die oberste, geistige und beherrschende Kraft alles dessen ist, was existiert – in Vergangenheit, Gegenwart und Zukunft. Gott ist das A und O. Wie es war im Anfang, jetzt und immerdar, von Ewigkeit zu Ewigkeit. Amen.

Ich bete weiterhin mit geschlossenen Augen und gebeugtem Kopf, aber ich glaube nicht mehr wie früher, dass ich von meinem Gott getrennt bin. Wenn ich es bin, dann nur durch meine Überzeugungen, die diesen Abstand herstellen. Gott und ich sind eins. Gott und jeder von uns sind eins. Die Seele verbindet uns mit Ihm ebenso wie das Überbewusstsein. Wir alle haben teil an Gott, indem wir die schöpferische Kraft nutzen.

Eine Freundin von mir, die zur Universität zurückgekehrt ist, um ihren Abschluss zu machen, beschreibt diesen Sachverhalt folgendermaßen:

»Ich quälte mich durch Freud, ohne zu wissen, worauf ich stoßen würde, und war überrascht, die Lösung für ein Dilemma zu finden, das mich jahrelang bedrückt hatte«, sagt sie. »Freud führt aus, dass einige Menschen einen Christuskomplex entwickeln, sobald sie sich zum ersten Mal mit ihrem Unter- oder Überbewussten verbinden. Aufgrund ihrer auf dieser Ebene verfügbaren Kräfte und Fähigkeiten, Dinge zu wissen und zu tun, die über das hinausgehen, was den meisten Menschen möglich erscheint, halten sie sich allmählich für Christus. Das trifft auf viele Menschen zu, die ich kenne, und erklärt, warum ich mich so vor ihnen fürchte.

Wenn Freud sagt: Andere Menschen werden derart vom Unterbewussten und seinen Kräften in Anspruch genommen, dass sie einen Apostelkomplex entwickeln, beschreibt er im Grunde mich. Diese Leute glauben, dass sie nichts anderes tun müssten, als Christus zu Füßen zu sitzen. Sie übernehmen nicht die Verantwortung für ihre ureigene Kraft und für ihr Leben.«

Virginia Mayhew, eine weise Frau, Lehrerin und Freundin, sagt: »Jeder von uns ist eine Zelle im Körper Gottes. Keiner ist wichtiger oder unwichtiger als der andere.«

Die Lösung meines Dilemmas bestand darin, einen Mittelweg zu finden.

Dieses Kapitel zielt darauf ab, uns erneut an den richtigen Gebrauch von Gedanken, Überzeugungen und Wörtern zu erinnern, sodass wir mit dieser Kraft verantwortungsbewusst umgehen. Es geht nicht um die Frage, ob wir sie besitzen, denn sie ist uns inhärent. Außerdem benutzen wir sie die ganze Zeit. Ständig denken oder glauben wir etwas. Wir alle haben eine Liste mit Grundsätzen oder Überzeugungen, die über unser Leben bestimmen. Und die meisten von uns murmeln, äußern oder überlegen sich immer wieder Wörter, die diese Auffassungen widerspiegeln.

Es geht vielmehr darum, dass wir uns bewusst machen, was wir denken, glauben und sagen, damit wir so schnell und so schön wie möglich eine Welt kreieren, in der wir gerne leben möchten.

Das Buch *Thought Forms* (Gedankenformen) von Annie Besant und C. W. Leadbeater, erstmals veröffentlicht im Jahre 1901, widmet sich der Macht des Gedankens. Die beiden Autoren erörtern und beschreiben die Farben, Formen und Schwingungen, die durch unsere konkreten Gedankenreihen in den Äther gesandt werden. Sie fügen Abbildungen bei, die zeigen, wie unsere Gedanken aussehen, welche Form und Farbe jeder Gedankenkategorie zukommt – von Wut über Hingabe zu selbstvergessener Suche. Außerdem vertreten sie die Theorie, dass diese Gedankenformen ähnlich geartete Schwingungsfelder magnetisch anziehen.

Das heißt, wir erschaffen, was wir denken und glauben, und üben eine Anziehungskraft auf vergleichbare geistige Schöpfungen aus.

Der Satz *Ich kann nicht* ist eine winzige Blase, die aus unserem Verstand aufsteigt, in die Luft schwebt und zerbirst, wenn uns irgendetwas misslingt. Sie hat ihre Aufgabe erfüllt – nämlich das Versagen vorbereitet.

In ihrem Buch *Embraced by the Light* (Umfangen vom Licht) schreibt Betty J. Eadie über die Macht des Gedankens aus der Perspektive ihres Sterbeerlebnisses. »Ich sah, wie die Worte einer Person tatsächlich das Energiefeld um sie beeinflussen. Die *Wörter* selbst – die Schwingungen in der Luft – ziehen jeweils eine bestimmte Art von Energie an«, erklärt sie.

»Wenn wir die Macht unserer Gedanken verstünden, würden wir besser auf sie Acht geben. Und wenn wir die ehrfurchtgebietende Macht unserer Worte verstünden, würden wir das Schweigen fast allem Negativen vorziehen. In unseren Gedanken und Worten erzeugen wir unsere eigenen Schwächen und Stärken. Unsere Begrenzungen und unsere Freuden beginnen im Herzen. Wir können immer das Negative durch das Positive ersetzen.

Da unsere Gedanken diese ewige Energie beeinflussen können, sind sie die Quelle der Schöpfung«, fügt sie hinzu. »Alle Schöpfung beginnt im Geist. Er steht an erster Stelle.«

Hierbei geht es nicht darum, negative Gedanken zu unterdrücken, sondern darum, unsere einengenden Überzeugungen sowie die entsprechenden emotionalen Energien zu erkennen, zu befreien und zu korrigieren. Die Verdrängung dessen, was wir glauben, führt uns nicht zu neuen, günstigeren oder wahren Einsichten. Es geht darum, zuzulassen, dass uns das Leben etwas Neues beibringt.

Das ist auch ein Heilungsprozess.

Wir alle haben eine Liste mit Richtlinien, eine Reihe von wichtigen Grundsätzen, nach denen wir leben. Dazu gehören vielleicht solch nachteilige Formeln wie: *Das Leben muss hart sein. Ich bin ein Opfer. Ich habe es verdient, bestraft zu werden. Ich habe keine Liebe verdient. Ich bin von Gott getrennt. Ich bin allein. Es ist nicht genug da. Ich bekomme nicht, was ich will. Ich bin zu nichts nütze (und ohne Lebenszweck). Ich bin verwundbar und ungeschützt. Ich bin nicht gut genug* oder *Ich bin besser als die meisten. Ich bin benachteiligt, vernachlässigt und durcheinander. Ich bin nicht besonders kreativ.* Und vor allem: *Das Leben ist eine Tortur.*

Diese Überzeugungen können über unser Dasein bestimmen. Sie erzeugen jene Szenerie, die wir vor Augen haben. Je mehr sie eine bestimmte Realität prägen, desto eindeutiger vertreten wir die Ansicht, dass diese eben so ist und immer so sein wird. Und je intensiver wir dann diese Realität erleben – ob wir uns nun sagen: *Ich bin ein Opfer* oder *Ich bin allein* oder *Ich bekomme nicht, was ich haben will* –, desto mehr Emotionen verbinden wir mit solchen Überzeugungen. Wenn wir etwa meinen: *Das Leben ist halt so*, kümmern wir uns nicht darum, unsere Gefühle bewusst zu empfinden. Stattdessen stauen wir sie auf, und so schlagen die Überzeugungen immer tiefere Wurzeln in uns.

Dann sitzen wir irgendwo auf einer Treppe und sagen: *Ich fühle mich so einsam, und das Leben ist hart.* Doch diese Erfahrung machen wir deshalb immer wieder, weil wir davon überzeugt sind.

Nur allzu leicht übersehen wir unsere Rolle in diesem Drama. Wenn jemand auch nur wagt, uns zu sagen, dass wir es selbst heraufbeschworen haben, sind wir beleidigt. Was meinst du damit, ich hätte das Ganze heraufbeschworen? Ich bin ein unschuldiges Opfer. Es ist Gottes Wille. (Und im Flüsterton:) *Ich muss es wohl verdient haben, bestraft zu werden. Ich fühle mich so einsam.*

Wir vertreten diese Überzeugungen oder Grundsätze, um uns an mehr oder weniger unerfreuliche Umstände anzupassen – eben wenn wir, aus welchen Gründen auch immer, nicht die Möglichkeit haben, die eigenen Gefühle zu empfinden und loszulassen und uns auf die Wahrheit zu besinnen. Wir betrachten das Leben, Gott und uns selbst aus einer völlig verzerrten Perspektive, um Situationen einen Sinn zu geben, die eigentlich sinnlos sind.

Nach einer Weile vergessen wir, wer wir sind und was wahr ist. Wir halten das, was wir sehen, für die Wahrheit, und diese Dinge widerfahren uns dann auch. Vielleicht bezeichnet das Karma einfach den Weg, den man zurücklegt, um nach Hause zu gelangen. Wir können lernen, das Drehbuch unseres Lebens neu zu schreiben, und Verantwortung übernehmen für die andere Seite der Geschichte, die sich jenseits der sichtbaren Ereignisse abspielt.

Wir wollen, dass sich das Universum zu unseren Füßen entfaltet, offenbart. Dazu müssen wir gar nichts tun. Es geschieht bereits. Wir müssen derlei nur zulassen, lauschen und anerkennen, welchen Beitrag wir selbst durch unsere gedanklichen Bilder leisten.

»Sie alle haben schon erlebt, dass Ihr Geist für einen Augenblick völlig leer war und Sie nur in die Gegend starrten. Wenn es in diesem Moment möglich wäre, irgendeinen Wunsch mit genügend Nachdruck ins Gehirn einzugeben, dann könnte nichts in der Welt verhindern, dass er sehr schnell Wirklichkeit wird«, schreibt John McDonald in *The Message of a Master* (Die Botschaft eines Meisters).

Deshalb ist es so wichtig, mit einer klaren geistigen Einstellung zu operieren.

Virginia Mayhew, meine Freundin und *sensei* im Aikido, hielt einmal vor einer Gruppe wissbegieriger Schüler einen Vortrag über die spirituelle Seite des Aikido, der sanften japanischen Kampfsportart, die ich seit einigen Jahren einübe. Obwohl durch zeitweiliges Herzversagen und mehrere Schlaganfälle körperlich beeinträchtigt, hatte diese neunundsechzigjährige Frau doch weiterhin eine tiefe Verbindung zu sich selbst, zu Gott und zu der Welt ringsum. Ihre Energie – ihr *ki* – war lebendig und stark. Sie wollte etwas über die spirituellen Geheimnisse mitteilen, in die sie auf den Matten eingeweiht worden war.

»Wenn die Leute wüssten, welche Macht allein die beiden Wörter *Ich bin* haben, würden sie mehr darauf achten, was sie sagen«, erklärte sie.

»*Ich bin* glücklich. *Ich bin* traurig. *Ich bin* ein Versager. *Ich bin* jemand, der sich abkapselt. *Ich bin* dabei, mich zu öffnen. *Ich bin* ein Opfer, das gequält wird. *Ich bin* eine Lernende. *Ich bin* einsam. *Ich bin* verlassen worden. *Ich bin* in einem Zustand, wo ich geführt werde.«

Welche Wörter fügen wir an dieses *Ich bin* an?

»Es gab eine Zeit, in der sich die Menschen einfach durchs Leben bewegen konnten, alles akzeptierten, was mit ihnen geschah, und darauf vertrauten, dass ihnen alles Notwendige und Angenehme zur rechten Zeit zuteil würde«, sagte mein Freund Kyle neulich. »Ich glaube, die Zeiten haben sich innerhalb der letzten Jahre geändert. Die jetzige Situation unterscheidet sich von der früheren. Wir müssen weiterhin loslassen und Gott vertrauen. Zugleich aber ist es notwendig, eine bestimmte Absicht zu verfolgen, um das zu erreichen, was wir brauchen und wollen.

Je konkreter und klarer die Absicht ist, desto besser«, sagte er. »In atemberaubendem Tempo sehen und bekommen wir, was wir entworfen haben.«

Wahrscheinlich werden Hindernisse vor uns auftauchen. Einige davon verschwinden, sobald wir unsere emotionale Reaktion auf sie verarbeitet haben. Andere wiederum sind vielleicht da, um unseren Glauben auf die Probe zu stellen, um zu hinterfragen, ob wir von gewissen Inhalten überzeugt sind oder nicht. Und manche Hindernisse verleihen uns Widerstandskraft – jene Zähigkeit und Ausdauer, die uns hilft, bestimmte Maßnahmen zu ergreifen und in unserem Leben einiges in Bewegung zu setzen.

Es ist wichtig, die eigenen Absichten klar zum Ausdruck zu bringen. Und es ist wichtig, die Beseitigung der Hindernisse zu *beabsichtigen*.

Manchmal brauchen wir Hilfe, um den Felsblock auf unserem Weg beiseite zu schieben. Wir müssen lernen, den Weg, den wir gehen möchten, frei zu räumen – das ist ein wesentlicher Bestandteil unserer Reise nach Hause. Verbalisieren Sie also immer wieder die Absicht, Hindernisse zu beseitigen; Sie haben es verdient, dass alle Hindernisse weggeschafft werden. Es tut Ihnen gut, das zu haben, was Ihre Seele wirklich wünscht.

Und lassen Sie sich von niemandem einreden, Sie seien nicht kreativ. Auch Sie selbst sollten sich das nicht sagen.

Schauen Sie sich um. Betrachten Sie Ihr jetziges Leben. Es zeigt an, wie kreativ Sie sind. Wenn Sie das unzufrieden stimmt, gehen Sie zu den Grundlagen zurück. Fühlen Sie. Heilen Sie. Kreieren Sie etwas anderes, etwas Besseres, etwas, das genau richtig für Sie ist. Aber bleiben Sie so lange, wo Sie sind, bis Ihnen klar wird, welche Lektion Sie dort lernen sollen. Sonst machen Sie das Ganze noch einmal durch. Bevor wir nicht unsere Gefühle geheilt und unsere Überzeugungen geändert haben, spielt sich vor unseren Augen immer wieder das Gleiche ab.

Das richtet sich nicht gegen Sie persönlich. Es geht nur um die Art und Weise, wie das Universum arbeitet.

Neben der Aufgabe, unseren Lebenszweck zu entdecken und die Wünsche unserer Seele zu erfüllen, müssen wir auch einen Heilungsprozess durchlaufen, der im Hier und Jetzt Gestalt annimmt. Ziel ist es, dass wir uns immer weiter vorantasten, indem wir Gefühle loslassen und intuitive Fähigkeiten entwickeln, bis wir schließlich alle zu dem werden, was Gott und unsere Seele für uns vorgesehen hat.

Halten Sie diesen Gedanken fest – lange genug, um das Gefühl zu empfinden, das ihn begleitet. Senden Sie dann diese Energie aus Ihrem Feld in den Äther. Machen Sie sich Ihre Überzeugungen bewusst; achten Sie auf gedankliche und emotionale Muster. Dringen Sie so weit wie möglich ins Innere eines solchen Musters vor, damit Sie die ganze Reihe von Emotionen loslassen können, die mit einer bestimmten Überzeugung verbunden ist. Wenn Sie sich dafür engagieren, werden Sie merken, dass Sie Ihr Herz öffnen und dessen Stimme folgen. Nach einer Weile stellen Sie dann fest, dass die Befreiung von Emotionen auch die Befreiung von überkommenen Ansichten bewirkt. Und die heilsamen Erfahrungen, die Sie machen, werden in angenehme kleine Szenen gekleidet sein, die Sie zu einer Lektion, zu einer Einsicht und schließlich zu einem neuen Bewusstsein führen.

Diese Lektion weist Ihnen dann den Weg zu Ihrer nächsten Lebensstation. Sie werden intuitiv wissen, was als nächstes zu tun ist. Anschließend kommt das nächste »Glaubenssystem« mit all seinen Gedanken und Gefühlen zum Vorschein. Sie werden anfangen, es näher zu untersuchen, und dabei mehr herausfinden über sich selbst, das Leben, die anderen Menschen, Gott und die Liebe. Später bahnt sich eine weitere Serie von Lektionen an. Sie sammeln einzelne Bruchstücke und Hinweise, bis die letzte Lektion – das große Finale – sich ankündigt. Da erkennen Sie, dass zwischen allen bisherigen Szenen und Handlungen ein Zusammenhang besteht. Sie schauen einen Film an, aber eigentlich sehen Sie das Drama Ihres eigenen Lebens. Während Sie Ihren Weg gehen, machen Sie geistige Fortschritte, entwickeln Sie sich weiter, verändern Sie sich. Jedes Gefühl, das Sie zu empfinden wagen, wird ein Licht auf Ihre Überzeugungen werfen. Das Leben nimmt insofern daran teil, als es Ihnen jene Lektionen beibringt, die Sie brauchen, um die alten Anschauungen durch göttliche Wahrheiten zu ersetzen.

Ihre Seele weiß, was sie als nächstes lernen, was sie wirklich kreieren und welche Ziele sie erreichen möchte. Ihr Überbewusstsein ist verbunden mit dem höchsten Bewusstsein im Makrokosmos und in Ihrem Mikrokosmos.

Wir erhalten jede Hilfe, die wir brauchen. Das Leben ist nicht böswillig. Das Universum begnügt sich nicht damit, *ätsch, ätsch, ätsch* zu rufen. Das glauben nur Sie. Wir müssen nicht auf der Stelle treten. Das Universum fordert uns jetzt in extrem schnellem Tempo auf, unsere Ansichten zu überprüfen und nötigenfalls zu ändern, damit sie mit der höchsten Wahrheit übereinstimmen. Alle Kräfte des Alls wirken in diesem Augenblick zusammen, um uns nach Hause zu bringen.

Wenn genügend Menschen sich bemühen, ihre Gefühle zu verarbeiten, ihre Überzeugungen zu revidieren und mit ihrer Seele in Kontakt zu kommen, setzt auf der ganzen Welt ein bestimmter Rhythmus ein. Ein Erwachen, eine Wiederbelebung ist in greifbarer Nähe. Wenn genügend Menschen an ein und dasselbe glauben, wird irgendwann die kritische Masse erreicht. Der neue Glaube ist nicht nur in Ihr Leben vorgedrungen, sondern auch in die Herzen und Seelen der Menge. Das Überbewusstsein hat seine Aufgabe erfüllt. Auf diese Weise entwickelt sich unsere Welt weiter, um an jenen Punkt zu gelangen, den unser Schöpfer ihr zugedacht hat.

Schaffen Sie in Ihrem Leben Platz, um die eigenen Anschauungen unter die Lupe zu nehmen und zu ändern. Lernen Sie, die andere Seite der Geschichte zu sehen, damit Sie für sich selbst die bestmöglichen Geschichten schreiben können.

Manchmal wird die »Light-Show«, in der wir uns wieder finden, zu einer dramatischen Tragödie anstatt zu einer Komödie, einer Romanze oder einem aufregenden Abenteuer. Herzen brechen, und ganz gleich, wie oft uns das Gegenteil gesagt wurde – wir fühlen uns verlassen. Es ist, als wären wir in dieser Angelegenheit völlig allein.

Im nächsten Kapitel geht es darum, welche Lektionen wir uns aneignen können, wenn das Leben eine ganz besonders schlimme Wendung nimmt. Wir lernen, die Splitter vorsichtig aufzuheben und dann unseren Weg fortzusetzen.

Eines Tages kam ein Mann in die Buchhandlung, und wir fingen an, über das Leben zu reden. Wir sprachen über einige Bücher auf den Regalen, die wir gerne mochten. Es war Weihnachtszeit, aber wir beide fühlten uns in keiner Weise gedrängt. Ich weiß nicht mehr, wie wir auf dieses Thema kamen, aber es stellte sich ziemlich bald heraus, dass er ein Sterbeerlebnis gehabt hatte. Ein Auto war auf ihn gefallen, wodurch sein Schädel seitlich zertrümmert wurde. Aber irgendwann kehrte er ins Leben zurück.

»Als ich weg war, sah ich viele Dinge«, erzählte er. »An einige kann ich mich noch erinnern, an andere nicht. Eines hat sich mir besonders eingeprägt – ich sah nämlich meinen geistigen Führer. Man mag ihn Schutzengel oder Begleiter oder einfach nur Hilfe nennen, jedenfalls kehrte ich von der anderen Seite zurück in der absoluten Gewissheit, dass wir niemals, niemals alleine sind.«

Wir brauchen dem Tod nicht derart nahe zu kommen, um die anstehenden Lektionen zu lernen. Im folgenden Kapitel beschäftigen wir uns mit den eigenen »Glaubenssystemen«, die hervortreten, wenn man – ob in der Realität oder in der Einbildung – verlassen wird und sich von Gott vergessen fühlt. Manche Schmerzen im Leben können kompensiert werden, andere, die in einer Tragödie enden, nicht. Der Holocaust ist nicht wieder gutzumachen. Das gleiche gilt für den tiefen Kummer, den einige Menschen auf diesem Planeten durchmachen. Wir wollen deshalb einmal die Abläufe betrachten, die zu dieser Exilsituation führen – und was wir unternehmen können, um in unsere Heimat zurückzukehren.

Lernen Sie, Ihre Absichten klar zu erkennen und Ihre Wünsche zu visualisieren. Das geschriebene und das gesprochene Wort sowie die dazugehörigen Vorstellungen sind wirksame Methoden, Realitäten zu schaffen. Bringen Sie sich bei, so lange aufzuschreiben, zu sagen und im Geiste zu entwerfen, was Sie wirklich wollen, bis die Ausdrücke und Bilder deutlich sind. In den achtziger Jahren unterrichtete Shakti Gawain die Welt über kreative Visualisierung. Wir konzentrieren uns auf geistige Bilder, um dadurch die gewünschte Energie zu erzeugen. Indem wir über unsere Ziele sprechen und schreiben, kombinieren wir die Macht der Bilder mit der Macht der Wörter. Vielleicht möchten Sie das auch einmal versuchen. Wenn Sie zum Beispiel das nächste Mal gezwungen sind, einen neuen Wohnort zu suchen, schreiben Sie alles auf, was Ihnen dabei wichtig erscheint – alles, was Sie tief im Herzen über dieses Thema wissen. Dann bemühen Sie sich, mit dem geistigen Auge ein Bild des Wohnorts zu sehen. Konzentrieren Sie sich so lange, bis Sie das Bild aus den Wörtern formen können. Es steht Ihnen frei, diese Technik auch bei allen anderen Absichten oder Zielen anzuwenden, die Sie erreichen möchten. Wenn Sie eine bestimmte Aufgabe erledigen wollen – zum Beispiel das Haus sauber machen oder schmücken, ein Buch schreiben, das Auto waschen: Visualisieren Sie diese Tätigkeit! Sprechen Sie laut darüber. Benutzen Sie die Macht der Wörter und Bilder, um das zu erschaffen, woran Ihnen gelegen ist. Diese Methode hilft Ihnen auch, jede Art von Hindernis zu erkennen, das zeitweilig Ihren Weg blockieren mag. Darüber hinaus ist es gut, genau darzulegen und aufzuschreiben, wie man diese Hindernisse zu beseitigen gedenkt. Bleiben Sie bei diesem Gedanken, dieser Vorstellung, bis Sie einen klaren Weg sehen und fühlen, die gewünschten Schritte zu unternehmen.

Visualisieren Sie die Wörter, die Ihnen durch den Kopf gehen, wenn Sie Ihre Wünsche beschreiben. Es handelt sich hierbei um eine alte geistige und äußerst wirksame Technik. Ihre Ursprünge liegen in der jüdischen Kabbala, die den Schülern beibrachte, die Buchstaben des hebräischen Alphabets für mystisch-magische Zwecke zu nutzen. Sie bestätigt die enorme Macht nicht nur von Wörtern, sondern von jedem Buchstaben, jeder graphischen Form, aus denen sich das Alphabet zusammensetzt. Wörter – und die Buchstaben, aus denen sie bestehen – werden als primäre Werkzeuge der Schöpfung betrachtet. Wenn es also etwas gibt, das Sie bekräftigen oder erzeugen wollen, dann lassen Sie sich die entsprechenden Wörter Buchstabe für Buchstabe durch den Kopf gehen. Nehmen Sie etwa folgenden Satz: *Ich bin gesund und erfolgreich in dem, was ich tue* – oder: *Ich bin in Sicherheit.* Lassen Sie diese Wörter vor Ihrem geistigen Auge vorbeiziehen. Nehmen Sie sich Zeit, jeden Buchstaben zu sehen und nachzuformen. Je klarer und je unbeeinflusster von Gefühlen und Ängsten Sie während der Visualisierung sind, desto unmittelbarer und eindrücklicher werden Ihre Wörter, Bilder und Schöpfungen sein. Furcht, Ressentiment oder Zweifel beim Aufzählen der eigenen Absichten geben einen Hinweis auf die Blockaden, die aus dem Weg geräumt werden müssen. Üben Sie sich darin, Ihre Intentionen zu visualisieren, zu verdeutlichen und immer wieder zum Ausdruck zu bringen. Bald schon werden Sie feststellen, dass Sie instinktiv wissen, welche Hindernisse jeweils zu beseitigen sind.

Erbitten Sie Hilfe, um zu verstehen, wohin Sie gehen und was Sie als nächstes tun sollen. Wir wissen nicht immer, was wir als nächstes anpacken möchten. Das ist auch gar nicht nötig. Wir brauchen nichts zu machen, was uns gar nicht entspricht. Vergessen Sie nicht: Auf den richtigen Zeitpunkt kommt es an. Wenn ich nicht weiterweiß, bitte ich manchmal Gott um Hilfe: *Bitte zeige mir, was ich haben kann, was ich kreieren soll, was ich bereits kreiere und wohin ich als nächstes muss.* Eine einfachere Version ist die folgende: *Gott, wenn du an meiner Stelle wärst, was würdest du jetzt tun?* Achten Sie darauf, was Sie sehen, wonach Sie sich sehnen und wohin Sie geführt zu werden glauben. Bisweilen ist ein emotional aufgeladener Traum oder eine Hoffnung die Antwort auf ein Gebet.

Ersinnen Sie Ihre eigenen Mantras. Es folgt eine Liste mit wirksamen, positiv aufgeladenen Wörtern.

Benutzen Sie sie. Meditieren Sie darüber. Schreiben Sie etwas dazu. Beschreiben Sie die Hindernisse, Blockaden, negativen Gefühle und Gedanken, die auftauchen, wenn Sie über ein bestimmtes Wort meditieren. Notieren Sie auch die positiven Erinnerungen und Gefühle, die dieses Wort nach längerem Nachdenken bei Ihnen hervorruft. Das Mantra kann einfach sein – zum Beispiel: *Mir geht es bestens.* Es können mehrere Adjektive genannt werden: *Ich bin zuversichtlich, gesund und gefühlsmäßig stark.* Wie wäre es mit: *Das Leben macht Spaß. Ich bin liebevoll und froh.* Wählen Sie jeden Tag ein Wort aus, das für vierundzwanzig Stunden Ihr Schlüsselwort sein soll. Richten Sie Ihre Aufmerksamkeit auf das Wort oder Attribut, das Sie jeweils brauchen. *Ich bin fleißig, ausgeglichen und konzentriert.* (Benutzen Sie dieses Mantra, wenn Sie mit einem Projekt oder einer Aufgabe beginnen.) *Ich werde geführt und gelenkt.* (Dieser Satz ist nützlich, wenn Sie sich verwirrt und verloren fühlen.) *Ich bin in Sicherheit.* (Diese Worte brauchen Sie, wenn Sie verwundbar und ängstlich sind.) Ergänzen Sie die Liste um Ihre eigenen Wörter; lernen Sie, die Energie zu erzeugen, die Sie sich in Ihrem Leben wünschen.

Positiv geladene Wörter

Gedeihen	Befriedigt
Zuversichtlich	Ekstatisch
Gesund	Selig
Lustig	Gelassen
Vital	Friedlich
Attraktiv	Weise
Sinnlich	Ehrlich
Humorvoll	Integer
Liebevoll	Positiv
Freundlich	Höheres Bewusstsein
Magnetisch	Fleißig
Gefühlsmäßig stark	Leidenschaftlich
Geistige Einsicht	Energisch
Gesegnet	Konzentriert
Künstlerisch	Fähig
Kreativ	Selbstliebe
Geführt werden	Göttlich
Erfolgreich	Freude

Intuitiv
Mitgefühl
Versöhnlich

Gnade
Verständnisvoll
Ausgeglichen
Klar
Beschützt
Sicher
Glücklich
Großzügig
Zufrieden
Bewusst
Liebenswert

Bejahende Einstellung
Demütig
Die eigene Wahrheit
zum Ausdruck bringen
Verantwortungsbewusst
Spontan
Abenteuerlustig, wagemutig
Aufgeregt
Effektiv
Enthusiastisch
Fähig, sich zu entspannen
Heilende Kraft
Inspiriert
Verbunden
Zur rechten Zeit

MANTRAS

Ich fühle auf kreative Weise, was ich von Gott haben kann.

Wenn ich mich meinen verdrängten Träumen stelle, wird offenbar, inwieweit ich mich dem Leben hingebe.

Wenn ich meinen Wert bekräftige, fasse ich Mut, meine kreative Arbeit zu lieben.

Ich wähle die Freiheit.

Ich stelle mir vor, was mir Wohlgefühle vermitteln würde.

Ich werde zu dem, was ich gefühlt habe.

Ich bringe alle meine Facetten zum Ausdruck.

EMPFOHLENE HEILMITTEL

5. Heilmittel: Feuer und Eis
   Siehe S. 285
6. Heilmittel: Schöpferische Weisheit
   Siehe S. 294

4. Kapitel

Der Bibelcode verlangt, dass wir akzeptieren,
was die Bibel selbst uns nur bitten kann zu glauben –
nämlich dass wir nicht allein sind.

MICHAEL DROSNIN, *Der Bibelcode*

Besinnen Sie sich darauf,
dass Sie nicht allein sind

Ich weiß noch, wie ich vor Jahren einige Schritte hinter meiner Tochter Nichole in das Haus auf der Northland Avenue ging. Sie küsste mich auf die Wange und sagte mir dann, dass sie noch mit Freunden ausgehen wolle. Die Fahrt von St. Paul, Minnesota, war lang und frostig gewesen. Ich zog meine Jacke aus, warf sie über die Lehne des Küchenstuhls, stieg die Treppe zu Shanes Schlafzimmer hinunter und setzte mich dort auf die Bettkante.

Es war ein anstrengender Tag, eine anstrengende Woche gewesen.

Am Montag war mein Sohn Shane gestorben. Nach fast drei Tagen des Betens, Bangens und Hoffens hatten ihn die Ärzte im Ramsey Hospital für tot erklärt. Dies war der Tag seiner Beerdigung.

Von der Bettkante aus schaute ich mich im Zimmer um. Ich sah den Computer, den ich ihm zu Weihnachten geschenkt hatte, die Schulbücher auf seinem Schreibtisch, die Metallbox mit seinen Schätzen – Tickets, die er im Videogeschäft gewonnen hatte, und Münzen aus aller Welt sowie aus den Vereinigten Staaten, die er gesammelt hatte. Seine bevorzugten Stofftiere – zum Beispiel Hot Dog, ein seltsam aussehendes Wesen mit Sonnenbrille – lagen über den Boden verstreut. Auf dem Pinnbrett an der Wand hingen seine Lieblingsfotos und verschiedene Notizzettel.

Nur einer fehlte: er selbst.

Es war alles so schnell gegangen. Der Anruf von der Bergwacht, die mir mitteilte, dass Shane bei einem Skiunfall am Kopf verletzt worden war. Die Fahrt zum Krankenhaus, während der ich allmählich fühlte, dass einiges nicht in Ordnung sein würde. Das Warten. Das Beobachten. Das Beten. Dann gesagt zu bekommen, dass keine Hoffnung mehr bestand. Daraufhin meine Wut, eine schäumende, brennende Wut, die ich nirgendwo anders abreagieren konnte als in mir drinnen. Die ganze Woche, die die Woche seines zwölften Geburtstags sein sollte, hatte sich in fataler Weise verändert, in ihr Gegenteil verkehrt. Sie war zur Woche seiner Beerdigung geworden. Damit begannen die Wendungen und Umschwünge in meinem Leben.

Ich musste mich um mich und um meine Tochter kümmern, um das Begräbnis und um viele Entscheidungen, die ich gar nicht treffen wollte. Die ganze Woche war ich von Freunden, Bekannten und Verwandten umgeben. Nichole und ich waren in St. Paul geblieben – erst um schnell im Krankenhaus zu sein, dann um die Formalitäten für die Bestattung zu regeln.

Jetzt war alles vorbei. Shane war beerdigt. Meine Freunde waren nach Hause gegangen. Der Empfang nach der Beerdigung war zu Ende. Mein Freund Louie hatte zu Shanes Ehren eine Show in einem örtlichen Comedy Club gegeben. Und dann war es auch für mich Zeit, den Heimweg anzutreten – allein.

»Du bist nicht allein«, hatten mir einige Leute gesagt. »Du bist nie allein.«

Und nun saß ich auf Shanes Bett, ließ den Blick durchs Zimmer schweifen, betrachtete all die kleinen Schätze, die er gesammelt und zurückgelassen hatte. Noch nie in meinem Leben hatte ich mich derart einsam gefühlt.

Auf einen Schlag, in einem einzigen Augenblick – den ich um alles in der Welt rückgängig machen wollte – hatte sich mein Leben geändert. Ich lebte nun auf dessen sprichwörtlicher Schattenseite. Dies behagte mir nicht im Geringsten.

Aber ich hatte nicht viel dazu zu sagen. Mir blieb ja keine Wahl.

Ich hatte in einer Weise die Kontrolle verloren, wie ich es mir nur eine Woche vorher nicht hätte vorstellen können. Ob man in diesem Zusammenhang vom Finger Gottes, von Schicksal, Verhängnis oder meinem speziellen Weg spricht – die Wörter spielen wirklich keine Rolle. Ich war in eine schreckliche Situation geraten. Ich hatte nicht die dunkle Nacht, sondern das dunkle Jahrzehnt meiner Seele vor mir. Und das wusste ich.

Meine Seele wusste es ebenfalls.

Es war der Beginn der schlimmsten, schmerzlichsten Zeit in meinem Leben. Ich nannte sie Albtraum. Ich hasste es, sie zu durchleben. Auch heute mag ich sie noch nicht. Aber ich habe gelernt, sie anders zu bezeichnen: der Weg nach Hause, *der lange Weg nach Hause.*

Jede Überzeugung, jeder Funke Glauben, den ich hatte – und ich hatte viele –, musste nun die Feuerprobe bestehen. Darüber war ich nicht erfreut. Ich wollte nicht in diesem Zustand sein. Bevor ich jenes Krankenhauszimmer in der Gewissheit verließ, dass Shanes Körper ins Leichenschauhaus kommen würde, küsste ich ihn zum Abschied und sagte, dass ich ihn liebe. Trotz Verwirrung, Schmerz, Schock und Trauma dachte ich klar und deutlich: *Gott, ich will das alles nicht durchmachen.*

Ich wollte es wirklich nicht. Mit Leib und Seele wehrte ich mich dagegen, das zu thematisieren, was ich von meiner Zukunft wusste. Manche schmerzlichen Gefühle können in einem Augenblick geheilt werden. Wir empfinden und verarbeiten sie und lassen sie hinter uns. Fröhlich gehen wir weiter unseren Weg.

Andere Gefühle brauchen Zeit, viel Zeit. Und oft dauert es sehr lange, bis ein gebrochenes Herz wieder heil ist.

Zuvor war ich immer so widerstandsfähig gewesen. Probleme oder Herausforderungen machten mir nichts aus. Ich ließ mich nicht unterkriegen. Ich landete auf den Füßen. Eine Zeit lang litt ich, aber danach war ich stärker denn je. Ich rappelte mich immer hoch, weil ich es wollte. Diesmal wollte ich nicht. Ich wollte nicht mehr mitspielen, weil das Spiel mir nicht fair erschien. Ich mochte es nicht. Ich war außer mir vor Wut.

Außerdem gab es nichts, was ich tun konnte – außer dazustehen oder auf der Bettkante zu sitzen und zu akzeptieren, was mir widerfahren war.

Keineswegs hatte ich mich früher mit dem Leben, mit Gott oder mit Freunden stets verbunden gefühlt. Das Gefühl von Isoliertheit, von Einsamkeit war die meiste Zeit mein Problem gewesen. Aber ich konnte damit umgehen, damit fertig werden. Ich hatte meine beiden Kinder, ein paar Freunde und eine Arbeit, die ich mochte. Und oft wandte ich mich an Gott, obwohl ich mich von der Instanz, die ich »Gott« nenne, getrennt fühlte.

Shanes Tod verstärkte – erstmals an jenem Abend nach der Beerdigung, als ich in seinem Zimmer auf der Bettkante saß – meine Überzeugung, dass ich allein war wie noch nie in meinem Leben.

Das war keine schöne Aussicht.

Wenn wir uns umschauen und merken, dass alle gegangen sind, einschließlich der Menschen, die wir am meisten lieben, sind wir schnell davon überzeugt, allein zu sein. Es ist dann nur normal und natürlich, sich einsam und getrennt zu fühlen. Und diese Empfindung stellt sich auch sehr rasch ein, wenn wir sehen, wie alle anderen mit hohem Tempo voranschreiten, während wir über einen dunklen Pfad humpeln.

Außerdem fühlen wir uns nur allzu leicht allein, wenn Leute darauf warten, dass wir wieder so sind wie früher, wir aber tief im Herzen wissen, dass wir nie mehr dieser Mensch sein werden, und sie es schließlich satt haben, zu warten, und weggehen – oder von uns weggestoßen werden.

Schnell hat man das Gefühl von Verlassensein, von Abgetrenntheit, von Einsamkeit.

Ich hörte immer wieder Sätze wie: *Mensch, ich habe diesen Autounfall ohne eine einzige Schramme überlebt. Gott muss mich wohl lieben.* Oder: *Junge, Junge, hatte ich ein Glück. Ich bin davongekommen und hab mir noch nicht mal was gebrochen.* Dahinter verbirgt sich die Botschaft: *Ich habe überlebt. Ich habe geschafft, was ich wollte. Das heißt, dass Gott mich liebt.*

Ich dachte früher genauso. Jetzt aber war mir unklar, was ich davon halten sollte. Wenn die Glücklichen genau das bekamen, was sie wollten, was sagte dann dieser Verlust über mich und mein Leben aus? Wurde ich vielleicht bestraft für etwas, das ich getan hatte? Wurde ich nicht geliebt, ja war ich gar nicht liebenswert? Diese Fragen erschütterten mich wohl noch mehr als die Überzeugung, in dieser Welt allein und auf mich selbst gestellt zu sein.

Wenn es stimmt, dass die drei- und vierdimensionalen Realitäten, die wir sehen, unsere Auffassungen widerspiegeln, dann mochte ich das, was ich da im Spiegel meines Lebens sah, überhaupt nicht.

Es machte mich ängstlich, unfrei und verzweifelt. Ich wollte meine Einsamkeit durchbrechen, indem ich jemandem das Versprechen abnahm, immer für mich da zu sein und nicht mehr von meiner Seite zu weichen.

Aber das geschah nicht. Noch nicht. Die Lektion war anderer Art.

Ich sollte eine neue Art von Liebe kennen lernen.

Ich sollte mit einer Quantenrealität verbunden werden, einem multidimensionalen Universum, das sich mir zuwenden und mich berühren konnte, wo immer ich war und was immer ich durchmachte.

Ich sollte etwas erfahren über transpersonale Beziehungen, die frei sind von Besitzansprüchen, die uns gewisse Lektionen beibringen und sich dann wieder auflösen.

Ich sollte dem Klang der Wahrheit lauschen, damit ich in jeder Stimme, die ich hörte, die Stimme Gottes vernahm.

Ich sollte nicht nur meine Angst vor dem Tod verlieren, sondern auch meine Angst vor dem Leben heilen.

Geh über einen schmalen Grat! Fürchte dich nicht davor, nach unten zu schauen. Halte einen Regenbogen in der Hand. Seine Farben sind real und werden deine Seele heilen. Lass Musik und Geräusche in deine Zellen dringen, und ändere die DNS deiner Seele. Lass dir durch Sonnen-, Mond- und Sternenlicht neue Kraft geben.

Du bist ein Kind Gottes, das auf dem Planeten Erde lebt. Das ist die physische Dimension des Himmels, aber du kannst auch hier lernen, mit Lichtgeschwindigkeit zu reisen. Achte auf die Details. Du lernst nicht fliegen, indem du einzelne Schritte überspringst. Wenn du einen Menschen so sehr liebst, dass dir das Herz bricht, dann gelingt es dir jetzt, die Regeln zu brechen.

Du brauchst nicht bestraft zu werden. Hör auf, dich selbst zu quälen. Und die Botschaft, die ich am Ende vernahm, lautete: Dein Engel hat sich verspätet, aber jetzt ist er unterwegs.

Der Kampf war schon im Gange, bevor ich geboren wurde. Und er wird noch eine Weile andauern. Himmel und Hölle, Gut und Böse, Licht und Finsternis, Gott und Luzifer markieren die Gegensätze, von denen die Welt durchdrungen ist. Und dann ist da noch jenes mit dem Schwanz schlagende Ungeheuer, das die Wendungen und Umschwünge verursacht und nach deinen Knöcheln schnappt und dich sticht.

Einer meiner Freunde hat vielerlei Ängste. Er ist ein sehr sensibler Mann. Wenn er in einen Verkehrsstau kommt oder eine Rechnung noch nicht bezahlt hat, zittert er ein wenig, erzählt mir die Geschichte und sagt dann, es sei ein *Albtraum* gewesen.

»Nein«, erwidere ich ihm. »Es war kein Albtraum. Es war eine Unannehmlichkeit. Lerne, das richtige Wort zu benutzen für das, was du erlebst.«

Fast vier Jahre nach jenem Abend, als ich, übermannt von Kummer und Einsamkeit, auf Shanes Bettkante gesessen hatte, saß ich im Baseballstadion der New York Giants, mitten in der Stadt. Ich war umgeben von Tausenden von Menschen, die sich unter dem von Sternen erhellten New Yorker Nachthimmel versammelt hatten. Gerade war ich hinter der Bühne hervorgekommen, wo Elton John mich umarmt hatte. Er ist ein wunderbarer Mensch und ein Meister seines Fachs. Ich lauschte dem Konzert und spitzte in dem Moment die Ohren, als er mir und zwei anderen seiner Gäste liebenswürdigerweise einen Song widmete.

»Can You Feel the Love Tonight?«

Die Musik erfüllte die Luft und mein Herz.

Ich konnte wieder Liebe empfinden. Und sie fühlte sich gut an.

Zwei Wochen später fühlte ich immer noch die Liebe, sogar als ich eine Angestellte feuerte. Manchmal verlangt die Liebe, nein zu sagen. Und immer bedeutet sie, sich selbst zu lieben – selbst wenn man die schweren Dinge tun und sagen muss, die man lieber vermeiden würde. Auch diese sind Teil der Liebe zur eigenen Person und zu anderen Menschen.

Wie mein Wissenschaftlerfreund Norman sagte: »Manchmal dringen die Angreiferzellen und Parasiten ein, um unser Engagement für das Leben auf die Probe zu stellen.« Wir können aufgeben und uns fügen – oder dazu übergehen, unser Leben zu erforschen und den auf uns lastenden Druck in jene vitale Kraft zu verwandeln, die wir brauchen, um weiterzukommen.

Da ich nun in Kalifornien lebe, begegne ich vielen Heilern. Einige sind durchaus seriös. Manche sind für mich ungeeignet. Einer versprach zum Beispiel, er könne mein gebrochenes Herz, das ich mein ganzes Leben lang benutzt hatte, durch ein neues, geistiges und energiegeladenes Herz ersetzen. Sein Versprechen faszinierte mich zunächst. Ob er es wirklich einhalten konnte oder nicht – ich sagte nein. Dies war mein Herz. Es wies zwar zahlreiche Risse und ein paar verdammt große Löcher auf – aber, bei Gott, es war meines.

Auch das war eine Lektion und ein wichtiger Schritt.

Ich mochte mein Herz sehr und wollte es um jeden Preis behalten.

Der Tempel wurde neu errichtet.

Ich sagte, dass ich an die Liebe nicht mehr glaubte, dass ich meinen Glauben an Gott verloren hätte. Doch Gott lächelte nur freundlich und sagte: *Liebes Kind, weißt du nicht, dass es nur die Liebe gibt?*

Nach einer langen Zeit, nach vielen Jahren, erwiderte ich Ihm: *Nun, es gibt fast nur die Liebe. Aber was ist mit...*

Scht, sagte Er. *Trockne deine Tränen. Du hast viel Arbeit vor dir. Du bist noch nicht tot. Ich habe dich ins Leben zurückgeholt. Und selbst wenn du sterben würdest, gingen Leben und Arbeit dennoch weiter. Ich beschließe, wer auf diesem Planeten namens Erde lebt – und für wie lange. Wenn dein Herz weiterhin schlägt, sind deine Erfahrungen mit dem Leben und der Arbeit dort noch nicht beendet. Und denke daran: Du bist nicht allein.*

Solange ich lebe, werde ich Shane nie vergessen. Ich denke jeden Tag an ihn. Ich vermisse ihn, mit jedem Jahr ein bisschen mehr. Aber ich habe gelernt, mit dem Schmerz zu leben. Ich glaube, dass ich besser dran bin als die meisten. Mein gebrochenes Herz ist nahezu verheilt. Es ist fast so gut wie neu.

Ich dachte immer, Gott würde mir seine Liebe dadurch zeigen, dass Er meine Gebete sofort erhörte. Wenn ich etwas wollte und es gleich bekam, so war dies ein Zeichen des Himmels, dass Gott mich liebte. Jetzt denke ich anders, und meine Meinung unterscheidet sich vielleicht von der der meisten. Ich glaube, dass Gott Gebete beantwortet – aber eher die innigen Gebete meiner Seele als die bewussten Bitten meines Verstandes. Gott liebt mich genug, um mich all jene Lektionen durcharbeiten zu lassen, die ich hier lernen soll: auch – und besonders! – die schmerzlichsten.

Seine Gegenwart verleugnet mich nicht. Sie ist stets bereit, meinen Blick zu schärfen und mir begreiflich zu machen, welche Kenntnisse ich mir hier auf diesem Planeten aneignen soll. Wenn ich das Gefühl habe, dass ich im Stich gelassen wurde, wiederholt Er die Botschaft, die ich vor Jahren auf Shanes Bett vernahm: *Mach dir keine Sorgen, mein Kind. Selbst wenn du kein lächelndes Gesicht sehen kannst, bist du doch nicht allein. Meine Welt funktioniert nach anderen Gesetzmäßigkeiten.*

Vielleicht habe ich auch einfach nur Glück gehabt. Vielleicht sind wir ja alle in einer glücklichen Lage.

Jede Erfahrung, die wir machen, enthält zumindest eine Lektion. Während wir sie lernen, wissen wir nicht, worum es dabei eigentlich geht. Diese Lektionen sind eben nicht bloß mit dem Verstand, sondern vor allem mit

Herz und Seele zu begreifen. Sie müssen sich ganz allmählich einen Weg ins Licht bahnen. Wenn wir zurückschauen, sehen wir, dass jeder Moment nichts anderes war als das – ein Moment in Raum und Zeit.

Mein Freund Arnold ist bildender Künstler. Für mein Schlafzimmer schuf er einen Tintenfisch-Spiegel. Und er malte ein Bild mit einem schönen roten Kreuz, das, von einem bernsteinfarbenen Leuchten umgeben, vor einem graublauen Himmel über tiefgrünen Bergen prangt. Dieses Gemälde übt eine solche Kraft auf mich aus, dass es mein Herz öffnet und zu meiner Seele spricht. Arnold aber sagt, es sei eines der weniger intensiven Bilder, die er bisher geschaffen habe.

An dem Tag, als er es an meine Wand hängte, saßen wir auf der Treppe und redeten eine Weile. Arnold betreibt oft Yoga, um zu meditieren und seine Seele zu befreien. Wir sprachen über Schreiben, Malen und das Leben – und darüber, wie Menschen die Dinge sehen, wie sie sich der Welt nähern. Ich sagte, dass ich Dinge fühlen müsse. Wenn ich sie fühlte, könne ich sie auch erschaffen. Auf diese Weise würde ich mich mit Kunst, den Menschen und meiner Umgebung verbinden. Arnold dagegen meinte, er sei visuell veranlagt, er müsse sich erst ein Bild davon machen, wie etwas aussehen solle – egal, ob es sich dabei um ein Gemälde oder ein Buchregal handele. Erst dann könne er es realisieren. Er denkt in Bildern.

»Ich stelle mir immer Personen und Dinge vor. Das geistige Bild ist normalerweise sehr klar«, betonte er. »Nur *ein* Bild kann ich nicht erfassen, ja mir nicht einmal vorstellen – nämlich das von Gott. Es ist so…«

Er schluckte. Ich kenne Arnold seit langer Zeit, und dies war das erste Mal, dass ich ihn weinen sah.

»... Ich habe kein Bild von Ihm. Aber es ist das Wunderbarste, was ich je erlebt oder erschaut habe, wenn ich versuche, mir Gott vorzustellen.«

Empfinden Sie all Ihre Gefühle, auch Ihren Zweifel und Ihren Unglauben! Wettern Sie gegen das, was Sie gerade durchmachen, wenn Sie tatsächlich wütend sind. Sagen Sie, was Sie meinen. Seien Sie ehrlich. Halten Sie sich nicht zurück. Sonst verhindern Sie Ihre Entwicklung, Ihre innere Wandlung.

Wagen Sie dann jenen viel zitierten »Sprung des Glaubens«. Lassen Sie das Geländer los. Springen Sie ins Leere. Vertrauen Sie dem, was Sie erleben. Bitten Sie um jeden Beistand, den Sie brauchen. Versuchen Sie nicht, zu weit nach vorn zu schauen. Geben Sie jedem Augenblick die Möglichkeit, sich von selbst zu offenbaren. Sammeln Sie sämtliche Teile. Seien Sie ruhig verwirrt, wenn die Situation undurchschaubar, ungeklärt ist. Bemühen Sie sich nicht ständig, irgendwelche Lösungen zu finden. Befreien Sie sich von vorgefassten Meinungen, damit Ihnen die nächste Lektion neue Einsichten vermitteln kann.

Manchmal besteht die Lektion darin, sich zu erinnern, dass das Leben ewig, der Körper aber sterblich ist – und dass man getrost um die nötige Hilfe bitten darf.

Es gibt Zeiten, in denen wir uns durch die Umstände eingeengt fühlen. Wir können nichts dagegen tun, zumindest scheint es uns so. Nicht nur haben wir die Kontrolle verloren – ein Ende bahnt sich an. Vielleicht ist eine bestimmte Phase in einer Beziehung zum Abschluss gekommen. Die ersten Stadien der Annäherung und des Verliebtseins sind vorbei, und ein neuer Abschnitt hat begonnen. Oder ein wichtiger Wendepunkt in unserem Leben steht bevor. Alles, was wir wussten und zu besitzen glaubten, ist einfach verschwunden. Ob es sich nur um eine kleine Pause oder um eine größere Unterbrechung handelt – das Alte löst sich in Luft auf. Die Leute sagen uns, dass etwas Neues kommt. Aber es ist noch nicht da. Uns bleibt nur, die Leere wahrzunehmen und zu erfahren. »Als ich so eine Durststrecke durchmachen musste«, sagt eine Frau, »erzählte mir eine meiner Lehrerinnen, sie hätte Folgendes gehört: ›Jedes Mal, wenn eine Tür zugeht, öffnet sich irgendwo eine andere. Aber diese Korridore sind scheußlich!‹«

Klammern Sie sich nicht mehr an bestimmte Ergebnisse, sondern achten Sie auf den Gang der Ereignisse. Es mag an der Zeit sein, sich dem Fließen der Dinge hinzugeben. Vielleicht ist dies der Moment, sich des eigenen Wissens bewusst zu werden. Indem wir die Kontrollmechanismen aufgeben, bekunden wir die Träume unseres Herzens und unserer Seele in Übereinstimmung mit dem »idealen« Plan für unser Leben. Überlassen Sie also die Kontrolle der höchsten Weisheit und Autorität Gottes – und dem Göttlichen in Ihrer Seele.

Treten Sie beherzt in die Leere ein. Lernen Sie zu sagen: *Ich weiß es nicht.*

Ob Sie nur kurzzeitig im Zustand der Leere sind und dabei die nächsten Schritte ins Auge fassen oder ob Sie durch einen Schicksalsschlag von der Klippe gestoßen werden – empfinden Sie Ihre Angst, Ihre Panik. Bringen Sie sich dann bei, jegliche Kontrolle zu unterlassen.

Das ist kein blinder, sondern ein reiner Glaube, der es Gott und Ihrem Geist erlaubt, Sie überall dorthin zu führen, wo Ihre Seele gerne sein möchte beziehungsweise sein muss.

Im nächsten Kapitel beschäftigen wir uns mit der Frage, wie wir eine bestimmte Art von Widerstandslosigkeit einüben können. Wir werden lernen, die Leere nicht nur zu *ertragen*, sondern diesen manchmal dunklen, erschreckenden und ungewissen leeren Raum zu schätzen und sogar nach ihm zu suchen, eben weil wir begreifen, dass er der magische Ort ist, aus dem alle Schöpfung hervorgeht.

Übungen

Schaffen Sie Ihre eigene »Light-Show«. Ein Freund vertraute mir einmal an, er inszeniere in einer Datei seines Computers eine ganz besondere »Light-Show«. Nein, keine Multimedia-Präsentation, sondern eine Liste mit all jenen Situationen, in denen er seinen Weg durch Erleuchtung, durch geistige Führung gefunden hat; mit all jenen Augenblicken, da er sich einsam gefühlt und plötzlich gemerkt hat, dass der Lebensprozess selbst ihm die weiteren Schritte vorgab; mit all den glücklichen Ereignissen, die im Laufe der Zeit eingetreten sind. So besaß er im Grunde ein Verzeichnis all jener Momente, in denen er die göttliche Liebe erfahren und erkannt hat, dass er – ungeachtet der jeweiligen Stimmungen – dem Lebensprozess vertrauen konnte, weil er ihn stets sicher zur nächsten Station führte.

Fangen Sie also an, Ihre eigene »Light-Show« zu kreieren. Was immer Ihre religiöse Überzeugung ist – halten Sie einmal genau jene Momente fest, in denen Sie Gottes Hand in Ihrem Leben spürten: durch die Stimme eines Freundes, durch Ihre Intuition oder durch das Geflüster Ihres Schutzengels. Nehmen Sie auch jene Lektionen in die Liste auf, die Sie infolge unangenehmer Erfahrungen lernten, und notieren Sie, wie gerade die Bejahung und die bewusste Empfindung des Schmerzes in einen anderen Zustand, zu einem völligen Neubeginn führte. Zählen Sie in Ihrer »Light-Show« alles auf, was Ihnen das Vertrauen gibt, dass Sie nicht allein sind, was Ihnen deutlich macht, dass Sie auf Ihrem Heimweg geleitet werden. Ergänzen Sie diese Aufstellung immer wieder. Vielleicht wollen Sie als Zeichen Ihres Glaubens sogar Ereignisse in Ihre Liste aufnehmen, die Ihnen noch gar nicht ganz einsichtig sind. Sie können Ihren »Katalog« ja nachträglich auf den neuesten Stand bringen, indem Sie hinzufügen, wie die betreffenden Situationen ausgegangen sind. Zunächst einmal zeigt die Berücksichtigung solcher Ereignisse, dass Sie bereit sind, sie als außergewöhnliche, heilige Erfahrungen in Ihrem Leben zu betrachten, dass Sie gewillt sind, auf dem Wasser zu wandeln und zu glauben: Alles ist gut, heute und in Zukunft. Möglicherweise möchten Sie auch bestimmte Passagen aus der Bibel oder den heiligen Schriften Ihrer Religion oder auch irgendwelche Sprichwörter, die Ihrem Glauben förderlich sind, in Ihre »Light-Show« integrieren. Wenn Sie das nächste Mal eine Durststrecke zurücklegen müssen, lesen Sie Ihre Aufzeichnungen durch, um sich daran zu erinnern, dass Sie niemals allein sind, obwohl Sie vielleicht keinerlei Gesichter sehen können.

Begegnen Sie Ihrem Engel! Schreiben Sie ins Tagebuch über Ihre Gefühle, allein oder isoliert zu sein oder nicht geliebt zu werden – von Menschen und von Gott. Halten Sie fest, inwieweit Sie nicht in der Weise geliebt werden, wie Sie es sich wünschen. Berichten Sie über Ihre Ängste,

Zornesausbrüche, Augenblicke tiefer Einsamkeit. Schreiben Sie dann einen Brief an Gott oder an Ihren Schutzengel. Sagen Sie, was immer Sie sagen möchten und müssen – was Sie gerade durchmachen, was Sie brauchen und wollen. Mit einem Brief und dank der Macht der Sprache aktivieren Sie die Beziehung zum göttlichen Wesen. Wenn Sie an Ihren Engel schreiben, bitten Sie ihn, er möge sich Ihnen zeigen und Sie seine Gegenwart spüren lassen. Verfahren Sie genauso, wenn Sie einen Brief an Gott richten. Machen Sie sich keine Sorgen, ob Sie den richtigen Ton treffen oder welche Botschaft Sie loswerden müssen. Der »Sprung des Glaubens«, der in diesem Brief zum Ausdruck kommt, kann äußerst weit reichende Konsequenzen haben und wird Ihnen das Gefühl geben, dass die Beziehung realer ist, als Sie dachten. Sobald Sie den Brief beendet haben, möchten Sie ihn vielleicht in einen Umschlag stecken, diesen dann zukleben und an einem sicheren Ort verwahren. Ein Bekannter von mir legte den Brief an seinen Schutzengel unters Kopfkissen und bat ihn, sich in den Träumen zu zeigen. Ich persönlich schreibe meine Briefe an Gott gerne auf dem Computer. Finden auch Sie eine Möglichkeit, das Eis zu brechen, und lassen Sie Ihr Bewusstsein abermals erkennen, was Ihre Seele bereits weiß – dass die Hilfe schon unterwegs ist, bevor wir sie überhaupt erbitten.

MANTRAS

Wenn ich mir bewusst werde, dass mir liebevolle Unterstützung fehlt, vertraue ich den Zielen, die Gott mir gesetzt hat.

Wenn ich meinen Glauben an das Leben wieder finde, überwinde ich die Isolation, und ich brauche mich nicht mehr für das Überleben zu entscheiden.

Wenn ich meine Niedergeschlagenheit akzeptiere, fasse ich den Mut, die einzelnen Teile des Lebens und der Liebe miteinander zu verbinden.

Ich werde von Gott geliebt.

Wenn ich bereit bin zu erkennen, wann und wo ich meine Energien bündeln muss, verwandelt sich mein Verlassensein in die Einheit mit der Lebensenergie.

Wenn ich beschließe, mein Herz zu heilen, erwacht das Vertrauen, die Zukunft zu bejahen.

Wenn ich mein gebrochenes Herz wieder erwecke, bringe ich im Glauben an Gott zugleich meine Liebe zum Ausdruck.

Wenn ich zugebe, von den geliebten Menschen getrennt zu sein, beginne ich, meinem eigenen Leben zu vertrauen.

Gott liebt mich.

Wenn ich meinen Kummer bewusst wahrnehme, wird mir von außen Mitgefühl zuteil.

Wenn ich mich der Liebe öffne, bin ich verwundbar und vertraue auf Gott.

Meine Seele kann in Frieden leben.

Ich beschließe, mich selbst zu lieben.

Ich bin eins mit Gott, und er kennt meinen Schmerz.

EMPFOHLENE HEILMITTEL

7. Heilmittel: Geistige Führung
   Siehe S. 310

5. Kapitel

Glaub nicht dem, was deine Augen sagen.
Sie zeigen nur einen begrenzten Ausschnitt.
Schau lieber mit deinem Verstand,
und finde heraus, was du bereits weißt –
dann erkennst du, wie man fliegt.

RICHARD BACH, *Die Möwe Jonathan*

Besinnen Sie sich darauf,
dass Sie ins Leere springen müssen

Ich möchte gerne über alles Bescheid wissen. Und zwar mit meinem Verstand, meinem Kopf. Aus irgendeinem Grund habe ich ständig mit der Illusion zu kämpfen, dass ich in Sicherheit sei, wenn ich nur genau wüßte, was wann geschehen wird.

Mein heutiges Leben aber basiert auf einer ganz anderen Einstellung – und so funktioniert es besser. Es ist aufregender. Es macht Spaß. Es ist voller Energie. Ich bin dauernd damit beschäftigt, das eine oder andere Rätsel zu lösen – in Bezug auf meine Lektionen, meine nächsten Schritte und die Botschaften, die mir dieses großartige Universum in der nächsten »Light-Show« enthüllen wird.

Manchmal habe ich eine Ahnung davon, was auf mich zukommt. Aber nicht immer geschieht alles wie erwartet. Denn selbst wenn ich mir die Zukunft genau vorstellen kann, denke ich doch nur in ein oder zwei Dimensionen – rein kausal im Kontext meines Verstandes. Diesem Gedankenbild fehlt die Tiefe, denn es bleibt kein Raum für Intuition, Emotion, geistige Führung – und für die große Überraschung der »Light-Show«, die durch eine Reihe konkreter Umstände vorbereitet wird und die letztlich meine neue Lektion einschließt. Was ich mir ausmale, ist der starre Rahmen eines Ereignisses im laufenden Film des Lebens. Diese Einbildung ist notwendigerweise beschränkt.

Bestenfalls handelt es sich dabei um eine Art Voraufführung.

Außerdem beinhaltet meine Vorstellung gewöhnlich nicht das, was ich als erstes tun muss – nämlich ins Leere springen, die Kontrollmechanismen aufgeben, die jeweilige Erfahrung bewusst durchleben, meine Gefühle empfinden und dabei meine Seele sowie meinen geistigen Weg entdecken.

Alte Gewohnheiten sterben nur langsam, sagt man.

Eindimensional zu denken und ein eindimensionales Leben zu erhoffen und zu ersehnen, das mir ohne aktive Beteiligung meinerseits etwas schenkt, ist unrealistisch – ein frommer Wunsch.

Schaffen Sie also Platz in Ihrem Geist, in Ihrem Körper, in Ihren Gefühlen, in Ihrer Seele – in Ihrem Herzen – für all die Wendungen und Umschwünge des Lebens, für all die tiefen Regungen, die es hervorruft, für all die Botschaften, die Ihnen durch Intuition und Körperbewusstsein zuteil werden, für all die Lektionen, die Sie lernen, für die Entwicklung, die Sie bewältigen, für die Arbeit, die Sie vollenden, für die Menschen, die Sie berühren, und für die Art und Weise, wie Sie von ihnen berührt werden. Schaffen Sie Platz für Überraschungen.

Schaffen Sie Platz für die Wunder der Multidimensionalität.

Schaffen Sie Platz für das Wunderbare schlechthin.

»Am Anfang schuf Gott Himmel und Erde. Und die Erde war wüst und leer, und es war finster auf der Tiefe; und der Geist Gottes schwebte auf dem Wasser. Und Gott sprach: Es werde Licht! Und es ward Licht.«

Der Pfarrer trug diesen ersten Abschnitt aus der biblischen Schöpfungsgeschichte vor. Er redete über den Anfang der Schöpfung und über die Achtung gegenüber der Leere – jenem dunklen, geheimnisvollen und manchmal so furchtbar beängstigenden Nichts, aus dem alle Schöpfung hervorgeht.

Es ist der Ort in unserem Leben, wo das, woran wir hingen, woran wir uns einem angenehmen Leben zuliebe klammerten, plötzlich wegfällt. Es ist der Ort in unserem Innern, wo wir loslassen, was wir wissen, was wir zu wissen glauben, was wir wollen – und wo wir uns dem Unbekannten ausliefern.

Es ist der Ort, wo wir sagen (und es auch meinen): *Ich weiß nicht.*

Das bedeutet, dass wir eine Zeit lang mit leeren Händen dastehen und manchmal zuschauen, wie all das, was wir uns wünschten, verschwindet: unser Selbstbild, unsere Definitionen, wie wir unserer Meinung nach sein sollten, die Klone, die wir von uns selbst erzeugten, die Menschen, deren Gesellschaft uns unerlässlich erschien, die Dinge, die wir unbedingt sammeln und um uns haben wollten, die Arbeit, die wir sicher zu haben glaubten, der Ort, an dem wir uns für immer leben sahen.

»Ich bin in dieser Leere«, sagt eine Frau. »Mein ganzes Leben ändert sich. Ich kann nur eines sagen: Ich weiß nicht. Ich weiß nicht, was als nächstes kommt. Ich weiß noch nicht einmal, welche Dinge heute erledigt werden müssen.

Es ist ein intensiver Zustand, der mir zugleich ungeheure Qualen bereitet. Ich will mit jemandem schlafen. Ich will etwas tun, um den Schmerz zu unterbinden. Mich aufputschen. Sex haben. Jemanden missbrauchen. Aber ich bemühe mich wirklich, auf meinem geistigen Weg zu bleiben. Also sitze ich nur da und leide, Tag für Tag. Ich kann noch nicht einmal an etwas glauben, weil ich bis jetzt keinerlei Glauben habe.

Es ist ein Zustand blinden Glaubens.

Es ist wirklich ein unangenehmer Zustand. Das einzige, was hilft, ist die Einsicht, dass auch dies vorübergehen wird. Das Problem ist nur, dass es nicht schnell genug vorübergeht. Jeden Morgen wachst du auf und weißt nicht, wie du dich fühlen wirst. An manchen Tagen wachst du auf und fühlst dich großartig, an anderen Tagen wachst du auf und bist verzweifelt. An so einem Punkt weißt du einfach nie, was los ist.

Ich versuche inständig, nicht negativ zu denken, keine Katastrophen heraufzubeschwören und keine negative Energie auszusenden. Ich bin mir nicht sicher, wie viel Macht meine Gedanken haben, aber eines ist klar: Negative Energien und Projektionen können mein Leben ruinieren. Ich mache schreckliche Erfahrungen durch, gräme mich ihretwegen, tue so, als seien sie real. Dabei ist das alles noch gar nicht passiert, außer in meinem Kopf. Es ist sehr schwer, Hoffnung zu schöpfen. Doch gerade das ist ungeheuer wichtig.

Das Leben ist im Grunde einfach – wenn ich es geschehen lasse.

Am Anfang war es schwieriger. Damals fühlte ich wirklich die Leere. Alles war mir weggenommen worden. Das Telefon. Alkohol. Drogen. Sex. Alles, was die Leere ausfüllte, war verschwunden. Ich war auf mich allein gestellt, eine wunde Haut. Ich sehnte mich nach jeder Art von Aufputschmittel, um mich besser zu fühlen. Ich wollte zum Telefon gehen und irgendjemanden anrufen, der mir sagen sollte, dass er mich liebt.

Stattdessen sagte ich mir: Nein. Bitte niemanden darum, dir zu sagen, dass er dich liebt. Das ist es nicht, wonach du suchst. Es wird diese Leere nicht ausfüllen.

Sag dir selbst, wie sehr du dich liebst.

Du bist wie rohes Fleisch, das nur daliegt. Du bist so verletzlich. Du weißt einfach nicht weiter. Du gleichst einem Pony, das gehen lernt.

Es ist der Anfang eines neuen Lebens.«

Die Frau beschreibt hier jene Phase, in der sie sich von ihren Suchtkrankheiten befreite. Ihre Geschichte könnte in vielerlei Hinsicht die meine sein: Auch ich unterzog mich einer Entziehungskur und änderte mein Leben. Ich ließ mich von meinem Mann scheiden und schlug einen anderen Weg ein. Mein Sohn starb, und meine Welt verwandelte sich. Immer wieder musste ich von vorn beginnen. Es geht um jene Leere, in der wir uns plötzlich wieder finden, um jenen formlosen Ort, wo alle Formen entworfen und geboren werden.

Besinnen Sie sich darauf, dass Sie ins Leere springen müssen.

Wenn Sie es nicht tun, werden Sie vielleicht dazu gezwungen.

Empfinden Sie den Schrecken vor der gähnenden Leere und geben Sie sich ihm hin. Fühlen und bejahen Sie die Panik, sobald Sie schwanken zwischen dem Glauben, alles zu wissen, und der Erkenntnis, nicht die geringste Ahnung zu haben.

Wenn es Ihnen zunächst schwer fällt, in die Lüfte emporzufliegen, so entspannen Sie Körper und Geist und lassen sich treiben. Auf diese Weise entdecken Sie Ihre Flügel.

Eines Tages kam ein Mann in die Buchhandlung. Er hatte viele Fragen. Er suchte nach einem Buch, wusste aber nicht genau, nach welchem. Dann fing er an, mir seine Geschichte zu erzählen. Ich kannte sie, weil sie auch die meine war. Er sagte, dass er an einem Wendepunkt angelangt sei. Er wisse nicht mehr, was er wirklich wisse.

»In meinem Leben geschehen jetzt ganz andere Dinge als früher. Es ist, als würde das Universum in all seinen Formen und Gestalten zu mir sprechen. Ich sehe einen Vogel, eine Krähe, einen Raben, und ich weiß, dass sie mir eine Botschaft übermitteln wollen. Ich begreife allmählich, was Synchronizität (Gleichzeitigkeit) bedeutet und wie sehr ich mit der Welt ringsum verbunden bin. Ich fange an, meiner Intuition zu folgen, aber sie unterscheidet sich grundlegend von meiner bisherigen Denkweise. Ich bin verwirrt. Ich weiß nicht, was los ist. Ich will mehr darüber erfahren.«

Ich erinnerte mich, was mir meine Aikido-Lehrerin gesagt hatte, und wiederholte es an dieser Stelle.

»Sie werden mehr darüber erfahren. Aber die Lektion, die Sie gerade lernen, findet nicht in Ihrem Kopf statt. Bücher werden Ihnen zwar helfen, die einzelnen Teile zusammenzusetzen, aber wahres Verstehen ergibt sich auf andere Weise. Seien Sie unbesorgt. Sie werden schon merken, wann Sie es richtig machen.«

Ich half ihm, einige Bücher zu finden, die er meiner Meinung nach brauchte und vielleicht mochte. Ich sagte ihm, dass alles gut würde, dass aber während seines weiteren Entwicklungsprozesses selbst das Wort *gut* eine neue Bedeutung bekommen würde.

»Sie werden stets dorthin geführt, wo Sie sein müssen«, sagte ich. Ihnen wird all das beigebracht, was Sie lernen müssen. Sie werden Ihren geistigen Weg finden – den, der für Sie richtig ist. Achten Sie auf die Details. Haben Sie keine Angst, mit Fragen zu leben, die bisher unbeantwortet blieben. Denn dann stellen Sie genau jene Fragen, die das Universum für Sie zu beantworten sucht.«

Seien Sie bereit, ruhig und gelassen in der Leere zu stehen.

Wenn ich unbedingt wissen muss, was als nächstes geschehen und wie alles ausgehen wird, dann meistens nicht deshalb, weil ich meinen nächsten Schritt verstehen möchte, sondern weil ich Angst habe, Ergebnisse gerne kontrollieren würde und eine rein intellektuelle Betrachtungsweise bevorzuge. Dabei sehe ich nur ein begrenztes, eindimensionales Bild – das Abziehbild des Lebens, das ich selbst entworfen habe und das mir aufgrund von Selbstsuggestion unabdingbar erscheint.

Jedes Mal, wenn etwas anders läuft als geplant, wenn ich blind durch die Gegend tappe, wenn ich unfähig bin, meine Probleme mit verstandesmäßigen Mitteln zu lösen, werde ich tiefer in mein Seelenleben und in die Erfahrungswelt gestoßen, an der ich unmittelbar beteiligt bin. Wenn ich nicht tun kann, was ich zu tun gedachte, und nicht weiß, was als nächstes ansteht, so erfahre ich das, was ich über das Leben wirklich wissen muss, von meiner Seele.

Ins Leere zu springen ist ein enormes Unterfangen. Dazu bedarf es des Glaubens.

Auf der bereits erwähnten Reise, die ich 1997 in den Nahen Osten unternahm, kam alles anders, als ich dachte. Ich landete immer wieder an Orten, die ich gar nicht besuchen wollte. Und dort fühlte ich mich dann isoliert und allein. Zum Beispiel verbrachte ich viel Zeit in Israel. Eines Abends saß ich im Restaurant und aß Fisch und Käse. Eine Frau näherte sich meinem Tisch und zeigte auf den leeren Stuhl mir gegenüber. Offenbar wollte sie mir Gesellschaft leisten. Ich nickte. Wir aßen miteinander. Sie sprach kein Englisch, ich kein Hebräisch. Doch wir genossen unser Beisammensein. Das war der engste Kontakt, den ich auf der ganzen Reise mit einem Menschen hatte.

Eine Zeit lang fragte ich mich, ob ich etwas verkehrt machte und ob ich tatsächlich dort war, wo ich sein musste. Auf meinen Reisen lernte ich gewöhnlich Leute kennen, begegnete ich Seelengefährten, die mir halfen, meine Lektionen zu lernen und zu dem jeweiligen Land eine Beziehung herzustellen. Dieses Mal war niemand da. Ich hatte mich mit keiner Seele verbunden.

Es dauerte eine Weile, bis ich verstand, dass ich mich auf dieser Reise sehr wohl mit jemandem verbunden hatte. In meiner Einsamkeit war ich mit mir selbst in Berührung gekommen.

Genau da liegt das Problem. Wir sagen, dass wir etwas Bestimmtes wollen – wir wollen irgendwohin gehen, neue Einsichten gewinnen, uns weiterentwickeln: Wir wollen, dass uns alles erdenklich Gute zuteil wird. Es soll uns wie ein Geschenk überreicht werden, wie eine Gabe von außerhalb unserer selbst. Wir denken eindimensional, so als würde dieses Ereignis tatsächlich stattfinden, uns glücklich machen und ausfüllen, während wir nur dasitzen und uns nie mehr von der Stelle rühren. Keine weiteren Lektionen! Und keine Gefühle mehr, zumal wenn sie unangenehm sind.

Aber so funktioniert das Leben nicht, zumindest nicht das meine.

Es besteht aus einer zusammenhängenden Reihe von Lektionen, die mit jeder weiteren Stufe schwieriger werden. Menschen tauchen auf, um mir beim Lernen behilflich zu sein, und sie verschwinden, sobald die betreffenden Lektionen abgehakt sind. Diese vergesse ich dann nicht mehr. Ich muss sie in mich aufnehmen und benutzen, derweil ich mir neue Grundsätze und Techniken aneigne.

Die Geschenke, die wir suchen, werden uns nicht von fernen äußeren Kräften übermittelt. Wir sind mit dem Universum verbunden. Außerdem gibt es ein vollständiges Universum in jedem von uns. Um eine äußere Situation zu korrigieren, müssen wir dieses innere Universum heilen, ändern und mit ihm in Einklang kommen. Und um diesen Zustand der Harmonie zu erreichen, müssen wir gewöhnlich tief in unser Gefühlsleben hinabsteigen.

Die Reise, die außerhalb unserer selbst stattfindet – mit all ihren Wendungen, Umschwüngen, Berg- und Talfahrten –, ist im Grunde eine Reise, die wir im Innern unternehmen, um zu unserem eigentlichen Ziel zu gelangen. Sie klärt unsere Vergangenheit, ändert unsere beschränkten Überzeugungen, heilt unsere alten Gefühle und verbindet uns mit Herz und Seele.

»Was ist, wenn es gar kein Ende gibt?«, fragt eine Frau. »Was, wenn mein Schmerz, meine Einsamkeit und all meine düsteren Gefühle überhaupt kein Ende nehmen?«

Einige Leute kurieren ihre Angst mit Antidepressiva. Andere benutzen Johanniskraut, um ins Gleichgewicht zu kommen und Erleichterung zu verspüren. Auch ich habe mich manchmal schon gefragt, ob eine bestimmte Energie zu Ende geht, ein bohrender Schmerz aufhört, die Dunkelheit sich in Licht verwandelt und das Unbekannte einsichtig wird.

Bis jetzt ist das immer geschehen. Ich pflichte jener Frau bei, die weiter oben über die Leere sprach. Auch dies wird vorübergehen. Aber meistens dauert es länger, als mir lieb ist.

Es ist gut, die Leere zu achten, zu kultivieren und zu bejahen. Sobald mein Widerstand nachlässt, klingt allmählich auch der Schmerz ab. Plötzlich ist die Leere verschwunden. Ich merke, dass ich alles Nötige weiß, alle wichtigen Schritte unternehme und genau das lerne und verstehe, worum ich mich die ganze Zeit bemüht habe. Diesem Nichtwiderstand wohnt eine magische Kraft inne. Er beseitigt den Schmerz.

Um dorthin zu kommen, wo wir gerne sein möchten, wo unsere Seele hinwill, müssen wir manchmal eine neue Richtung einschlagen. Der Weg, den wir bisher gingen, führt uns nicht weiter; wir müssen einen anderen wählen. Das bedeutet, dass wir nicht mehr klar sehen, was vor uns liegt, denn unser Kurs hat sich gerade grundlegend geändert. Dann wieder bleiben wir auf unserem Weg, erreichen aber eine neue Stufe. Wir beenden die Lektionen der Vergangenheit, und es wird Zeit, einen Schritt nach vorn zu machen. Auch in diesem Fall ist unser Blickfeld begrenzt, eben weil wir Neuland betreten haben.

Sobald wir die Richtung ändern oder eine neue Stufe erklimmen, müssen wir oft Abschied nehmen von Menschen und Orten, die mit unserem früheren Leben verbunden waren. Wir brauchen diese Seelengefährten und -gefährtinnen nicht länger; die Lektionen mit ihnen sind abgeschlossen. Gewöhnlich spüren wir, wann wir unseren Kurs ändern sollten. Die Energie sinkt auf den Nullpunkt. Das Leben setzt uns schwer zu, verlangt unsere Aufmerksamkeit. Wir finden nicht die erforderlichen Antworten. Wir haben das immer drängendere Gefühl, nicht weiterzukommen, ja in der Falle zu sitzen.

Das ist für uns das Signal, dass etwas geschehen muss.

Wenn das Universum und die Welt in uns miteinander harmonieren und wir auf dem richtigen geistigen Weg sind, werden Schicksal und Sinn sich von selbst offenbaren.

Sie brauchen nicht so krampfhaft danach zu suchen. Wenn Sie sich darauf konzentrieren, klarsichtig und ausgeglichen zu bleiben und von innen heraus zu leben, ergibt sich der vorgezeichnete, von Glück gesäumte Weg ganz spontan.

Sie werden dorthin geführt, wo Sie sein müssen.

Manche Augenblicke sind angenehmer als andere. Jeder von ihnen ist eben nicht mehr als ein Augenblick in der Zeit. Nehmen Sie einen jeden bewusst wahr.

Einige meiner weit reichendsten Projekte entstanden aus einer kleinen Idee, für die ich mich leidenschaftlich einsetzte. Als ich mich mit ihnen beschäftigte, hatte ich keine Ahnung, was am Ende herauskommen würde. Die

Zukunft war mir unbekannt. Ich tat nur, was mir die Stimme des Herzens befahl.

Einige meiner größten Misserfolge resultierten daraus, dass ich zu wissen glaubte, was geschehen würde, und die Kräfte des Schicksals zu kontrollieren versuchte. Sobald ich Liebe, Ruhm oder Reichtum bewusst erstrebte, entzogen sie sich mir. Das Leben verwies mich immer wieder auf meine Innenwelt.

Wenn ich in Sorge bin und verzweifelt herausfinden möchte, was die Zukunft bringen wird, so kaschiere ich damit nur die Tatsache, dass ich mich vor dem Leben fürchte und meine, es gebe darin keinen Platz mehr für mich. Dann will ich äußere Dinge ändern, um mein Herz nicht zu fühlen, und die Vergangenheit festhalten, um der Leere auszuweichen. Doch jedes Mal, wenn ich mir gestatte, in die Leere einzutreten, beschert mir die Zukunft etwas, woran ich nicht im Traum gedacht hätte. Denn bis ich am nächsten Punkt angelangt bin, habe ich mich bereits verändert. Die Welt sieht anders aus. Sie unterscheidet sich von meiner jetzigen, und auch meine Person hat eine Wandlung durchgemacht. Diese inneren Veränderungen beeinflussen meine Einstellung zum gesamten äußeren Geschehen.

Wir können nicht so weit nach vorn schauen. Die Lektion ist ganz und gar gegenwärtig in unserem momentanen Zustand, in unserem augenblicklichen Entwicklungsstadium.

Die Furcht ist nur ein Gefühl. Wie alle anderen Gefühle kann sie geheilt und überwunden werden.

»Ich lerne gerade, nicht mehr alles als Katastrophe zu bezeichnen und vor dem Leben keine so große Angst mehr zu haben«, sagt mein Freund, für den Verkehrs-

staus oder Probleme mit Rechnungen Albträume sind.
»Die Wahrheit ist die: Wenn etwas wirklich Schreckli-
ches passiert – wie zum Beispiel dieser Hausbrand, durch
den ich meine ganze Habe verlor, weil ich nicht versichert
war –, so setze ich mich der Erfahrung einfach aus. Ich
hatte keine Angst. Im Gegenteil: Ich fühlte mich stark.
Ich wusste genau, was jeweils zu tun war. Dagegen habe
ich die Kraft und die geistige Unterstützung einfach
nicht, wenn ich die Albträume durchstehen muss, die ich
mir ausmale. Aber im Grunde handelt es sich ja gar nicht
um echte Albträume, sondern um bloße Unannehmlichkeiten, um kleine Dramen, die ich selbst heraufbe-
schwöre.«

Eines Abends schlenderte ich mit meinem Freund Kyle
durch die Universal-Studio-Passage. Wir hatten uns Jack
Nicholsons Film *As Good as It Gets* (Besser geht's nicht)
angeschaut, ein wenig Popcorn gegessen und etwas Limonade getrunken. Nun war ich bereit, nach Hause zu
gehen.

Doch Kyle deutete auf ein Schaufenster. »Lass und da
mal reingehen«, sagte er. »Lass uns eine Fahrt machen.«

Es handelte sich um einen so genannten »E-Magina-
tor«. Normalerweise reizen mich solche Fahrten nicht.
Man setzt sich in einen Sessel in einem Kinosaal, und auf
die große Leinwand wird eine »Light-Show« projiziert.

Das hat überhaupt keinen Sinn, dachte ich. *Es ist unter meiner Würde. Ich bin zu erfahren, um mich derartigen Vergnügungen hinzugeben.*

Die Sessel, in denen wir saßen, bewegten sich langsam
ein paar Zentimeter nach rechts, nach vorn, nach links
und nach hinten. Die eigentliche Fahrt ereignete sich in
den Bildern auf der Leinwand. Zunächst ließ mich das

Ganze kalt. Ich wusste, dass ich in einem Sessel saß, der vor und zurück wippte, und dass ich einen Film sah, der eine Fahrt durch den Sturm zeigte. Dann aber, ich weiß nicht mehr, wann, geschah etwas mit mir.

Plötzlich hatte ich das Gefühl, eine Fahrt zu unternehmen, an Fassaden in die Höhe zu schnellen, in Abwasserkanäle hinabzuschießen, Hindernissen auszuweichen und durch die Luft zu wirbeln. Ich umfasste die Sessellehne, hielt den Atem an, hob die Hände und gab erst ein Kichern, dann einen Schrei von mir.

Als die Fahrt zu Ende ging, hatte ich meine Meinung geändert. Das war eine aufregende Erfahrung gewesen. Und offenbar hatte sich alles in meinem Kopf abgespielt.

Klammern Sie sich nicht mehr an das Geländer der Eindimensionalität und die daraus resultierende Illusion von Sicherheit. Sie werden ohnehin ins Leben geworfen – mit all seinen Dimensionen, seinen Wendungen und Umschwüngen. Lassen Sie los. Geben Sie sich hin. Machen Sie die Fahrt Ihres Lebens!

Jeden Tag.

Wenn Sie sich Ihre Zukunft vorstellen – was durchaus empfehlenswert ist –, sollten Sie in Ihrer Phantasie Platz lassen für die Multidimensionalität. Entwerfen Sie keine Abziehbilder mehr von sich und vom Leben. Sehen Sie die Dinge in sämtlichen fünf Dimensionen.

Gehen Sie dann ein Risiko ein. Springen Sie ins Leere. Sagen Sie in aller Aufrichtigkeit: *Ich weiß nicht.*

Vergessen Sie Ihr Scheinwissen und Ihre engstirnigen Planungen hinsichtlich künftiger Ereignisse. Seien Sie offen für das, was geschieht, liefern Sie sich der jeweiligen Erfahrung ganz aus, und erleben Sie durch diese Fahrt eine geistige Wandlung.

Sie können Gott vertrauen. Er hat Sie nicht aufgegeben. Außerdem besteht der Zweck der Fahrt darin, dass
Sie lernen, an sich selbst zu glauben und zugleich Spaß zu
haben. Schaffen Sie in Ihrem Leben Platz für Wunder, indem Sie das Alte abhaken und jenen Raum willkommen
heißen, den wir hier als Leere bezeichnen.

Vielleicht sterben alte Gewohnheiten tatsächlich nur
langsam. Wir können sie aber einfach verschwinden
lassen.

Auf einer Reise nach New Orleans ging ich in einen
Kuriositätenladen. Eine kleine Kristallkugel fesselte mich
besonders. *Wie gut*, dachte ich. *Die nehm ich. Möglicherweise hilft sie mir, in die nahe Zukunft zu schauen.*
Ich kaufte sie und nahm sie mit nach Hause. Als ich die
Kugel auspackte und näher betrachtete, sah ich, dass sie
doch nicht aus Kristall war. Was ich erworben hatte, um
klarer nach vorn blicken zu können, bestand eigentlich
aus Spiegelglas.

Versuchen Sie also nicht mehr, so angestrengt in die
Zukunft zu blicken. Wir müssen im Grunde nur eines erkennen – nämlich wer und wo wir in diesem Moment
sind.

Als ich durch das French Quarter von Los Angeles
wanderte, fand ich mich plötzlich in einem Geschäft wieder, das in diesem Teil der Welt die »Schaltzentrale« der
inzwischen verstorbenen Voodoo-Königin Maria De-
Veaux gewesen war. Ich wühlte mich durch all den aus-
gestellten Tand – Münzen, Medaillons, Katzenklauen
und andere Objekte, die den Fluch und die bösen Absichten der anderen abwehren sollten.

Ich kaufte einen Füller und ein oder zwei Medaillons,
um sie bei mir zu Hause aufs Regal zu legen. Nur allzu

leicht verstricken wir uns in die Flüche, Zaubersprüche, Schmerzen, Kontrollmechanismen und manchmal auch in die Schwarze Magie, die andere Menschen in unseren Lebensteppich weben – von den Ansichten der Familienmitglieder bis zu den alten, in unserer DNS gespeicherten Flüchen der Vorfahren, die wir nie getroffen haben.

Bisweilen ist das Unrecht, das uns angetan wird, Ausdruck der eindeutig gehässigen Absichten, Projektionen und Ressentiments der anderen. Oft aber ist es eine eher ungewollte Auswirkung von deren verzweifeltem Bemühen, den eigenen Lebensweg irgendwie sinnvoll zu gestalten. Im nächsten Kapitel lernen wir, alle Kontrollmechanismen, dunklen Absichten, negativen Gefühle und quälenden Verhaltensweisen, die durch Personen in der Vergangenheit auf uns gekommen sind, zu beseitigen. So können wir unsere Reise in anderer Richtung fortsetzen.

Lassen Sie uns etwas Neues ausprobieren und immer wieder daran denken, in wie hohem Maße unsere Seele gesegnet und beschützt ist.

ÜBUNGEN

Machen Sie aus jedem Tag einen perfekten Tag! Erübrigen Sie morgens vor dem Aufstehen oder während des Frühstücks einige Augenblicke, um darüber nachzudenken, was Sie sich unter einem perfekten Tag vorstellen. Meine Freundin brachte mir folgende Übung bei, die der Angst entgegenwirkt. Gewiss, wir sitzen nicht am Schalthebel der Macht, aber wir können etwas tun, um unser Leben mit Enthusiasmus, Aufregung und Leiden-

schaft zu erfüllen. Positive Gedanken und Bilder zu projizieren mag ein wesentlicher Bestandteil unserer Gebete
sein. Beschäftigen Sie sich kurz mit einigen Vorstellungen, die Ihnen im Laufe des Tages vielleicht wertvoll
oder nützlich sind. Was würde sich gut anfühlen? Was
würde Sie glücklich machen? Geben Sie zuerst Ihre Kontrollmechanismen auf. Beachten Sie, was das Leben alles zu bieten hat. Nehmen Sie jede Erfahrung, jedes Gefühl, das sich einstellt, ganz bewusst wahr. Und ob Ihre
Wünsche in Erfüllung gingen oder nicht – seien Sie am
Ende des Tages bereit, Gott für den perfekten Tag zu
danken.

*Identifizieren Sie sich mit dem Plan, den Ihre Seele für
Sie entworfen hat.* Es folgt eine zielgerichtete Meditation,
die Sie auf Ihren optimalen geistigen Weg führen und mit
Ihrem Lebensplan in Berührung bringen soll. Sie verbindet meditative und imaginative Techniken von verschiedenen Fachleuten, mit denen ich im Laufe der Jahre zu-
sammengearbeitet habe. Mir erscheint sie besonders
nützlich, um die aktive Kommunikation zwischen meinem Bewusstsein und meiner Seele zu fördern. Sie hilft
Ihnen vielleicht, auf die Frage: *Was kommt als nächstes?*
eine Antwort zu finden. Sie wirkt beruhigend auf Ihr
Denken, indem sie Ihre Angst mindert. Lesen Sie den
Text so lange durch, bis Sie mit den einzelnen Schritten
vertraut sind. Begeben Sie sich dann an einen stillen Ort,
und visualisieren Sie das Ganze. Diese Meditation kann
gut im Liegen durchgeführt werden. Ich versenke mich
nachts in sie, kurz bevor ich einschlafe.

*Konzentrieren Sie sich als erstes auf Ihre Frage, und
verdeutlichen Sie sie. Ihre Frage mag den goldenen Weg in
einer Zweierbeziehung betreffen, Ihren Beruf oder den*

besten Ort zum Leben. *Drücken Sie so klar wie möglich aus, was Sie gerne wissen und verstehen möchten. Die Frage handelt vielleicht auch davon, warum Sie gerade eine bestimmte Erfahrung durchmachen und wie Sie diese nutzen können, um sich selbst und Ihr Leben in optimaler Weise zu formen. Oder sie kreist um jenen Schritt, den Sie als nächsten unternehmen sollten.*

Legen Sie sich hin. Schließen Sie die Augen. Stellen Sie sich dann vor, eine Treppe hinabzusteigen. Jede Stufe ist nummeriert: 12, 11, 10, 9, 8, 7, 6, 5, 4, 3, 2, 1. Sehen Sie, wie Sie Ihre Füße auf jede dieser Stufen setzen und hinuntergehen, bis Sie den Treppenabsatz erreicht haben. Dort ist ein Zimmer, an dessen Tür Ihr Name steht. Wenn Sie verheiratet sind, ist dort Ihr vollständiger Name aufgeführt; der Geburtsname steht vor dem Ehenamen. Öffnen Sie die Tür, treten Sie ein, und schließen Sie schnell die Tür hinter sich. Sie stehen jetzt in einem kleinen Raum, der durchflutet ist von reinem weißem Licht. An den Wänden befinden sich Regale mit zahlreichen Büchern, die Informationen über Ihr Leben enthalten. Bitten Sie darum, jenes Buch sehen zu dürfen, das von dem Lebensbereich handelt, über den Sie etwas erfahren möchten. Vielleicht wollen Sie das Buch über Beziehungen aufschlagen. Sie benutzen den Namen der Person, an die Sie denken – und stellen sich zum Beispiel vor, das Buch über die Beziehung und das Schicksal mit diesem Menschen zu lesen. Wenn die Frage darum geht, wie Sie ein bestimmtes Projekt anpacken sollen, dann bitten Sie, den Band über dessen endgültige Ergebnisse zu lesen. Damit verschaffen Sie sich bewusst Zugang zu den Informationen, die in Ihrer Seele gespeichert sind. Sie können darum bitten, das Buch über Ihre geschäftlichen An-

gelegenheiten, Ihre Familie oder über die Lektionen ein-
zusehen, die Sie gerade mit jemandem lernen. Sie können
auch bitten, das Buch darüber lesen zu dürfen, wie die
Dinge in fünf oder zehn Jahren aussehen oder welche
Konsequenzen ein konkretes Ereignis hat. Alle Daten,
die Ihr Leben betreffen, sind in diesem Raum aufgezeichnet und aufbewahrt. Vergegenwärtigen Sie sich, dass Sie
das jeweilige Buch entgegennehmen, öffnen und dann die
Seiten lesen, die Sie interessieren. Achten Sie auf Ihre
natürlichen Reaktionen: Freude, Lachen, Entzücken –
oder ein überraschtes »Oh, ich wusste gar nicht, dass ich
das geplant hatte.« Wenn Sie so viel Zeit wie nötig damit
verbracht haben, im Buch Ihres Lebens zu lesen, gehen
Sie durch die Tür hinaus, schließen Sie sie und steigen die
Treppe hoch. Wenn Sie diese Meditation nachts machen,
können Sie in dem Zimmer mit weißem Licht, wo Sie
sich in Ihre Lebensgeschichte vertiefen, auch einschlafen.
Versuchen Sie nicht, sich an vorgefasste Antworten zu erinnern oder ein Wissen zu erzwingen, das Sie gar nicht
haben. Gehen Sie auf ganz natürliche Weise den Angelegenheiten Ihres Lebens nach. Ihr Bewusstsein wird jetzt
die Informationen darüber erhalten, was Ihre Seele hier
tun soll und was sie erreichen möchte. Es wird Ihnen
diese Daten spontan und in kleinen täglichen Dosen
übermitteln, die sich dann niederschlagen in Gefühlen,
Ideen, intuitiven Einsichten und Ahnungen in Bezug auf
die momentane Lektion und die Richtung, die Ihre Seele
einzuschlagen gedenkt.

MANTRAS

Wenn ich die Schuld des Daseins akzeptiere, verschwindet mein Kummer, und meine Vergangenheit wird geheilt.

Wenn ich meine Schuldgefühle offenbare, bin ich gewillt, mich mit meiner Existenzangst auseinander zu setzen.

Wenn ich meinen Wunsch, liebevoll zu sein, noch betone, steht es mir frei, die eigenen Grenzen zu überschreiten.

Wenn ich die Wut darüber, dass ich in der Leere hilflos bin, bewusst empfinde, gebe ich die Verdrängung meiner panischen Angst auf.

Wenn ich mich verpflichte, den inneren Schrecken zu fühlen, kann ich meine Schuldgefühle loslassen und meine Stärke geltend machen.

Wenn ich das Leben achte, werden alte Lücken geschlossen.

Ich kann die Lücke in mir schließen und für meine Entscheidungen Verantwortung übernehmen.

EMPFOHLENE HEILMITTEL

8. Heilmittel: Auf Kontrolle verzichten
   Siehe S. 320
9. Heilmittel: Den richtigen Weg finden
   Siehe S. 334

6. Kapitel

Ich kann dies nur in der Weise beenden, wie
Maria ihre Begegnungen mit den Jüngerinnen
beendet: »Geht in Gottes Frieden.«

WAYNE WEIBLE, *Medjugorge the Message*

Besinnen Sie sich darauf,
wie sehr Sie gesegnet sind

Ich saß auf einer Bank und sprach mit einer Freundin. Ich regte mich über ein Problem auf, das mir zu schaffen machte, und erzählte, wie sehr ich wegen der unabsehbaren Konsequenzen besorgt sei. Meine Freundin nippte an ihrer Dose mit Sodawasser und stellte sie dann ungerührt ab.

»Über dich mache ich mir keine Sorgen«, sagte sie. »Es wird alles ein gutes Ende nehmen. *Du bist gesegnet.*«

Ich wusste, dass sie nicht einfach schnodderig war, sondern tatsächlich meinte, was sie sagte. Ihre Worte beeindruckten mich, gingen mir den ganzen Tag nicht mehr aus dem Kopf.

Schon seit langem hatte ich nicht mehr das Gefühl gehabt, gesegnet zu sein. Nicht, dass mein Leben unbedingt anders gewesen wäre als zu der Zeit, da ich glaubte, von Gott gesegnet und beschützt zu sein. Aber diese Empfindung war erschüttert worden und hatte dann nachgelassen, um schließlich ganz zu verschwinden. Erst ein paar Tage zuvor hatte ich eine Glückskerze gekauft, die diese positive Energie in mein Leben zurückbringen sollte, und sie jeden Tag vor meinem Kamin angezündet.

Zuletzt hatte ich viel mit Gott gesprochen – darüber, was geschehen war und warum das Glück sich mir entzogen hatte.

Eine ganze Zeit lang – nicht nur während einiger Monate, sondern jahrelang – hatte sich das Leben als äußerst anstrengend und hart erwiesen. Mich nach dem Tod meines Sohnes wieder aufzurappeln war für mich die schwierigste Aufgabe überhaupt. Nicht nur, weil ich ihn verloren hatte. Es schien, als wäre jeder Schritt zurück ins Dasein mit unendlichen Qualen verbunden. Nichts ging leicht von der Hand. Nichts war auch nur annähernd einfach. Ich wurde in eine extrem schwierige Situation versetzt – oder hatte mich selbst da hineinmanövriert. Die Probleme waren nicht ohne weiteres zu lösen. Ständig gab es neue Komplikationen. Und wenn einmal eine Sache viel versprechend aussah, dauerte es nur ein paar Augenblicke, bis sie sich in ihr Gegenteil verkehrte und die nächste mühsame Lektion heraufbeschwor. Jede von diesen belastete mich umso mehr.

Nach Shanes Tod war mein Weg eine Art Hürdenstrecke. Die zahlreichen Verluste im Laufe der Jahre forderten ihren Tribut. Alles, wofür ich gearbeitet hatte, wurde mir entrissen. Meine ganze Welt war eingestürzt. Auch meine Tochter Nichole hatte mit Problemen zu kämpfen.

Meine Beziehungen zu Freunden veränderten sich und brachen ab. Ich zog in einen anderen Bundesstaat und lernte dabei viele Lektionen; mir schien, als würde ich nie mehr ein Zuhause haben. Die geschäftlichen Beziehungen gestalteten sich ebenfalls schwierig. In jedem Bereich war ich mit Wendungen und Umschwüngen konfrontiert. Ich konnte mich kaum entsinnen, dass etwas reibungslos ablief oder so, wie ich es mir schwach erhofft hatte – jedenfalls nicht seit Anfang der neunziger Jahre.

Ich sollte gesegnet sein? Wenn ja, dann war mir das nicht bewusst. Und ganz bestimmt hatte ich keine Erinnerung an das *Gefühl, gesegnet zu sein.*

Früher einmal hatte ich dieses Gefühl gehabt. Ich hatte Gottes schützende Hand gespürt, die jeden meiner Schritte lenkte. Ich war fröhlich und stolz auf meine Arbeit gewesen, selbst wenn ich nur fünf, zehn oder zwanzig Dollar für einen Artikel erhielt.

Wann immer ich der Stimme meines Herzens folgte und meinen Weg weiterging, geschahen Dinge, die darauf schließen ließen, dass alles klappen würde. Wenn ich A sagte, schien B automatisch zu folgen. Vielleicht war mein Leben ein langer, schwerer Kampf gewesen, aber ich hatte stets das Gefühl gehabt, mich geradlinig vorwärtszubewegen – wenigstens erschien es mir so im Rückblick. Das war mein Eindruck bis zu den neunziger Jahren; dann kamen die Wendungen und Umschwünge, die langen dunklen Tunnel und dieses berüchtigte Gefühl, rückwärts durch ein Astloch gezogen zu werden.

Ich sollte gesegnet sein? Das glaubte ich nicht.

Ich hatte das Gefühl, verflucht zu sein.

Das Gefühl, gesegnet zu sein, fehlte mir. Dieser Schmerz erschütterte mich im Innersten.

Zu wissen, dass wir geführt werden, dass wir eine schützende Aura um uns haben, die Feinde fernhält und

Menschen und Dinge anzieht, die uns gefallen und wohl tun, zu wissen, dass alles – jede Erfahrung, die wir machen – sich zum Guten wenden wird, wenn wir Gott lieben und vertrauen, ist eine fast unbeschreibliche Einsicht.

Sie lässt sich nicht in Worte fassen.

Was war mit meinen Wohltaten geschehen? Warum hatte ich sie vergessen?

Wenn das eigene Herz gebrochen ist, hat man kaum das Gefühl, gesegnet und beschützt zu sein. Alle Liebeskraft, alle Herzenswärme entweicht durch den Riss. Man fühlt sich weder geliebt noch beschützt noch geführt, sondern ist müde, ausgelaugt und verzweifelt.

Das Gefühl von unantastbarem Glück kann aber auch durch Freunde oder Geschäftskollegen beeinträchtigt werden, die ganz andere Ansichten vertreten als wir. Es schwindet manchmal schnell, wenn wir – sei es durch beruflichen Kontakt, Freundschaft oder eine andere Form von intimer Partnerschaft – mit jemandem zusammenkommen, dessen bewusste oder unbewusste Motive nicht mit den unseren harmonieren. Dagegen sind wir automatisch von einer schützenden Aura umgeben, sobald wir mit gleich Gesinnten verkehren, deren Absichten übereinstimmen mit dem, was sie von sich sagen, sowie mit dem, was wir selbst glauben und schätzen.

Vielleicht fühlen wir uns auch einfach angegriffen, ob der Gegner nun bewusst oder eher unbewusst zum Schlag ausholt.

Unbewusste Angriffe können einen genauso hart oder sogar noch härter treffen als bewusste Angriffe, bei denen man den Groll oder die Wut von jemand anders zu spüren bekommt. Wenn wir uns auf Machtspiele und üble Wettbewerbe jedwelcher Art einlassen, die von Leuten inszeniert werden, denen wir uns nahe glauben, so stecken wir mit ihnen unter einer Decke.

Manchmal spielen wir nicht nur mit dem Feuer.

Wir tanzen mit dem Teufel.

In diese verzwickte Lage bringen wir uns auch, wenn wir aufgrund von solch unbewussten Motiven wie Habgier, Neid, Rachsucht oder Verachtung handeln.

»Im Laufe der Jahre hatte ich eine Männerbekanntschaft nach der anderen«, sagt eine Frau. »Wenn die Beziehung nicht so funktionierte, wie ich es gehofft hatte, war ich zornig und wollte das meinem Partner auch zeigen. Doch anstatt diesen Zorn bewusst zu empfinden und allmählich zu verarbeiten, ließ ich mich von ihm in die Arme und ins Bett meines nächsten Liebhabers treiben. Schließlich richtete sich der ganze angestaute Zorn und Hass gegen mich selbst.«

Ob die negative Energie bewusst oder unbewusst auf uns projiziert wurde, ob die Wut nur uns trifft oder, durch unsere Reaktion, auch den anderen – sobald wir mit ihr konfrontiert sind, ist sie unsere Angelegenheit. Manchmal haben die Menschen so wenig Ahnung von ihren Beweggründen, dass sie nicht einmal merken, wie gehässig und rachsüchtig sie geworden sind.

»Ich arbeitete eng mit einer Frau zusammen, die von ihrem Vater schrecklich missbraucht worden war«, berichtet einer meiner Bekannten. »Mit dieser Misshandlung hatte sie sich nie auseinander gesetzt. Und so hegte sie einen tiefen Groll und Hass gegen alle Männer, mich eingeschlossen. Wenn ich mit ihr zusammen war, fühlte ich mich dauernd angeschlagen und erschöpft. Sie warf mir keine Gemeinheiten an den Kopf. Sie tat nichts, was mich verletzte, zumindest schien es mir so. Aber ständig hörte ich bei ihr diesen gehässigen Unterton heraus, selbst wenn sie nur vor mir stand, mich anlächelte und sagte, wie gern sie mich habe. Es dauerte eine Weile, bis ich begriff, was da eigentlich ablief, aber dann fiel es mir wie Schuppen von den Augen. Ich war ein unbeteiligter Zuschauer, zugleich aber eine Zielscheibe für all die negativen Energien und Gefühle, die sie auf ihren Vater projizierte.

Schließlich musste ich mich völlig von ihr zurückziehen, um wieder ins Gleichgewicht zu kommen. Sie war einfach zu gemein, zu wütend, zu gehässig und zu verächtlich gegenüber Männern, als dass ich mit ihr hätte zusammen sein können, ohne meine innere Harmonie zu verlieren. Ich hatte stets das Bedürfnis, mich auf dieser eher unbewussten geistigen und psychischen Ebene zu schützen.«

Die Heilung der eigenen Gefühle kommt nicht nur uns zugute, sondern auch den anderen. Dadurch wird unsere Welt insgesamt sicherer.

Einige Menschen haben sich noch nie beschützt gefühlt. Andere dagegen, die in ihrer Kindheit geliebt und umhegt wurden, scheinen automatisch eine Art Schutzmantel zu tragen. Das Gefühl von Sicherheit ist in ihre Zellen, ihre Energien, ihren innersten Kern gleichsam eingraviert. Es käme ihnen nie in den Sinn, dass sie der Welt hilflos ausgeliefert sind. Sie wissen, wie sie ihren eigenen Schutz gewährleisten. Und dem vertrauen sie dann auch ganz spontan.

All das fehlt den Menschen, die als Kinder misshandelt und ihrer Sicherheit beraubt wurden.

Dieses entscheidende Manko lässt sich nicht mit Worten ausdrücken.

Die meisten Leute, die diesen Schutz nicht hatten, merken nicht einmal, dass er ihnen im Erwachsenenalter fehlt. Da sie keine Vergleichsmöglichkeiten haben, ist ihnen auch nicht bewusst, wie ungeschützt sie sich eigentlich fühlen. Doch untergründig, manchmal sogar deutlich, hallt ständig folgende Botschaft in ihnen wider: *Ich bin keineswegs sicher. Und ich habe kein Vertrauen ins Leben.*

Sosehr wir dieses Gefühl von Sicherheit und Geborgenheit auch erstreben – es fehlen uns offenbar wesentliche Eigenschaften aus jener frühen Phase, in der wir unsere grundlegenden Prägungen empfingen.

Auf meiner Reise nach Israel fuhr mich der Führer auch zu einer eher unscheinbaren Kirche. »Das ist ein bedeutender Ort«, sagte er. »Hier verkündete Jesus den Menschen die Seligpreisungen.«

Seine besondere Ausdrucksweise veranlasste mich, über das Thema des Gesegnetseins erneut nachzudenken. *Wenn der Segen bereits erteilt war, mussten wir uns nicht mehr darum bemühen. Worin besteht dieser Segen?*

»Und er öffnete den Mund und lehrte sie, indem er sagte:

Gesegnet sind die Bedürftigen, denn ihnen gehört das Königreich des Himmels.

Gesegnet sind die Leidenden, denn sie werden getröstet.

Gesegnet sind die Demütigen, denn sie werden die Erde erben.

Gesegnet sind die, die Rechtschaffenheit ersehnen, denn ihre Sehnsucht wird gestillt.

Gesegnet sind die Barmherzigen, denn ihnen wird Barmherzigkeit zuteil.

Gesegnet sind die mit reinem Herzen, denn sie werden Gott schauen.

Gesegnet sind die Friedensstifter, denn sie werden die Kinder Gottes genannt.

Gesegnet sind die, die um der Rechtschaffenheit willen verfolgt werden, denn ihnen gehört das Königreich des Himmels.

Gesegnet seid ihr, wenn Menschen euch verunglimpfen und euch verfolgen und allerhand falsches Zeugnis reden wider euch, um meinetwillen.

Ihr seid das Salz der Erde ...

Ihr seid das Licht der Welt ...

Möge also euer Licht den Menschen vorausleuchten ...«

Als ich vor dieser Kirche in Israel stand, kam mir der Gedanke, dass die Menschheit tatsächlich gesegnet ist. Wir müssen nur eines tun, nämlich uns an diesen Segen erinnern und unseren Teil der Abmachung akzeptieren und einhalten.

Ich wusste, wie angenehm das Gefühl ist, gesegnet zu sein, und ich wollte es wieder finden.

Im Jahre 1995, auf meiner Reise zu den heiligen Orten im Westen der Vereinigten Staaten, die sich in dem Meditationsbuch *Journey to the Heart** niederschlug, hatte ich auch den Sanctuario de Chimayo besucht, eine mystische Kapelle in New Mexico, deren Erde als heilig gilt.

---

* Die deutsche Ausgabe erschien 1996 unter dem Titel *Kraft zur Selbstfindung* im Wilhelm Heyne Verlag.

Im hinteren Raum hängen an der Wand viele Krücken von Leuten, die durch die übermächtige, an diesem Ort gegenwärtige Kraft Jesu geheilt wurden.

Ich wollte und musste etwas von dieser Heilkraft in mich einsaugen.

Als ich den Eingang der Kapelle durchquerte, begrüßte mich ein junger Priester mit gütigem Blick und führte mich umgehend in sein Büro. Seinen Namen habe ich vergessen. Er war dunkelhaarig, knapp ein Meter achtzig groß, kräftig gebaut und hatte starke Arme. Am besten erinnere ich mich an seine offene, herzliche Art.

»Mir scheint, du brauchst einen Segen«, sagte er. »Lass mich dich segnen.«

Er nahm mich fest in die Arme, sprach ein Gebet über mir, das voller Liebe war. Dann sprühte er Weihwasser auf meinen Kopf.

Da ging mir das Herz auf, was schon seit einiger Zeit nicht mehr geschehen war. Ich musste weinen.

Er lächelte. »Geh in Frieden«, sagte er. »Du bist jetzt gesegnet.«

Der Segen hielt eine Weile vor. Aber die Erinnerung an dieses Gefühl schwand allmählich. Es ging in der alltäglichen Hektik unter.

Es wird Zeit, dass wir solche Segnungen und die Erinnerung daran wieder in unser Leben mit einbringen.

In einem fotokopierten Textauszug fand ich den Schlüssel zu einem weiteren Segen. Das Dokument wurde im Laufe der Jahre von einem Heiler zum nächsten weitergegeben; der Autor ist unbekannt. Grundlage des Segens ist die Thora, also die fünf Bücher Mose. Beschrieben wird ein wichtiger Abschnitt der Schöpfung und die Gestaltung jeder unserer jungen Seelen. Es ist der fünfteilige Familiensegen, den man Kindern in frühen Jahren erteilt.

Er ist das Geburtsrecht jedes Menschen.

Im Folgenden sind die wesentlichen Merkmale des Familiensegens aufgeführt.

Eine intensive, heilsame Berührung ist erforderlich, wenn der Segen beginnt.

Der Segen wird laut ausgesprochen.

Er misst dem Gesegneten einen hohen Wert bei. Uns wird gesagt, wie wichtig wir sind.

Der Segen enthält eine spezifische Vorstellung von der Zukunft des Gesegneten. Uns wird mitgeteilt, dass wir einen Lebenszweck und einen wertvollen Auftrag zu erledigen haben.

Schließlich umfasst der Familiensegen auch die Verpflichtung, den erteilten Segen in die Tat umzusetzen. Wir versprechen, das zu tun, weswegen wir hierher gekommen sind.

Wir werden auf heilsame Weise berührt, hören, wie wichtig wir sind, werden an unseren Lebenszweck erinnert – und dann versprechen wir, die genannten Aufgaben zu erfüllen.

Viele von uns haben hart dafür gekämpft, dieses unbestimmte, doch entscheidende Attribut namens *Selbstachtung* zu erlangen. Vielleicht haben wir deshalb zu wenig Selbstachtung, weil es in unserer seelischen Entwicklung weder heilsame Berührungen noch den Familiensegen gab. Es ist Zeit, dass wir die der ganzen Menschheit zuteil gewordenen Segnungen in unsere Körperzellen, unsere Seele und unser Bewusstsein integrieren.

Von dem Tag an, da meine Freundin sagte, ich bräuchte mir keine Sorgen zu machen, eben weil ich eine Gesegnete sei, fühlte ich mich auch wieder als solche. Schon eine geringe Variation in der geistigen Ausrichtung versetzt uns in einen anderen Zustand. Es ist nicht schwer, sich umzuschauen und zu beschließen, dass man verfolgt, gequält, als Geisel gehalten und verflucht wird. Man kann überall nur Probleme und mühsame Lektionen sehen.

Es kann nicht mehr schlimmer werden, sagen die Leute. Aber manchmal geht die Talfahrt dann erst richtig los.

Die Lektionen sind nicht leicht. Gewaltige Veränderungen stehen uns bevor. Das sind Zeiten, die die Seele auf eine harte Bewährungsprobe stellen, schreibt Lyn Roberts-Herrick in ihrem Buch *The Good Remembering* (Positives Erinnern).

Halten Sie einen Moment inne. Ändern Sie Ihre Perspektive, Ihre Einstellung und den Inhalt Ihres Lebens. Spüren Sie, wie Jesus, Maria, Buddha oder Mohammed Ihre Schulter berühren und deutlich sagen: *Du bist wertvoll und wichtig, und du bist aus einem ganz bestimmten Grund auf diesem Planeten.* Dann gehen Sie die Verpflichtung ein, sich zu erinnern und den speziellen Auftrag auszuführen, dessentwegen Sie hierher gekommen sind.

Empfangen Sie den Segen der Seligpreisungen, der vor zweitausend Jahren unweit vom See Genezareth gespendet wurde. Seien Sie demütig, suchen Sie nach der Wahrheit, zeigen Sie Mitleid, halten Sie Ihr Herz rein. Gehen Sie dann friedlich Ihren Weg. Tun Sie das Ihre, um den Pakt zu erfüllen, und die Segnungen werden Ihnen erneut zuteil.

Es ist einfach, andere oder sich selbst unbewusst zu verfluchen. Ändern Sie etwas. Fangen Sie an, bewusst zu segnen.

Sie sind ein Kind des Lichts. Das Gefühl, gesegnet und beschützt zu sein, lässt sich nicht in Worte fassen, und doch sind Worte ein wichtiger Bestandteil des Segens. Sagen Sie sich, dass Sie in Sicherheit sind. Bewegen Sie sich mühelos durchs Leben. Erinnern Sie sich daran, wie sehr Ihre Seele gesegnet ist. Bitten Sie um einen Segen, wann immer es geht, und segnen Sie jeden Menschen, dem Sie begegnen.

»Sie können allen Menschen, die Sie treffen, stillschweigend folgenden Segen erteilen: ›Gott gab dir in reichem Maße alle Dinge zur Freude, und du bist glückseliger, als du es dir in deinen kühnsten Träumen vorgestellt hast‹«, schrieb Joseph Murphy in *Miracle Power for Infinite Riches* (Wunderkraft für unendliche Reichtümer).

Seien Sie sich Ihres Segens bewusst, und geben Sie ihn an andere weiter. Die Segnung der Menschen wird Sie daran erinnern, wie sehr Sie selbst gesegnet sind und was Sie wirklich glauben. Gehen Sie über das einfache, weiter oben zitierte Gebet hinaus, wenn Sie diejenigen bewusst segnen, die Ihnen begegnen. Verleihen Sie durch Ihre Worte, Ihre Gefühle und Ihr Verhalten – durch Ihre Grundüberzeugungen – Ihrem Glauben Ausdruck, dass jeder einzelne Mensch etwas Besonderes und wertvoll ist und in dieser Welt einen Platz und eine Aufgabe hat, die er ganz sicher erfüllen wird. Legen Sie ihm, sooft es geht, Ihre heilsame Hand auf, um ihn damit zu segnen.

Ich lausche gerne den Redensarten der Leute, mit denen sie ihre Gefühle zur Sprache bringen. Wenn ich höre, dass viele Menschen in unterschiedlichen Teilen der Welt zur gleichen Zeit die gleiche Redewendung benutzen, gehe ich davon aus, dass ein bestimmtes Thema in der Luft liegt. In den achtziger Jahren hörte ich immer wieder: *Mit jedem Tag geht es mir besser.* In den letzten Jahren lautete einer der Schlüsselsätze: *Mit jedem Jahr werde ich bitterer.*

Viele Leute leiden darunter, dass ihre Träume geplatzt sind. Das Leben hat sich auf unvorhersehbare Weise zum Schlechten gewendet. Gewisse Dinge liefen anders als geplant. In zahlreichen Fällen waren Menschen gezwungen, ihre geheimsten, schrecklichsten Ängste und Albträume zu thematisieren. Manche haben ihre gesamten Ersparnisse verloren, andere ihre Familie, ihr Zuhause, ihren Job, ihre Karriere und ihre Hoffnung. Sie alle fragen sich, ob es gerechtfertigt ist, auch den Glauben an sich selbst, an das Leben, an die Liebe, an die Heilung und an Gott zu verlieren.

Im nächsten Kapitel werden wir versuchen, Geist und Körper von dieser Bitterkeit zu befreien, damit wir den Jordan überqueren und das Gelobte Land erreichen können.

ÜBUNGEN

Vollziehen Sie für sich das Ritual der Segnung! Betrachten Sie sich als gesegneten Menschen. Bitten Sie Ihren Heiler (falls Sie einen solchen aufsuchen) oder einen vertrauenswürdigen Freund oder ein Mitglied der Kirche, Sie zu segnen. Programmieren Sie den weiter oben erwähnten Familiensegen in Ihre Seele ein. Wenn es Ihnen unangenehm ist, die Segnung von einer anderen Person zu empfangen, so durchlaufen Sie einen Visualisierungsprozess, bei dem Sie sich vorstellen, berührt zu werden, gesagt zu bekommen, wie wichtig und wertvoll Sie sind, und die Zusicherung zu erhalten, dass Ihre Aufgabe, Zielsetzung und künftige Entwicklung in jeder Hinsicht einzigartig ist. Vergegenwärtigen Sie sich dann, dass Sie die Verpflichtung eingehen, alle nötigen Schritte zu unternehmen und diese besondere Mission auszuführen. Zugleich können Sie an einen geliebten Menschen denken, der Sie während Ihrer Visualisierung segnet. Wenn Ihnen keiner einfällt und Sie sich nicht stark und wohl genug fühlen, um es selbst zu tun, dann erwägen Sie, den Segen aus den Worten dieses Kapitels zu beziehen.

Schaffen Sie eine schützende Aura um die eigene Person! Fühlen Sie sich heute sicher und beschützt? Fühlten Sie sich als Kind sicher und beschützt? Wenn nicht, beginnen Sie damit, den Segen schützender Kraft für Ihr Leben und Ihr Energiefeld zu erbitten. Sie haben diese Geborgenheit verdient. Jedenfalls haben Sie es nicht verdient, misshandelt, bedroht, eingeschüchtert oder auf ungebührliche Weise verletzt zu werden. Es gibt einen Weg durch Ihr Leben, der ungefährlich und zielgerichtet ist. Folgen Sie ihm mit Freude. Sobald ich Leuten von meinen Reisen in ferne Länder erzähle, fragen mich viele, ob ich Angst hätte, und mahnen mich zur Vorsicht. Ich vertraue darauf, dass meine Instinkte mich führen, und ich höre auf meine innere Stimme. Ich weiß, dass ich gewarnt werde vor Situationen, die ich besser meiden sollte. Beschützt zu sein heißt nicht, von Traurigkeit, Kummer, Wut, Angst und Schmerz verschont zu bleiben. Solche Empfindungen sind oft Teil unseres Heilungsprozesses. Wir können in Sicherheit sein und trotzdem *Gefühle haben*. Nicht bei jeder unangenehmen Begegnung werden wir verletzt oder gar misshandelt. Menschen, die sich ihres Schutzes sicher sind, besitzen eine Kraft und eine Ausstrahlung, die besagt: *Bis hierher und nicht weiter*. Das bedeutet keineswegs, dass sie nicht irgendwann auch einmal krank werden. Wir alle machen so lange jene Urerfahrung namens Tod durch, bis sich die Dimensionen auf der Erde grundlegend geändert haben. Zugleich aber verfügen wir über die geistige Stärke und Führung, derlei Veränderungen zu gegebener Zeit zu bewältigen. Mir zum Beispiel hilft es, einen Gegenstand zu tragen oder bei mir zu haben, der Sicherheit und Schutz symbolisiert. Das kann eine violette Schnur sein, die ich zehnmal um mein linkes Handgelenk wickle, um die Farbe Violett in mein Energiefeld zu lenken. Oder ich lege in meine Hosentasche einen kleinen Stein – einen Kristall, Lapislazuli oder Amethyst. Jahrtausendelang haben Menschen unterschiedlicher Herkunft und Religion Talismane und andere symbolträchtige Objekte ersonnen und benutzt, um die Macht des bösen Blicks zu bannen. Suchen, finden und tragen Sie ein solches Objekt. Es mag religiöser Natur sein, ein Foto einer geliebten Person oder eine Halskette, die für Sie eine besondere Bedeutung hat. Seien Sie sich bewusst, dass jedes Objekt an verschiedenen Tagen anders auf Sie wirken kann. Statt Messer und Pistolen sollten Sie etwas Sicheres bei sich tragen – einen Kristall, eine heilige Muschel, einen Rosenkranz. Es ist Zeit, dass wir alle uns geborgen fühlen.

Mantras

Gott ist mir zugetan.

Wenn ich meine verlorene Sicherheit dadurch zurückge-
winne, dass ich Liebe empfange, verwandeln sich meine
Schuldgefühle in den Glauben an die Liebe.

Ich bin gesegnet.

Empfohlene Heilmittel

10. Heilmittel: Transformierende Alchimie
    Siehe S. 350

7. Kapitel

Filmstars schreiben Bücher, in denen sie ihre
sexuellen Abenteuer schildern, und besprechen
ihre Probleme in den Talkshows des Fernsehens.
Sie schreiben keine Bücher darüber, wie viel Geld
sie verdienen, welche Probleme sie diesbezüglich
haben und inwieweit Geld ihre Stimmung beeinflusst.
Das ist zu persönlich.

MARK WALDMAN, *The Way of Real Wealth*

Besinnen Sie sich darauf, wie glücklich Ihre Seele sein kann

»Ich mache mir Sorgen um sie«, sagt mir eine Freundin in
Bezug auf eine gemeinsame Freundin. »Sie wiegt nur
noch 43 Kilo. Dabei hatte sie den großen amerikanischen
Traum verwirklicht – zwei Autos, ein Ferienhaus, einen
stattlichen Ehemann, eine erfolgreiche Karriere, zwei
Katzen und einen Hund. Aber dann verließ ihr Mann sie
wegen einer anderen Frau. Jetzt weint sie die ganze Zeit.«
Meine Freundin hält inne. Sie wirkt besorgt und nach-
denklich und vielleicht auch ein bisschen beklommen.
»Wahrscheinlich ist das der Lauf der Dinge.«

   Ich will alles haben ist heute ein bevorzugtes Schlag-
wort.

Hat nicht jemand irgendwann einmal gesagt: *Küm-mere dich zuerst ums Geld, dann kommt das Glück von allein?* Aber vielleicht habe ich mich da auch verhört.

Der Umzug von Minnesota nach Los Angeles bedeu-tete für mich in vielerlei Hinsicht eine einschneidende Veränderung. Ein Jahr später fand ich in den Gelben Sei-ten einen Computerladen. Ich kaufte einen neuen PC und packte ihn aus. Er funktionierte nie. Man hatte mich hereingelegt; es handelte sich um ein instand ge-setztes Modell, das als neuwertig verkauft wurde. Ich verklagte den Geschäftsinhaber. Der Richter griff hart durch, und ich bekam mein Recht. Viel Glück beim Geldeintreiben, sagten einige zu mir. Mein Geld sah ich nie wieder.

Willkommen in L. A.

Manche Leute bezeichnen Los Angeles als die Mega-lopolis des Kinos, als die aufreizendste Stadt der Welt. Man hasst oder liebt sie. Die Menschen ziehen weg, keh-ren wieder zurück. Ein Drittel der Stadtbevölkerung trauert; der Aids-Virus hat die kreative Schicht hart ge-troffen.

Du musst aufpassen, mit wem du dich anfreundest. Du öffnest dich einem Menschen, und als erstes erfährst du, dass er krank ist. Und plötzlich ist er tot.

Ich weiß nicht, ob irgendjemand wirklich hier gebo-ren ist, aber viele Leute betrachten L. A. als das Paradies auf Erden. Mein Freund Kyle kam von Kansas hierher. Seine erste Erfahrung mit dem Autokauf brachte ihn völ-lig aus der Fassung. Irgendein Typ hatte in einer Zei-tungsannonce einen kleinen Sportwagen angeboten. Kyle traf den Mann vor einem Haus. Der Wagen war am Straßenrand geparkt. Kyle unternahm eine kurze Probefahrt. Das Auto schien technisch in Ordnung zu sein – und der dafür verlangte Preis durchaus vernünftig. Kyle zahlte und fuhr in seinem schicken kleinen Kabriolett davon. Nach fünfzehn Kilometern blieb es liegen. Kyle ließ den Wagen in eine Werkstatt bringen. Der Mechaniker öffnete die Haube und begann zu lachen.

»Das ist kein Automotor, sondern ein Rasenmäher-motor«, sagte er.

Hier übertreibt jeder, um irgendwelche Geschäfte zu machen – vom Drehbuchautor bis zum Zahnarzt. Wenn man jemanden trifft, der nur mit einem redet, hat man schon einen Freund gewonnen. Ein paar Jahre nach meinem Umzug bekam ich eine Einladung zum Abendessen. Ich war gespannt, welche Masche die Gastgeber diesmal benutzen würden. Was wollten sie? Was hatten sie zu verkaufen? An welchem Projekt sollte ich mich beteiligen? Nun, an jenem Abend wurden keine Tricks angewandt; aber ich habe immer noch das Gefühl, dass da etwas unausgesprochen, unerledigt blieb.

Warum willst du gerade dort leben? wurde ich gefragt. Ich bin in viele Teile der Welt gereist. Von Panama City bis Honolulu, von New York bis Algier, Jerusalem, Islamabad und Paris besteht der gemeinsame Nenner der meisten Menschen darin, dass sie zum Leben und zum Überleben Geld brauchen.

»Geld ist ein umlaufendes Zahlungsmittel, ein Strom«, sagt ein Freund von mir. »Es ist eine andere Form von Energie in dieser Welt.«

Ich bin Leuten begegnet, die Geld liebten, darum bettelten, seinetwegen stahlen, manipulierten, um es zu bekommen, ihm zuliebe logen – und die ihre Seele verkauften. Einige von ihnen hatten sehr wenig Geld, andere eine Menge. Ich traf Menschen, die Geld ablehnten, das sie nicht verdient hatten, die damit tadellose Wertvorstellungen verbanden, die es als Ehre betrachteten, Steuern zu zahlen, und bemüht waren, einen Teil ihres Einkommens herzugeben. Einige von ihnen hatten wenig Geld, andere viel.

Einmal kreuzte ich den Weg eines Mannes, der nicht einmal wusste, was Geld ist. Er war ein Nomade, der auf der Halbinsel Sinai lebte. Ich fuhr im Auto von Ägypten an die Grenze zu Israel. Ich machte einen Abstecher zu einigen Höhlen, in denen sich heiße Heilquellen befanden. Dieser große, dünne Nomade, der in einen langen Umhang gehüllt war und ein Stück Holz als Stock benutzte, beaufsichtigte die Quellen, aß Fisch aus dem Meer und schlief nachts in den Höhlen. Nachdem er meinem Fahrer den Weg zu den Quellen gezeigt hatte, gab der ihm den Gegenwert von ein paar amerikanischen Dollar in ägyptischer Währung. Er legte das Geld in die Hand des Nomaden. Dieser drehte die Scheine um und betrachtete sie neugierig, so als hätte er noch nie zuvor Geld gesehen. Dann zog er eine Seemuschel aus seiner Tasche und überreichte sie dem Fahrer.

Sie hatten gerade einen fairen Tausch gemacht.

In der Welt des Nomaden besaß Geld keinen Wert. Er lebte inmitten der Wüste – ohne Tankstellen, Lebensmittelläden oder Kaufhäuser. Alles, was er zum Leben brauchte, war gratis, obgleich er dafür ein wenig arbeiten musste.

Die meisten von uns leben nicht in Wüsten oder auf Inseln ohne Geschäfte. Um zu bekommen, was wir wollen, brauchen wir Silber, Gold und Banknoten.

Ich mag Geld. Genügend davon zu haben tut nicht weh. Ich verbrachte fünfzehn Jahre in erbärmlicher Armut, während ich zwei Kinder großzog. Wenn der Ofen kaputtging, brauchte ich Tage des Betens und Loslassens, des Vertrauens auf Gott und das Universum, um herauszufinden, was zu tun war. Manchmal war der Vorratsschrank leer; die Kinder und ich ernährten uns jahrelang von Milchpulver und den großen Käsestücken der Fürsorge.

Bisweilen war es schwer, nicht genug Geld zu haben. Ab und zu weinte ich, weil ich keinen Rat mehr wusste. Aber die Kinder und ich, wir fühlten uns glücklich; rückblickend betrachtet waren das die besten Jahre meines Lebens. Ich hatte nicht alles, was ich wollte, aber gewiss hatte ich eine ganze Menge. Ich mochte meine Arbeit als Journalistin. Die Kinder und ich bildeten ein Team.

Einmal, an Weihnachten, nahm jemand aus der örtlichen Kirchengemeinde das Schild mit meinem Namen vom Weihnachtsbaum eines Discountgeschäfts. Die Gruppe stellte das mitgebrachte Carepaket nicht einfach vor unserer Haustür ab, sondern kam herein, beobachtete uns, wie wir die Geschenke auspackten, stand dann mit großen Augen in der Küche und sang »We Wish You a Merry Christmas« und »Joy to the World«.

Als ich etwas mehr verdiente, spendete ich der Gruppe an Weihnachten Geld und nahm einige Namensschilder von jenem Weihnachtsbaum. Aber ich schwor, nie in jemandes Haus zu gehen, zu singen und den Bewohnern beim Öffnen der Geschenkschachtel zuzuschauen.

Einer meiner Freunde hat ein Problem. Er hortet Dinge. Er sammelt alles, was kostenlos ist, nimmt es mit

nach Hause und legt es in eine Schachtel im Wand-
schrank. Er fühlt sich benachteiligt. Doch die Sachen, die
er da mitschleppt, will er meistens gar nicht.

Ich kenne dieses Gefühl. Als ich völlig mittellos war,
sammelte auch ich alles, was nichts kostete. Ich dachte
nicht darüber nach, was ich eigentlich wollte, aber ich
war mir ziemlich sicher, dass ich mir so viel wie möglich
schnappen sollte, weil nicht genug da war.

Ich habe an diversen Orten rund um die Welt viele
ausgestreckte Hände gesehen. Bettler hetzten hinter mir
her, bis ich sie anbrüllte, sie sollten mich in Ruhe lassen.
Mitten in der Sahara, als ich von meinem Pferd abstieg,
um eine kleine Pause zu machen, den Sonnenuntergang
zu betrachten und eine Flasche Wasser zu trinken, tauch-
ten drei junge Männer aus dem Nichts auf. Sie fingen an,
mir ihre Waren anzupreisen – wertlose Schmuckstücke,
Souvenirs, Süßigkeiten und anderes Zeug, mit dem sie
mir Geld aus der Tasche ziehen wollten. Ich war müde
und in meditativer Stimmung. Ich sehnte mich danach,
die majestätische Atmosphäre der Wüste in mich aufzunehmen. Aber sie ließen einfach nicht locker. Schließlich
sagte ich: »Wisst ihr was? Ich will, dass ihr um Gottes
willen endlich aufhört.«

Manchmal ist es ganz in Ordnung, nein zu sagen,
stopp!, ohne sich schuldig zu fühlen.

Als ich nicht viel – ja im Grunde überhaupt kein –
Geld hatte und zwischen den Gehaltsabrechnungen
kaum über die Runden kam, sagte ich mir: *Melody, mach
dir keine Sorgen! In dieser Gesellschaft können sie dich
nicht umbringen, weil du nicht genug Geld hast.* Dann
fragte ich mich: *Habe ich heute einen Platz zum Wohnen –
und nachts einen Platz zum Schlafen? Habe ich Kleider*

zum Anziehen – und eine Möglichkeit, mir etwas Nah-rung zu beschaffen? Alle übrigen Probleme waren bloße Unannehmlichkeiten.

Ich tat etwas, was mir tatsächlich half und weiterhin hilft – nämlich für meine finanziellen Angelegenheiten die Verantwortung zu übernehmen, wie beängstigend diese Aufgabe auch erscheinen mag. Manchmal will ich nicht nachschauen, wie viel Geld auf Spar- und Giro-konto ist. Lieber stecke ich den Kopf in den Sand – aus Angst. Aber dadurch verschwindet das Problem natür-lich nicht. Also zwinge ich mich dazu, die Kontostände zu überprüfen, entwerfe einen entsprechenden Plan, lasse dann los und schaue, wie sich die Dinge entwickeln. Eine Lektion habe ich inzwischen wirklich gelernt: Schreib niemals einen Scheck aus, solange du die betreffende Summe nicht auf der Bank hast.

Geld, das aussteht, gehört mir noch nicht.

»Ich lebe von einer Gehaltszahlung zur nächsten«, sagt eine meiner Freundinnen. »Manchmal verfalle ich regelrecht in Selbstmitleid, weil es so aussieht, als würde ich nie auf einen grünen Zweig kommen. Nachdem ich mich dann in die Verzweiflung getrieben habe, reiße ich mich am Riemen und fühle mich allmählich besser. Ich tue, was ich kann. Ich hoffe auf die Zukunft. Ich glaube, dass es im Grunde bei jedem so ist, egal wie viel Geld man hat. Je mehr man hat, desto mehr gibt man aus. Wo-bei hinter jeder Zahl vielleicht ein paar Nullen mehr ste-hen. In gewisser Hinsicht wird dadurch das Leben wohl komplizierter. Trotzdem will ich mehr Geld haben. Ich möchte in Urlaub fahren und eine Pause machen können, ohne mich dabei schlecht zu fühlen. Früher besaß ich mehr Geld, aber ich habe alles verloren. Ich weiß, dass ich heute vieles entbehren muss. Möglicherweise fürchte ich mich davor, etwas zu besitzen, weil ich wieder alles verlieren könnte.«

Es war äußerst unangenehm und forderte viel Kraft, finanziell auf derart schwachen Beinen zu stehen wie ich. Ich musste mich immer mit meiner Angst und meiner Wut wegen des Geldes auseinander setzen – mit der Sorge, dass weder jetzt noch später genug vorhanden wäre. Als ich keinen Pfennig besaß, war es hilfreich, mir vorzustellen, ich sei reich. Gut war es auch, finanzielle Ziele zu setzen und schriftlich zu fixieren. Wenn Geld nichts Schlechtes war, wie viel wollte ich dann davon haben? Und warum? Manchmal muss man einige Hindernisse aus dem Weg räumen, um zu der Auffassung zu gelangen, dass genug vorhanden ist. Wir verdienen es, ein paar Dinge zu besitzen, die wir mögen und genießen. Außerdem war es von Vorteil, bei der ersten günstigen Gelegenheit etwas Geld auf ein Sparkonto zu tun. Was auch geschah – diese Summe wurde nicht angerührt.

Dadurch ging es mir besser. Die Ersparnisse waren zwar gering, aber sie gaben mir das Gefühl von *Reichtum*.

Ich glaube, die Vorstellung, arm zu sein, hängt nicht nur mit einem bestimmten Geisteszustand zusammen. Meiner Meinung nach können wir uns nicht immer einreden, reich zu sein, selbst wenn wir gerne all die Bücher lesen, die uns dazu auffordern.

Ich mag schöne Dinge, bisweilen jedoch will ich mir auch das eine oder andere vorenthalten. Auf diese Weise kann ich mich besser auf mich selbst besinnen. Und irgendetwas in mir hält vielleicht immer noch an der Illusion fest, dass Spiritualität nur um den Preis des Leidens zu erringen sei.

Bei Bettlern muss ich aufpassen. Manchmal fühle ich mich schuldig, und dann neige ich dazu, zu viel zu geben. Ich stelle karitative Organisationen auf die Probe. Ich traue nicht jedem, der sagt, er brauche Geld, um anderen zu helfen. Einige dieser Vereine leisten gute Arbeit, andere sind eher auf Trickbetrug aus. Kurz nach dem Tod meines Sohnes erhielt ich einen Telefonanruf. Der Mann am anderen Ende der Leitung, der meinen Namen und meine Geheimnummer kannte, redete auf mich ein und sagte, er sammle Geld, um Organspenden zu schwer kranken Kindern zu fliegen und ihnen damit das Leben zu retten. »Sie wollen doch nicht, dass irgendjemand sein Kind verliert, oder?«, fragte er. Ich rief die zuständige Behörde im Staat Minnesota an und erkundigte mich nach dieser dubiosen Agentur. Die ganze Sache war ein Schwindel. Jetzt überprüfe ich alles. An guten Tagen spende ich. Aber manchmal wird es mir einfach zu viel. Ich weiß nicht, ob diese vielen Menschen, die ihre Hand ausstrecken, auf die eine oder andere Weise mein schlechtes Gewissen ausnutzen und mir erzählen, dass sie am Verhungern sind, je weniger werden.

»Ich bin so verärgert und wütend, wenn der eine Fernsehsender Abend für Abend das Gesicht dieses verhungernden Kindes zeigt mit der Mahnung *Es wartet noch immer*«, sagte eine Freundin. »Es tut so weh, das Kind zu sehen. Ich fühle mich total schuldig. Dabei kann ich so wenig tun.«

Manchmal gebe ich zu viel; dann wieder habe ich das Gefühl, zu wenig zu geben. Ich verstricke mich in meine

Co-Abhängigkeit und fechte innere Kämpfe aus, um mir über die geeigneten Maßnahmen klar zu werden.

Einmal unterhielt ich mich mit einer Frau. Sie weinte und fühlte sich wirklich schlecht. Sie hatte mit den Kreditkarten ihres Mannes das Konto überzogen, nachdem sie in eine äußerst schwierige und unsichere Lage geraten war. Jetzt hatte er zwei Jobs, sie einen. Es blieb kein Pfennig übrig für Restaurantbesuche und Freizeitvergnügen.

»Was kann ich tun?«, fragte sie. »Ich bin empfänglich für das Glück, und ich glaube an Gott, aber es ist wirklich sehr mühsam.«

Ich fragte sie, ob sie nach und nach die Schulden abbezahle, so weit es ihr eben möglich sei. Gelegentlich reden wir uns gerne ein, dass wir sechs Richtige im Lotto haben müssten, um die Rechnungen zu begleichen. Wenn wir jedoch gezielt Verantwortung übernehmen für unser Leben, wird auch ein kleines Wunder genügen. Jeden Monat zwanzig oder dreißig Mark abzustottern kann in diesem Universum zu wunderbaren Überraschungen führen.

Sie erwiderte, dass sie genau das tue.

»Dann tun Sie im Moment alles, was in Ihrer Macht steht«, sagte ich.

Plötzlich brach sie in Tränen aus und wandte den Kopf ab. »Ich fühle mich so schuldig und bin so beschämt wegen dem, was ich getan habe«, sagte sie. »Ich fühle mich wirklich schlecht.«

Vielleicht ist das der nächste Schritt zum Glück – die Schuld- und Schamgefühle zu verarbeiten.

Begrenzen Sie nicht den Überfluss und die herrlichen Geschenke dieser Welt. Glück ist mehr als nur Geld – nämlich der Zustand eines offenen Herzens. Die Gaben sind überall um uns. Manchmal ist Geld genau das, was wir brauchen. Dann wieder brauchen wir einen Freund oder einen Abend am Strand, um den Sonnenuntergang zu genießen. Oder wir brauchen Unterweisung, oder wir müssen ein Gefühl bereinigen. Indem wir die heilsame Energie von ringsum empfangen, wird uns auch Glück zuteil.

Machen Sie sich Ihre Bedürfnisse und Wünsche klar. Schnappen Sie nicht nach allem, was in Reichweite ist. Das zeugt von Mangel, und der Mangel wird sich enorm vergrößern. Setzen Sie Ihre Bedürfnisse und Wünsche auf eine Liste, selbst wenn diese nur in Ihrem Herzen existiert. Lassen Sie dann los. Dieses Universum ist lebendig und dynamisch. Geben Sie den Dingen, die zu Ihnen gehören möchten, die Chance, Sie zu finden. Sorgen Sie dafür, dass es die richtigen sind.

Dinge beinhalten Energie – von dort, woher sie kommen, und durch das, was sie mitgemacht haben. Erinnern Sie sich an meine Erfahrung im Hotelzimmer in Redondo Beach, wo ich das einheitliche Feld sah? Der Stuhl, die Tapete, das Bettgestell und alle anderen Gegenstände bestanden aus der gleichen vitalen Energie, die auch durch das Universum und die Menschen darin strömte.

Ich bin inzwischen so weit, dass ich lieber nichts habe, als mich an etwas zu klammern, das mit einer unguten Energie oder Absicht oder mit einer schmerzlichen Phase meiner Vergangenheit verbunden ist. Die Energie dessen, was um uns ist, ja selbst der Kleider, die wir tragen, ist zumindest genauso wichtig wie die Frage, ob diese Dinge als chic gelten oder nicht. Die Beziehung zwischen den Farben eines Raumes ändert sich, sobald eine neue Farbe dazukommt. Achten Sie also auf die Wechselwirkung zwischen Farben und Dingen – und darauf, wie sie zueinander passen und ob sie Ihnen entsprechen.

Arbeiten Sie mit dem Universum zusammen! Lassen Sie zu, dass alles, was zu Ihnen möchte, an die richtige Stelle gelangt. Ob es um ein Sofa oder um ein heilsames Erlebnis geht – es muss in Ihre Welt passen.

Auf meiner Reise nach Israel besuchte ich auch das Holocaust-Museum; im dortigen Kindermuseum erzeugten Spiegel und Kerzen die geeignete Atmosphäre, um jedes umgekommene Kind zu ehren. Nach dieser Erfahrung fand ich mich wieder auf der Hauptstraße durch den nördlichen Teil Pakistans, die mich nach Islamabad führen sollte. Die Armut, die ich sah, raubte mir den Atem; überall drängten sich kranke und verhungernde Menschen. Die Hauptstraße hatte zwei Spuren, aber die Autos fuhren auf jeder in beiden Richtungen. Es war wie ein Spiel, bei dem einer der Feigling ist: Wer immer es mit der Angst zu tun bekam, steuerte als erster in den Graben.

Die Fahrt dauerte Stunden. Ich schlief ein; nein, vor lauter Stress sank ich dahin. Mein Kopf lehnte an der Scheibe. Jedes Mal, wenn mein Fahrer im Graben landete, stieß ich dagegen und wachte auf. Als wir uns weiter den Weg in Richtung der Ausläufer des Himalaja bahnten, geschah etwas Seltsames. Ich wollte wirklich nicht hinschauen.

Ein Mann fegte die Hauptstraße hinunter, wobei er seine Arme benutzte, um sich aufzurichten und vorwärts zu bewegen. Er hatte keine Beine – nur einen Oberkörper, einen Kopf und zwei Arme. Ein anderer Mann jagte hinter unserem Auto her. Seine eine Hand war abgetrennt worden. Mit dem deformierten Armstumpf schlug er wie mit einem Stock an Blech und Scheibe.

Ich wandte mich ab.

Diese Forschungsreise unternahm ich in eigener Sache – und um Material für ein Buch zu sammeln. Ich hatte keine Ahnung, inwieweit die besuchten Orte mir dabei von Nutzen sein würden – und ob ich meine Leser dazu bringen könnte, mir durch das Holocaust-Museum und ins Innere von Pakistan zu folgen. Ich hielt es ja kaum mit mir selbst aus. Ich wollte keinen Schmerz sehen, der durch nichts wieder gutzumachen war. Dann fragte ich mich, ob es Gott nicht genauso ergeht, wenn er an uns denkt. Vielleicht ist das die eigentliche Bedeutung des Glaubens – Vertrauen zu haben, obgleich man lieber die Augen verschließen möchte.

Später kehrte ich nach Ägypten zurück, um erneut meinen Freund Essam zu besuchen. Ihm gehört ein kleiner Parfümladen in der Nähe der Pyramiden von Gise. Er verleiht Pferde, Kamele und Esel. Kinder aus dem Dorf kommen zu ihm, um zu arbeiten und manchmal in seinem Laden zu schlafen.

Eines Abends gingen wir spät dorthin, ich weiß allerdings nicht mehr, warum. Ein kleiner Junge von etwa zwölf Jahren – also im Alter meines Sohnes, als er starb – schlief tief und fest auf der Bank. Er hielt einen großen Stock in der Hand. Sein Gesicht war schmutzig und seine Kleider waren zerrissen.

Essam tätschelte ihm den Kopf. »Ich lass die Kinder hier arbeiten und schlafen«, sagte er. »Die meisten von ihnen haben kein Zuhause.« Nachdem wir den Laden verlassen hatten, sprach er wieder von dem kleinen Jungen. »Irgendwer muss ihn bedroht und versucht haben, ihn zu schlagen. Deshalb ist er mit dem Stock eingeschlafen.«

Auf dem Rückflug in die USA musste ich in Tunesien umsteigen. Dort verkaufte ein kleiner Junge Feuerzeuge für umgerechnet 69 Cent. Ich gab ihm einen Zehndollarschein. Das schien mir das Mindeste zu sein, was ich tun konnte.

Als ich im Flughafen auf die Maschine wartete, die mich nach Hause bringen sollte, kam ich mit einer Nonne ins Gespräch. Sie war reizend und überaus lebendig. Sie leitete in Ägypten eine Missionsstation, wo die Armen ernährt und untergebracht wurden. Sie liebte ihre Arbeit und ihr Leben. Aber sie sagte auch, dass die zahlreichen Aufgaben sie manchmal überforderten.

»Wohin man auch schaut, herrscht Armut. Auf der ganzen Welt sind die Menschen am Verhungern und in großen Schwierigkeiten. Sie sind krank und brauchen Hilfe. Früher fühlte ich mich wirklich schlecht, weil ich nicht genug tun konnte. Inzwischen habe ich jedoch erkannt, dass ich einfach nur offen bleiben und den Menschen beistehen muss, die in mein Leben treten.

Wir können nur so viel tun, wie in unserer Macht steht«, sagte sie.

Helfen Sie also den Menschen, die Ihnen begegnen, wenn Sie das tief innen für richtig halten. Bezahlen Sie Ihre Rechnungen, so weit es geht. Haben Sie keine Angst, sich umzuschauen. Seien Sie mit Leib und Seele bei Ihrer Arbeit. Falls Sie dazu die Stelle wechseln müssen, dann tun Sie das, sobald Sie es verantworten können. Öffnen Sie sich dem, was Sie wünschen und brauchen, und gestatten Sie dem Universum, es Ihnen im passenden Moment zu übermitteln.

Das Leben ist reich. Wir sind mit Wohlstand und Glück verbunden. Erträumen Sie große Dinge, und stecken Sie sich hohe Ziele.

In ihrem Buch *The Master Builder* (Der Baumeister), das all die Einsichten enthalten soll, die Menschen für ihren richtigen Lebensweg benötigen, geben die Autoren Michael Berg und Syd Kessler einen wichtigen Hinweis darauf, wie man in dieser Welt Glück und Erfolg hat.

»Die Wurzel allen Übels – Negativität, Trauer, Mangelgefühl, der Glaube, es gebe nur eine einzige Quelle –, die Wurzel alles Unerfreulichen – Not, Schmerz, Krieg – ist das Verlangen, alles nur für sich zu beanspruchen. Das trennt uns vom Wesen des Schöpfers«, schreiben diese hervorragenden Autoren.

Manchmal ist die Entbehrung nicht bloß ein Gefühl oder eine Gewohnheit, sondern eine grausame Tatsache.

Einige gewinnen in der Lotterie, andere eben nicht.

Einige werden gehässig und versuchen, alles an sich zu reißen.

Andere geben alles her. Bisweilen hat es den Anschein, als würden sie zu viel geben.

Einige tappen in die Falle. Sie denken, eine bestimmte Person oder Institution sei ihre Geldquelle. Sie verkaufen ihre Seele, fühlen sich schrecklich und sind böse auf die Leute, die ihrer Meinung nach ihr Leben kontrollieren. Sie haben sich noch nicht mit der Vorstellung vertraut gemacht, dass wir für unser Tun verantwortlich sind und dass Gott die höchste Quelle ist.

Einige werden immer bitterer, weil sie glauben, andere hätten mehr Glück und Erfolg. Ja sie sind sogar davon überzeugt, dass irgendwer ihren Wohlstand besitzt – und dass nichts mehr für sie übrig bleibt, wenn jemand anders glücklich und erfolgreich ist.

Ich meine, wir sollten unsere Steuern und unsere Rechnungen bezahlen, so weit es uns möglich ist, keine ungedeckten Schecks ausstellen, ein bisschen Geld sparen, zehn Prozent unseres Fixums spenden und uns dabei von der Stimme des Herzens leiten lassen. Wichtiger noch, als darauf zu achten, wie viel wir hergeben, ist es, diesen Fluss in Gang zu halten. Wenn wir ihn aufstauen, wird die Energie unterbrochen. Unser Lebensstrom wird schwächer. Sobald wir auf dem richtigen Weg sind, werden unsere Bedürfnisse auch befriedigt. Wenn wir jedoch von ihm abkommen, ist alle Energie blockiert. Das betrifft auch die Energie von Finanzen.

An welche Redensart versuchte ich mich zu Beginn dieses Kapitels zu erinnern? Kümmere dich zuerst ums Geld, dann kommt dein Glück von allein? Manchmal bin ich vergesslich; ich dachte, das sei ein Zitat aus der Bibel. Doch wenn ich dem Geld hinterherjage, verliere ich mein Herz und manchmal auch meine Seele. *Suche zuerst das selige Reich des Himmels, dann wird dir alles andere zuteil.* Das ist der Satz, der in der Bibel steht.

Besinnen Sie sich darauf, glücklich zu sein, achten Sie Ihre Seele und Ihr Herz. Folgen Sie Ihrem Weg, so gut es geht. Dinge machen uns nicht froh. Die Glückseligkeit aber kann uns helfen, in Frieden weiterzuwandern. Vielleicht bedeutet »alles haben« im Grunde nichts anderes, als gewisse Erfahrungen mit Geld und Glück gemacht zu haben.

Gelegentlich ist es für uns das einfachste, Geld herzugeben. Nach einer jahrelangen Heimreise und unzähligen Erfahrungen würden viele von uns eher einen Scheck ausschreiben, als ihr Inneres zu öffnen, ein Wagnis einzugehen und Liebe zu erleben. Die Angst vor der Zurückweisung – oder davor, alles wieder zu verlieren – bereitet uns derartige Qualen, dass wir lieber unglücklich sind und jene illusionäre Sicherheit bevorzugen, die ein verschlossenes Herz uns gewährt. Wir verbinden unser Glück vor allem damit, dass wir Dinge bekommen und geben, und weniger damit, dass wir Liebe schenken und empfangen.

Im nächsten Kapitel untersuchen wir die Liebe und die Art und Weise, wie wir unser Herz öffnen können. Das ist das Ziel dieser Reise – und sowohl der Schlüssel als auch das Heilmittel, wodurch wir uns der Stärke unserer Seele bewusst werden.

ÜBUNGEN

Untersuchen Sie Ihr Glück, Ihren Erfolg und Ihre Ansichten über Geld! Haben Sie Geldprobleme? Sie sollten erneut auf Ihr Tagebuch zurückgreifen und zu diesem Thema einige Notizen machen. Inwiefern jagen Ihnen finanzielle Angelegenheiten Angst ein? Fühlen Sie sich benachteiligt? Werden Sie benachteiligt, oder benachteiligen Sie sich selbst? Haben Sie in Bezug auf Geld irgendwelche Scham- oder Schuldgefühle? Haben Sie andere Menschen schon einmal betrogen? Haben Sie sich selbst betrogen, indem Sie zuließen, dass Ihnen jemand durch miese Tricks Geld aus der Tasche zog, das allein Ihnen gehörte? Vergessen Sie nicht: Geld ist ein umlaufendes Zahlungsmittel und insofern ein Ausdruck unserer Energie. Wenn wir Geld verschleudern oder seinetwegen ausgenutzt werden, so mag sich darin ein bestimmtes Muster offenbaren, das auf andere Lebensbereiche übergreift. Sind Sie finanziell von jemandem abhängig? Weshalb? Manchmal ist das durchaus angemessen. Vielleicht treffen wir aus diesem Grund eine Vereinbarung oder schließen einen Vertrag ab. Oder wir verständigen uns mit jemandem darauf, von ihm Geld zu leihen – in der ehrlichen Absicht, es wieder zurückzuzahlen. Wir betrachten das Ganze als eine zu begleichende Rechnung, als eine Verpflichtung, die erfüllt werden muss. Bisweilen bieten wir einen Dienst an – unsere Zeit – und erhalten hierfür Geld. Das ist ein rechtmäßiger Vertrag. In diesem Kapitel geht es aber vor allem auch um die tief verwurzelte Abhängigkeit von jemand anders, der für uns aufkommen soll, weil wir noch kein Bewusstsein von Glück und Erfolg haben und uns scheuen, für diese Art von Energie – für den Geldfluss – Verantwortung zu übernehmen. Treffen Sie Entscheidungen, die auf der Voraussetzung beruhen, dass Geld oberste Priorität hat? Sind Sie dadurch glücklich? Was würde geschehen, wenn Sie diesen Grundsatz fallen ließen und zuallererst der Stimme des Herzens folgten? Wir können einerseits unsere Angelegenheiten geschickt bewältigen und andererseits darauf vertrauen, dass Gott unsere Bedürfnisse befriedigt.

Welche Einstellung haben Sie in Bezug auf Geben und Empfangen? Welche Gefühle verbinden Sie tatsächlich damit? Geben Sie eine bestimmte Menge her? Zu viel, zu wenig? Das spielt eigentlich keine Rolle. Wichtiger sind die Fragen: Hören Sie auf Ihre innere Stimme, wenn Sie geben? Ziehen Sie Grenzen, wenn Sie empfangen? In beiden Bereichen haben wir die Möglichkeit, uns führen zu lassen. Wir sind fähig, so viel zu geben und zu empfangen, wie es uns richtig erscheint. Selbst auf die Gefahr hin, dass dies so klingt, als wäre ich in co-abhängige Denkmuster zurückgefallen: Ich bin mir nicht sicher, ob wir mehr geben können als Gott. Aber wir versteifen uns vielleicht auf eine Art des Gebens, die uns nicht gut tut und die Menschen in unserer Umgebung behindert, ja lähmt. Unsere Geschenke sollten von Herzen kommen. Wenn das nicht der Fall ist, handelt es sich entweder um unechte Geschenke oder um solche, die wir gar nicht machen dürfen: Dann hat jemand sie uns abverlangt, oder wir wollten mit ihnen etwas Selbstachtung kaufen. Derlei Gaben sind sinnlos.

Untersuchen Sie mit Hilfe Ihres Tagebuchs auch Ihre früheren Probleme mit Geld und Wohlergehen. Wie dachte man in Ihrer Familie über Geld? Was haben Ihre Eltern immer wieder gesagt? Welche Verhaltensmuster zeigten sie in finanziellen Angelegenheiten? Welche negativen Erfahrungen haben Sie selbst mit Geld gemacht? Vielleicht hat ein Freund das von Ihnen gewährte Darlehen nicht zurückgezahlt, oder Sie wurden hereingelegt und betrogen. Unter Umständen halfen Sie jemandem aus der Klemme, gerieten dabei ein wenig in Co-Abhängigkeit, weshalb Sie sich dann ärgerten und ausgenutzt fühlten. Haben Sie »alles« gehabt und wieder verloren?

Sind Sie momentan angespannt und besorgt wegen Geldproblemen? Schreiben Sie auch darüber. Versuchen Sie, so viele Empfindungen und Ansichten wie möglich zum Ausdruck zu bringen, damit Sie Ihren inneren Frieden wieder finden. Ich weiß, wie es ist, lange Zeit in ärmlichen Verhältnissen zu leben. Ich weiß, wie es sich anfühlt, arm und unglücklich zu sein. Aber ich weiß auch, was es heißt, arm und glücklich zu sein. Es gibt schwierige, anstrengende Phasen, aber manchmal vergisst man die eigene Armut und stellt sich vor, reich zu sein, obwohl man keinen Pfennig besitzt.

Stellen Sie Ihre Top-Ten-Liste auf! Haben Sie sich eingeredet, dass Sie glücklich werden, wenn Sie nur genug Geld anhäufen? Wie viel ist dafür Ihrer Meinung nach nötig? Und wollen Sie wirklich warten? Erinnern Sie sich an die letzten zehn Situationen, in denen Sie etwas bekamen, das Sie unbedingt haben wollten? Wie lange hielt das Glück vor, das der betreffende Gegenstand Ihnen bescherte? Stellen Sie jetzt eine Liste mit den zehn Augenblicken in Ihrem Leben auf, da Sie verzückt waren, außer sich vor Freude und Glück, da Sie die goldene, rosige Aura der Liebe ausstrahlten, aufgrund einer gerade gelernten Lektion in Hochstimmung gerieten oder spürten, wie die Hand Gottes Sie führte. Stellen Sie anschließend eine weitere Liste auf. Nennen Sie zehn Punkte, die sich allesamt darauf beziehen, dass Sie jemand anders und auch sich selbst mit dem gewünschten oder faktisch vorhandenen Geld etwas Gutes tun wollten. Dazu gehört zum Beispiel, dass Sie Geld verdienten, um für Ihre Kinder zu sorgen; dass Sie etwas für Ihre Wohnung kauften, das Ihren Mann glücklich machte; dass Sie an einem Kurs teilnahmen, um mit Hilfe der dadurch gewonnenen Kenntnisse sich selbst und andere Menschen zu heilen. Es ist wichtig, vor Selbstachtung zu strahlen. Es ist wichtig, gut angezogen zu sein, eben so, dass man sich wohl fühlt. Es ist wichtig, in angenehmen Verhältnissen zu leben, umgeben von jenen wunderbaren Dingen, die das Universum uns schenkt – ob es um einen alten Tisch geht, den wir auf der Straße gefunden, abgeschmirgelt und restauriert haben, oder um einen Gegenstand, den wir uns dank unserer Ersparnisse kaufen können. Aber der Überfluss des Universums beschränkt sich weder auf Geld noch auf eine einzige Quelle. Es kommt darauf an, zwischen Geben und Empfangen ein Gleichgewicht herzustellen.

MANTRAS

Wenn ich Zuneigung zulasse, verschwindet die panische Angst vor dem Schuldgefühl, ich sei verantwortlich für das Leiden eines mir nahe stehenden Menschen.

Ich stelle ein Gleichgewicht her zwischen dem, was ich gebe, und dem, was ich empfange.

Wenn ich mit innerer Stärke meinen Glauben empfinde und festige, erscheint meine Quelle der Freude in neuem Licht.

Meine Bedürfnisse sind genauso wichtig.

Wenn ich zwischen meinen Bedürfnissen und denen der anderen einen Ausgleich schaffe, bringe ich mir selbst Wertschätzung entgegen.

Über meinen Wert entscheide ich.

Das Leben ist Überfluss.

Die universelle Liebe existiert auch für mich.

Wenn ich meinen liebevollen Elan zum Ausdruck bringe, um andere zu führen, wird mein Leben neu definiert.

Wenn ich mein Leben in die eigenen Hände nehme, bringt das Erfüllung.

Ich lasse Glück und Erfolg zu.

EMPFOHLENE HEILMITTEL

11. Heilmittel: Gute Abschlüsse und neue Anfänge
    Siehe S. 366

8. Kapitel

Das menschliche Auge kann nur Wellenlängen
im Bereich zwischen 750 und 380 Nanometer
wahrnehmen. Dieses sichtbare Feld ist in
verschiedene Sektoren mit bestimmten
Wellenlängen unterteilt, die jeweils eine besondere
Farbe haben (die Spektralfarben Rot, Orange,
Gelb, Grün, Blau, Violett). Die Mischung all
dieser Farben ergibt weißes Licht.

WALTER SCHUMANN, *Edelsteine und Schmucksteine*

Besinnen Sie sich darauf,
wie stark Ihre Seele sein kann

Möge die Macht mit dir sein.(»May the Force be with
you.«) –

Ich dachte immer, das sei nur ein schlauer Spruch aus
der Trilogie *Krieg der Sterne* (Star Wars). Sie erinnern
sich vielleicht an den jungen Jedi-Ritter Luke Skywalker,
seinen Gegenspieler, den Finsterling Darth Vader, oder
den kleinen Außerirdischen Yoda, die wir vor Jahren auf
der Leinwand sahen und die uns zeigten, wie man mit
den wunderbaren und geheimnisvollen Kräften des Universums (der »Force«) umgeht.

Inzwischen bin ich davon überzeugt, dass es sich nicht

bloß um eine griffige Formulierung aus einem Science-Fiction-Film handelt, sondern um eine Wahrheit, die in diesem Epos dazu dient, das Herz des Kriegers zu bewegen und seine Seele zu erwecken.

Einige sehen in solchen Äußerungen ein Zeichen der Zeit, andere sprechen einfach nur von einem guten Film.

Von allen Überzeugungen, die meine Existenz beeinträchtigt haben, war die, dass ich ein Opfer sei, die lähmendste. Sie kam in jeder »Light-Show« zum Vorschein, die ich entwarf. Ich glaubte nicht, irgendeine Art von Macht, Stärke oder Kraft zu besitzen. Die Bedeutung dieser Begriffe war mir absolut nicht klar. Ich hielt mich für körperlich schwach und verstand nicht, was geistige und seelische Stärke ist.

Meine Gefühle waren unterdrückt.

Ich hielt mich für einen guten, spirituell ausgerichteten Menschen. Doch ich spürte weder meine Wut noch meinen Zorn noch irgendwelche anderen Gefühle. Ich *empfand* sie einfach nicht. Außerdem verschloss ich mein Herz – weil ich auch nicht an die Liebe glaubte.

Es ist leicht, wütend und gehässig zu sein, wenn die Leute sagen, dass sie dich lieben, und du meinst, sie wollen dich damit verletzen.

Während der letzten Jahrzehnte hat sich das Leben der Frauen und Männer in unserer Gesellschaft grundlegend verändert. Kein Wunder, dass unsere Vorstellungen von Macht und Stärke völlig durcheinander geraten sind. Lange Zeit haben Frauen die auf der ganzen Welt vorherrschende Ungleichheit der Machtverhältnisse zwischen den Geschlechtern beklagt. Dennoch gehörte ich zu den Frauen, die zu ihrer eigenen Stärke finden wollten, indem sie gerade solche Verhaltensweisen nachahmten, die bei einigen Männern so verachtenswert erschienen.

Ich assoziierte männliches Verhalten mit wahrer Macht.

Erst durch Aikido begann sich mir das Geheimnis der Macht zu enthüllen.

»Bei dieser Kampfsportart sind Frauen eigentlich viel besser als Männer«, erklärte mir mein *sensei* (Lehrmeister). »Eben weil sie direkt mit dieser großen Kraft verbunden sind, die wir als Intuition bezeichnen. Sie sind mehr in Berührung, in Einklang mit sich selbst.«

Wenn verschiedene Anhänger des Aikido über O'Sensei, den Begründer dieser berühmten Kunst des Kampfes sprachen, verloren sie kein Wort darüber, wie hart er zuschlagen konnte oder wie viele Gegner er besiegt hatte – auch sonst machten sie keine typisch männlichen Anspielungen auf seine Stärke. Vielmehr erzählte man mir Folgendes über ihn, und das hat sich mir tief eingeprägt:

»Er konnte durch die japanischen U-Bahn-Züge gehen, die derart überfüllt sind, ›dass man die Mixed Pickles des Gegenübers riechen kann‹ (ein alter japanischer Witz, der ausdrückt, dass man riecht, was der andere am Abend vorher gegessen hat), und die Menschenmenge teilte sich sofort und öffnete ihm einen Weg«, sagte Virginia Mayhew, eine Schülerin von O'Sensei.

»Das geschah deshalb, weil er immer wusste, wo er war. Er war sich jedes Schrittes bewusst, den er tat. Er war in seinem Körper, verbunden mit sich selbst. Bewusstheit ist von enormer Bedeutung.

Manchmal forderte er einen seiner Schüler auf, sich mitten in der Nacht an ihn anzuschleichen. O'Sensei spürte den Angreifer schon, ehe der durch die Tür trat. Er fühlte dessen Kommen, ohne ihn gesehen oder gehört zu haben.

Es war, als nähme er dessen Gegenwart durch die Luft, durch den Äther wahr. Ein so waches Bewusstsein besaß er.«

Die Flamme einer Kerze reagiert auf die geringste Luftbewegung.

Auch wir können lernen, in hohem Maße bewusst zu sein.

Das ist Macht – echte geistige Stärke, die auf unserer Verbindung zum Universum und zur Urkraft (»Force«) beruht.

Ich hatte immer gedacht, wahre Macht zeige sich darin, anderen lautstark Grenzen zu setzen. Jetzt bin ich anderer Meinung. Je stärker ich mich fühle, desto leiser kann ich sprechen. Manchmal zeugt es von Stärke, wenn wir den Mut haben zu sagen: »Ich liebe dich« – und dann dem anderen zuhören und seinen Liebesbeteuerungen ebenfalls Glauben schenken.

»Ich muss meinen Vater *auffordern*, mir zu sagen, dass er mich liebt«, sagt ein Mann. »Ich telefoniere mit ihm. Wir besuchen uns. Und am Ende bitte ich ihn: ›Vater, sag mir, dass du mich liebst.‹ Er lernt dazu. Und ich auch.

Als ich neulich mit meinem Bruder redete, erzählte er, dass er seinem Sohn, meinem Neffen, nie sage, dass er ihn liebt. Ich schrie ihn an. ›Wie bitte? Nach all dem Schmerz, den wir früher deswegen erleiden mussten, machst du jetzt das gleiche mit deinen Kindern?‹«

Legen Sie alte Gewohnheiten allmählich ab.

Wenn ich manchmal Leuten von den Ländern berichte, die ich für meine Recherchen bereise – Algerien,

Israel, Pakistan (geplant sind Bosnien und Irak) –, dann schrecken sie zurück. *Fahr da nicht hin*, sagen sie. *Hast du etwa keine Angst?*

Gelegentlich macht es mir mehr Angst, nachts durch Los Angeles zu fahren.

Von Israel aus telefonierte ich einmal mit meiner Tochter, die im Zentrum von Los Angeles mit ihrem Auto im Stau stand. »Bist du in Sicherheit?«, fragte sie. »Ja, das ist ganz gut hier«, antwortete ich. »Auf jeden Zivilisten, den ich sehe, kommen etwa ein bis zwei Militärposten oder Polizisten.«

Dann hörte ich, wie Nichole aus dem Autofenster nach draußen schrie. Irgendjemand schrie zurück.

»Die Ampel ist ausgefallen«, sagte sie. »Alle Autos stehen im Stau. Ich bin zu weit in die Kreuzung hineingefahren. Der Typ, der von der anderen Seite kam, konnte nicht durch. Er hat gedroht, mich umzubringen.«

Gewiss, bisweilen habe ich Angst, wenn ich diese Länder bereise. Aber wenn ich mich allzu sehr fürchte oder wenn meine innere Stimme mir rät, nicht zu fahren, dann bleibe ich zu Hause. Außerdem stört es die Journalistin in mir nicht, bis zu den vordersten Linien vorzudringen. Ich dachte immer, in Sicherheit zu sein sei gleichbedeutend damit, sich daheim zu verstecken, nirgendwo hinzugehen, nichts zu riskieren.

Ich bin dabei, diese Überzeugung aufzugeben.

Im Laufe meines Lebens habe ich mich an vielen Orten häuslich eingerichtet, die weder gemütlich noch mein wahres Zuhause waren. Nur allzu leicht sitzt man fest an einer Stelle, wo man unglücklich ist, und passt sich allmählich an. Wir verinnerlichen Gewohnheiten und Gefühle so lange, bis wir uns gar nicht mehr daran erinnern können, wer oder wo wir eigentlich sind. Wir sprechen von Zuhause nur, weil wir uns dort niedergelassen haben.

Wir vergessen uns selbst – wie sehr wir leiden und wie traurig wir sind. Wir gewöhnen uns daran, Kummer zu haben, und fangen an zu glauben, dass es für uns keine andere Möglichkeit gibt.

Es macht mir nichts aus, einer kleinen Gefahr ausgesetzt zu sein. Natürlich bin ich keine Draufgängerin – und auch nicht *übermäßig* abhängig von dreidimensionalen Dramen. Aber ich beobachte gerne, was passieren kann, wenn sämtliche fünf Dimensionen des Lebens zusammentreffen. Nicht allzu sehr auf Sicherheit zu spielen und manchmal am Abgrund entlangzugehen hilft der Journalistin und Schriftstellerin in mir, lebendig zu werden.

Darüber hinaus machte es mir lange mehr Angst, zu hören und zu sagen »Ich liebe dich«, als in den Irak zu reisen.

Das ändert sich allmählich. Ich hatte alles, und ich verlor alles. Jetzt bekomme ich es allmählich wieder zurück.

Als ich nichts zu verlieren hatte, war ich viel weniger von bewusster Angst geplagt. Inzwischen weiß ich, wie verletzlich ich bin. Manchmal zögern wir, unseren Träumen und unserem Schicksal zu folgen, weil wir uns derart fürchten. Wenn uns alles geschenkt wird – eine Person oder eine Sache, die uns wirklich am Herzen liegt –, besteht die Gefahr, dass wir alles einbüßen.

Wir sprechen vielleicht davon, »auf Nummer Sicher zu gehen«. Möglicherweise sagen wir den Leuten sogar, dass wir uns redlich Mühe geben. Aber ich glaube, dass wir abseits stehen mit verschlossenem Herzen und uns als unbeteiligte Zuschauer sehen. Unsere Gedanken, Wahrnehmungen und Gefühle sind die eines Opfers.

Es ist Zeit, sich daran zu erinnern, wie stark unsere Seele im Grunde ist. *Möge die Macht mit dir sein* ist kein schlauer kleiner Spruch, sondern ein bedeutsamer Hinweis darauf, wie wir zu wahrer Stärke finden.

In *Das Imperium schlägt zurück* (The Empire Strikes Back), dem zweiten Film der »Star-Wars«-Trilogie, gibt es eine Szene, in der Luke Skywalker, der Jedi-Ritter in der Ausbildung, zu Yoda sagt, er wolle versuchen, sein havariertes Raumschiff mit Hilfe der »Macht« aus dem Schlamm zu ziehen.

»Nein, versuch es nicht«, entgegnet ihm Yoda, der achthundert Jahre alte Jedi-Meister. »*Tu es oder tu es nicht*. Es gibt keinen Versuch.«

Luke unternimmt einen zaghaften Versuch, der misslingt, und wendet sich dann angewidert ab von Morast und Raumschiff. Yoda beobachtet ihn und schüttelt den Kopf. Daraufhin streckt der winzige Jedi-Meister seinen kleinen Arm aus, konzentriert all seine Energie und zieht das Raumschiff aus dem Sumpf.

Er weiß, wie er sich mit der »Macht« in Einklang bringt und sie nutzt.

»Ich fass es nicht«, sagt Luke verblüfft.

Yoda aber schüttelt nur traurig den Kopf und erteilt dann dem jungen Skywalker die nächste Lektion.

»Deshalb versagst du.«

Luke hat aus seinem »Versagen« eine wichtige Lehre gezogen. Auch wir lernen etwas Wichtiges aus all unseren Erfahrungen, wenn wir dafür offen sind. Die Reise nach Hause ist lehrreich und heilsam – und hilft uns, die

Wahrheit zu entdecken. Luke fand heraus, dass wir nur das schaffen können, woran wir auch glauben. Der Glaube muss stärker sein als ein zaghafter oder halbherziger Versuch, uns einer Sache zu vergewissern. Der Glaube muss bis in den Solarplexus, ins Herz und in die Seele reichen.

Wir wissen, wann wir an etwas glauben und wann nicht – ob wir noch in dem Stadium sind, wo wir zu glauben versuchen. Dennoch sind beide Zustände wichtig. Wenn wir noch keinen festen Glauben haben, müssen wir – wie Luke Skywalker – zumindest unsere Lektion lernen und verstehen, was wir noch nicht glauben.

Unsere Wahrheitssuche wird uns an viele Orte führen. Das ist ein äußeres Abenteuer, zugleich aber auch eine innere Reise. Wir steigen in uns selbst hinab, und diese Unternehmung spiegelt sich wider in der äußeren Welt.

Es handelt sich um eine Reise durch die sieben Feuerringe, welche die »Chakren« (oder Energiezentren) in unserem feinstofflichen Körper, unserer Seele, repräsentieren. Sie stellen die Verbindung zur Kraft her – und zu all unseren anderen Körpern: zum physischen, mentalen, emotionalen, psychischen und spirituellen Körper. Fühlen Sie also die Farben – angefangen mit dem Rot an der Wurzel, am Ende der Wirbelsäule. Hier manifestiert sich unsere Verbindung zur Erde und zum physischen Körper. Der Feuerring im Unterleibsbereich ist ein glühender Kreis aus leuchtendem Orange. Das ist das Zentrum unserer Sexualität und der Sitz unserer Kreativität. Im Solarplexus hat der wirbelnde Kreis eine goldgelbe Farbe. Er bewirkt unsere Verbindung zu *prana*, zum *ki*, zu jenen Kräften, die um uns, in uns und für uns tätig sind. Sobald wir dieses Zentrum reinigen, handeln wir allmählich so, wie es für uns am besten ist, und entdecken die heilsamen Energien in uns und in der Welt. Hier hat unsere Beziehung zum mentalen (kausalen) Körper ihren Ursprung.

Über unserem Herzen ist der Kreis ein vibrierender, gesunder, blatt- oder jadegrüner Feuerring. Wenn Sie in diesen Ring springen, erfahren und empfinden Sie die Liebe. An dieser Stelle befindet sich das Zentrum unseres emotionalen Körpers; diesen Ort kann man auch als unsere Heimat bezeichnen.

Über der Kehle liegt ein himmelblauer Feuerring. Von dort aus artikulieren wir unsere innere Wahrheit. Sobald wir die Blockaden um dieses Energiezentrum beseitigen, können wir uns gar nicht mehr daran erinnern, dass wir einmal große Mühe hatten, das eigene Ich zu offenbaren. Es ist jenes Chakra, durch das wir uns selbst zum Ausdruck bringen.

Über der Nasenbrücke – also zwischen den Augenbrauen – ist ein Ring aus flammendem Purpur, Indigo, Violett. Wenn wir ihn reinigen, öffnet und klärt sich unser psychischer Körper. Hier ruht das mystische oder dritte Auge, von dem seit Anbeginn der Zeit gesprochen wird. Hegen und schätzen Sie es. Halten Sie es offen. Lassen Sie sich nicht in die Irre führen. Dieses Auge hilft Ihnen, mit den höchsten spirituellen Wahrheiten in Verbindung zu treten. Sie werden in einer Weise sehen und hören, wie Sie es bisher nicht für möglich hielten, und Einblick gewinnen in das Leben auf höheren Ebenen. In Augenblicken des Zweifels und der Unentschlossenheit wird Ihre Intuition Sie besser führen als der Verstand.

Oben auf dem Kopf schließlich ist ein wirbelnder Kreis aus reinem weißem Licht. (Von uns aus gesehen, drehen sich alle Kreise gegen den Uhrzeigersinn.) Hier ist unser höchstes spirituelles Energiezentrum angesiedelt; es beheimatet unseren spirituellen Körper, unsere Seele.

Achten Sie darauf, dass alle Zentren rein bleiben. Es bedarf sämtlicher Farben – Rot, Orange, Gelb, Grün, Blau und Violett –, um das weiße Licht zu erzeugen.

Wichtig ist, den Übergang vom einen Chakra zum nächsten bewusst wahrzunehmen. Falls wir ein Energiezentrum auslassen – also die Heilung und Reinigung, die dort stattfinden muss, ignorieren – sind wir unvollständig. Was übergangen oder nicht berücksichtigt wurde, verfolgt uns weiterhin. Geistig wach zu sein, obwohl das Herz verschlossen und trüb ist, bringt sowohl den anderen Menschen als auch uns selbst nur wenig. Und wenn wir unfähig sind, auf uns aufzupassen und klar zu denken, zugleich aber ein offenes drittes Auge haben, so gerät unser Leben aus dem Gleichgewicht.

Das Universum wird uns automatisch zu jenen Situationen führen, die wir bereinigen müssen, und jedes Energiezentrum öffnen. Es spiegelt die Lektionen wider, die wir zu lernen haben.

Tragen Sie auf Ihrem Weg die einzelnen Teile zusammen, die zum Puzzle Ihres Lebens gehören. Beachten und sammeln Sie die für Sie bestimmten Hinweise. Geben Sie sich dem Fluss des Geschehens hin, sobald Wendungen und Umschwünge erfolgen, und bleiben Sie zentriert, ausgeglichen und klar mit sich selbst. Jeder Mensch ist die Mitte des Universums. Seien Sie stets aufmerksam und konzentriert und ruhen Sie immer in sich.

Nachdem ich im Aikido meine ersten Prüfungen bestanden hatte, forderte mich mein Lehrmeister auf, an einem Experiment teilzunehmen. Es war weder für die anderen Schüler noch für ihn selbst gedacht. Vielmehr sollte ich mich selbst testen, um besser zu begreifen, was ich bisher gelernt hatte. Er wollte mir zu der Einsicht verhelfen, wie stark ich bin.

Ich sollte mich in der Mitte des Fußbodens hinsetzen, im Zustand der Widerstandslosigkeit meine Aufmerksamkeit auf den Atem richten und völlig in mir selbst ruhen. Der Lehrmeister bat einige Männer, mich zu schubsen und zu versuchen, mich zur Seite zu kippen. Meine Aufgabe war es, derart zentriert und mit der Kraft verbunden zu bleiben, dass keine Kraftanstrengung mich niederdrücken konnte.

Ich war inzwischen vertraut mit der hierfür notwendigen Geisteshaltung und wusste, was zu tun und was zu unterlassen war. Ich kannte die Ausbildungsmethoden. Falls ich zu ängstlich war, falls ich versuchte, von meiner physischen Kraft – die im Grunde keine echte Stärke ist – Gebrauch zu machen, oder mich auf Machtspiele einließ oder mich mit Händen und Füßen sträubte, würde ich den kürzeren ziehen.

Wenn ich nicht daran glaubte, dass ich es schaffe, würde ich umfallen, und das Experiment wäre gescheitert.

Ich musste in mir ganz klar sein.

Ich bin ein Meter sechzig groß und wiege etwa 55 Kilo. Ruhig atmend saß ich da. Zuerst drückte ein Mann – ungefähr ein Meter achtzig groß und über 100 Kilo schwer – mit aller Kraft gegen meine Schultern. Ich atmete weiter und blieb in mir zentriert. Ich schwankte kein bisschen.

Dann gab mein Lehrmeister einem zweiten Mann das Zeichen, gegen den ersten Mann zu drücken. Dieser zweite Mann mochte etwa ein Meter dreiundsiebzig groß sein und gut achtzig Kilo wiegen.

Dennoch rührte ich mich keinen Zentimeter von der Stelle.

Ein dritter Mann drückte gegen den zweiten, der sich weiterhin mit aller Macht gegen den ersten in der Reihe stemmte, der wiederum mich umstoßen wollte.

Trotzdem saß ich still und klar da, atmete tief ein und aus, davon überzeugt, dass ich dem Druck standhalten würde.

Ein vierter Mann kam hinzu und dann ein fünfter.

Schließlich gab ich auf. Ich fühlte den Moment, da es geschehen würde. Ich glaubte nicht mehr daran, der Last gewachsen zu sein. Ich fiel vornüber und schlug auf den Boden.

»Du hast deine Sache gutgemacht«, sagte mein Lehrmeister, »besser, als ich dachte. Der nächste Schritt besteht jetzt darin, die kleine Drehung am Ende zu erlernen, mit der du alle Energie an deine Widersacher zurückgibst. Wenn du dich genau richtig bewegst, kippst du nicht um. Vielmehr wird jeder in der Reihe, der gegen dich drückt, zu Boden fallen.«

Das ist die gute Nachricht. Ganz gleich, wie lange wir schon an uns arbeiten und wie viel wir inzwischen gelernt haben – die Reise ist noch nicht zu Ende.

Alle richtigen Bewegungen geschehen wie von selbst, obwohl wir uns konzentrieren, engagieren und manchmal hart an den Übungen arbeiten müssen, welche die Grundlage des geistigen Weges bilden. Wir brauchen keine falsche, störende oder unausgewogene Maßnahme zu ergreifen. Das ist nicht die Art und Weise, wie die Kraft wirksam wird. Wenn wir die Dinge erzwingen wollen, bewegen wir uns verkehrt. Nehmen Sie also die ganzen Energien des Universums in sich auf. Stellen Sie die Verbindung zu all den Kraftströmen in Ihrer unmittelbaren Umgebung her. Diese sind kostenlos und stehen Ihnen jederzeit zur Verfügung. Die Reise nach Hause führt direkt zur wahren geistigen Kraft.

Als ich meine Reise durch den Westen der Vereinigten Staaten antrat, um das Meditationsbuch *Kraft zur Selbstfindung* zu schreiben, wurde mir schon nach einigen Stunden Autofahrt bewusst, wie sehr sich mein Herz gegenüber dem Leben verschlossen hatte. Ich war erneut in die Tretmühle zurückgekehrt – eine gewohnheitsmäßige Reaktion auf die Pflichten des Alltags. Ich sprach ein kleines Gebet und bat Gott und das Universum, mir zu helfen, damit ich offener und empfänglicher würde. Bald schon sah ich am Straßenrand eine heilige Stätte. Es handelte sich um ein Denkmal, das in den Hügel gebaut war, um an den Kreuzweg zu erinnern – an jene Ereignisse, die vor der Kreuzigung und Auferstehung Christi stattfanden. Das Bauwerk war schon vor Jahren errichtet worden. Einige Steine in der Treppe hatten sich gelöst. Die Sonne ging gerade unter. Auf dem Schild stand: *Betreten auf eigene Gefahr.*

Ich ging trotzdem die Treppe hinauf; allzu große Gefahren schienen nicht zu bestehen. Allerdings wusste ich nicht, warum ich diese Stufen überhaupt nahm. Nur eine leichte Anziehung des Universums hatte mich hierher geführt. Als ich den Kreuzweg abgeschritten und jedes kleine Gebet gelesen hatte, brach ich in Tränen aus. Ich war in Einklang gekommen mit der Liebe und dem Mitgefühl des Universums. Dieser unauffällige heilige Ort war in Liebe erbaut worden, hatte im

Laufe der Jahre Energie gespeichert und dann seine Aufgabe erfüllt. Er hatte mir geholfen, mein Herz aufzuschließen.

Gehen Sie ein Wagnis ein. Öffnen Sie sich!

Mögen die Quelle und die Urkraft der gesamten Schöpfung stets mit Ihnen sein.

Übungen

Glauben Sie nicht mehr, dass Sie ein Opfer sind. Schreiben Sie über Ihre diesbezüglichen Auffassungen etwas ins Tagebuch. Seit wann vertreten Sie sie, und wie kamen sie zustande? In welchen Situationen waren Sie derart machtlos, dass Sie die Realität völlig anders interpretierten und zu der Überzeugung gelangten, die Opferrolle spielen zu müssen? Reicht das bis in die Kindheit zurück? Halten Sie auch jene Vorfälle in Ihrem Erwachsenenleben fest, die diese Ansichten noch verstärkten. Nehmen Sie ganz bewusst die Warnsignale wahr, die darauf hindeuten, dass sich diese Überzeugung erneut »einschleicht«. Achten Sie auf Ihre Äußerungen, den Ton Ihrer Stimme, Ihre Körperhaltung. Wir können das Leben zwar nicht kontrollieren, aber wir sind keine Opfer. Wir alle haben Zugang zur Kraft – kostenlos. Vielleicht müssen wir einige schwierige Entscheidungen treffen, und von Zeit zu Zeit müssen wir uns wohl von einigen Menschen und Dingen verabschieden. Aber der Preis, den wir zahlen, wenn wir uns durch bestimmte Personen oder Umstände zum Opfer stempeln lassen, ist wesentlich höher als der, den wir zahlen, wenn wir der Stimme des Herzens folgen und uns selbst lieben.

Öffnen und reinigen Sie Ihre Energiezentren. Es folgt eine Übung, die unsere Chakren reinigt und die wir jeden Tag oder mehrmals im Laufe eines Tages benutzen können, um uns klar, ausgeglichen und mit unseren wahren Kräften verbunden zu fühlen. Ein Heiler zeigte sie mir vor einigen Jahren; seither mache ich sie regelmäßig. Gewöhnen Sie sich an die einzelnen Schritte, und bedienen Sie sich ihrer, wann immer Sie das Bedürfnis haben, die Verbindung zu Ihrem Selbst zu erneuern. Bloß darüber nachzudenken bringt nichts. Sie müssen diese Übung tatsächlich durchführen; dann erst spüren Sie ihren positiven Effekt.

Vergegenwärtigen Sie sich zunächst die Stelle und die Farbe jedes Chakras oder Energiezentrums auf Ihrem Körper: Rot am Ende der Wirbelsäule, Orange im unteren Bauchbereich, Gelb über dem Nabel, Grün über dem Herzen, Himmelblau über der Kehle, Violett zwischen den Augenbrauen und Weiß oben auf dem Schädel. Versetzen Sie jeden Kreis in eine wirbelnde Bewegung gegen den Uhrzeigersinn (von Ihnen aus gesehen), und atmen Sie konzentriert hinein. Holen Sie tief Luft und richten Sie Ihre Aufmerksamkeit auf jedes einzelne Chakra – vom unteren Ende bis zum Schädel. Sehen Sie jeden wirbelnden Kreis vor sich und lassen Sie Ihren Atem hineinströmen. Atmen Sie dann langsam aus, derweil Sie vom Schädel wieder zum unteren Ende zurückkehren. Während des Ein- und Ausatmens halten Sie für einen Augenblick bei jedem Chakra inne und achten auf den farbigen Ring, der sich deutlich und schnell um die eigene Achse dreht. Jeder dieser Ringe sollte etwa die Größe einer 45er Single haben. Wandern Sie mindestens zehnmal die Energiezentren hinauf und hinunter. Falls Sie dabei Probleme haben oder eines der Zentren blockiert scheint und Sie es nicht in eine klare Kreisbewegung versetzen können, verweilen Sie eine Zeit lang an der betreffenden Stelle, atmen in sie hinein und aus ihr heraus, bis Sie das Gefühl haben, dass das Hindernis beseitigt ist.

Wenn ein Chakra durch emotionale Energie oder durch die Anhänglichkeit einer anderen Person blockiert ist, macht es Sie manchmal fast schwindlig, den Kreis zu drehen und den Atem dort ein- und ausströmen zu lassen. Deshalb ist diese Übung nicht geeignet für Autofahrten, und auch im Stehen müssen Sie aufpassen. Am besten legen Sie sich bequem hin. Gelegentlich widme ich mich ihr in der Badewanne oder im Dampfbad. Die heilsame Kraft des Wassers verstärkt noch ihre besondere Wirkung.

Außerdem bereitet es Vergnügen, diese Übung an energiegeladenen Orten durchzuführen – am Strand, auf dem Waldboden, in den Bergen, an einem Wasserfall oder Fluss. Ich habe sie in den ägyptischen Pyramiden und auf einem Gipfel im Himalaja gemacht. Sie ist ein äußerst nützliches Hilfsmittel, sobald Sie die geistige Energie eines solchen Ortes aufnehmen und speichern möchten.

MANTRAS

Wenn ich die Sicherheit erlange, mir durch geistige Einsicht meiner Stärke bewusst zu werden, verschwindet meine Streitlust.

Wenn ich eine gesunde Selbstliebe empfinde, verwandelt sich die Zwietracht in eine innige Verbindung mit meiner Kraftquelle.

Ich bin voller Leben.

Das Leben und ich sind eins.

Ich bin stark.

EMPFOHLENE HEILMITTEL

12. Heilmittel: Das Herz öffnen
    Siehe S. 384

3. Teil

HEILMITTEL

Die Stärke ändert sich nicht, wohl aber die Kraft,
wenn der Äther sich ändert.
Die Stärke ist der Wille Gottes, und der Wille ist
allmächtig, und die Kraft ist die Manifestation
dieses Willens, beherrscht vom Atem Gottes,
seinem Geist.

Es gibt eine Kraft in den Winden,
eine Kraft in den Wellen,
eine Kraft im Blitzschlag,
eine Kraft im menschlichen Arm,
eine Kraft im Auge.

Der Äther ruft derlei Kräfte hervor, und der
Gedanke Gottes, der Engel, der Menschen oder
anderer denkender Wesen lenkt die Stärke;
wenn diese ihre Aufgabe erfüllt hat,
erlischt die Kraft.

LEVI, *The Aquarian Gospel of Jesus the Christ*

1. Heilmittel

Das Verblüffende ist, dass man Bewusstheit nicht ohne weiteres unterdrücken kann. Dazu bedarf es der ständigen Bemühung. Man muss sich wirklich anstrengen, um unglücklich zu sein.

PAUL WILLIAMS, *Das Energi*

Die Angst überwinden

Benutzen Sie es bei Panikattacken und Angstzuständen – und um die lähmenden, giftigen Wirkungen der Angst sofort zu lindern.

Wie viel Angst ich in mir trug, wusste ich erst, als ich anfing, meine Gefühle wirklich zu empfinden.

Es gibt zwei Arten von Angst. Eine ist die unterdrückte, heimliche Angst, die uns gefangen hält und daran hindert, das Leben in seiner ganzen Vielfalt zu erfahren, weil wir so sehr in sie verstrickt sind, dass wir sie nicht einmal mehr wahrnehmen. Wir können dieses Gefühl mit Apathie, Achtlosigkeit, Trägheit, Desinteresse, Abneigung gegen eine Sache oder uns selbst, Lebensüberdruss, Verachtung, Unverständnis, vermeintliche Bedürfnislosigkeit oder Getrenntsein umschreiben. All diese Bezeichnungen gestatten es uns, die Angst als Versteck zu benutzen. Wir machen aus ihr eine sichere Zuflucht, was sie jedoch keineswegs ist.

Die andere Art von Angst erschüttert unser Bewusstsein wie der Angriff eines Höllenungeheuers. Wir haben schwitzige Hände und Herzrasen, wir hyperventilieren, unsere Gedanken sind unklar und unsere Gefühle völlig durcheinander. Das drückt sich in solchen Formulierungen aus wie: *Ich spüre meinen Körper nicht mehr. Ich weiß nicht, wer ich bin. Ich empfinde überhaupt nichts. Es gibt für mich keinen Weg. Ich habe kein Ziel. Ich wurde im Stich gelassen. Lieber Gott, ich würde gerne eine Nummer für geistige und seelische Notfälle wählen, aber meine Kehle ist wie zugeschnürt, sodass ich ohnehin kein Wort herausbrächte.*

Es hat den Anschein, als würde die Welt uns immer enger einkreisen. Und das ist tatsächlich auch der Fall. Allerdings handelt es sich um jene Welt, die wir in unserem Kopf entworfen haben.

Mein Freund Kyle spricht in diesem Zusammenhang von »Sorgenmacherei«. Wenn ich ihm sage, dass das kein richtiges Wort sei, zuckt er nur mit den Schultern und erwidert: »Dann mache ich es eben dazu.«

Ob man das Ganze Panikattacke, Furcht, Sorge, Angst, Schrecken, innere Unruhe, posttraumatische Stressreaktion oder latente Hysterie nennt, ob es um die Furcht vor etwas Bekanntem oder um die Angst vor dem Unbekannten geht, ob es die unbewusste, tief verwurzelte, ungefühlte Angst ist oder jene Angst, die einen so hart und schnell trifft, dass man sie einfach erkennen muss – dieses Heilmittel soll Ihnen dabei helfen, Ihre Angst zu empfinden, sich von ihr zu befreien und sie zu heilen, damit Sie Ihren Weg freudig weitergehen können.

Die Angst stellt sich anscheinend völlig unerwartet ein und unterbricht den gesamten Lebenszusammenhang. Dann sind Sie außerstande, den nächsten Schritt zu antizipieren und abzuschätzen, geschweige denn zu tun; unfähig, sich mit Herz und Seele zu verbinden. Die Angst bringt Sie aus der Fassung, behindert Sie, gibt Ihnen das Gefühl, wahnsinnig zu sein, abgetrennt von sich selbst, von Gott und der Welt ringsum. Etwaige Lösungen erscheinen Ihnen unmöglich und sowieso falsch, denn Sie empfinden ja nichts als Panik.

Geben Sie der Angst einen Namen. Geben Sie ihr ein Gesicht. Achten Sie ihre Gegenwart, indem Sie sich erlauben, Angst als das zu fühlen und anzuerkennen, was sie ist – Angst. Lassen Sie sie gewähren. Lassen Sie sich von ihr etwas über sich selbst, ihre Überzeugungen und das Leben insgesamt beibringen. Vielleicht ist es gar nicht *Ihre* Angst. Vielleicht haben Sie sie – kürzlich oder schon vor längerer Zeit – von einem Ihnen nahe stehenden Menschen übernommen, der verschreckt und besorgt war. Machen Sie sich Ihre Angst bewusst, damit sie dann von Ihnen weichen und in den Äther aufsteigen kann.

Befreien Sie sich von der Angst!

Wenn Sie Ihre Angst empfinden und eingestehen, ist der Kampf schon halb gewonnen.

Spüren Sie, wie Sie allmählich wieder ins Gleichgewicht kommen, sobald Sie merken, was in Ihnen vorgeht. Damit beginnen Sie bereits, sich von Ihrer Angst zu heilen. Sie sind jetzt nur noch ein paar kleine Schritte vom richtigen Weg, vom harmonischen Zustand entfernt – und fast im Begriff, erneut aus dem Innern heraus zu leben, zu handeln, zu arbeiten, zu lieben, zu denken und zu fühlen.

Die Angst verhindert, dass wir mit unserer unmittelbaren Umgebung und mit dem geheimnisvollen Universum, in dem wir leben, in Beziehung treten. Diese Sperre ist aber eine Einbildung. Sehen Sie nur! Sie löst sich langsam in Luft auf. Sie war gar nicht real.

Die Sperre war genauso unwirklich wie Ihre Angst.

Angst ist lediglich ein Gefühl, eine kleine Explosion von ziemlich negativer Energie, die durch unsere Mitte strömt. Das Problem ist, dass wir sie in Gedanken verstärken und so groß machen, bis sie uns aufzehrt.

»Manchmal glaube ich, dass gar nicht die Angst mein Feind ist. Ich selbst bin mein Feind«, sagt eine Frau. »Irgendetwas passiert – oder unterbleibt –, das nicht dem Plan entspricht, den ich für mein Leben entworfen habe. Ich stürze mich auf dieses Ereignis wie ein Hund auf den Knochen und bin völlig außer mir. Meine Gedanken überschlagen sich, mein Herz rast wie wild, und mein Blutdruck steigt. Aus der kleinsten Regung oder aus einem unbedeutenden Vorfall mache ich eine handfeste Tragödie.

›O mein Gott‹, sage ich mir. ›Das werde ich nie in den Griff kriegen. Gott hat mich verlassen. Ich bin total auf der falschen Spur. Ich werde versagen. Erst wird das passieren und anschließend das. Mein ganzes Leben ist ein Kartenhaus, und es wird zusammenstürzen und mich unter sich begraben. Was dann? Öffentliche Kasteiung? Mindestens.‹«

Wir haben ein bisschen Angst und entfachen daraus einen Wirbelsturm der Negativität, der Furcht und manchmal des blanken Entsetzens.

»Ich weiß, dass es wichtig ist, meine Angst und Panik zu fühlen und zu bejahen«, berichtet eine andere Frau.

»Ich habe im Moment viele Probleme mit meiner Angst. Aber ich muss aufpassen, dass ich mich nicht hinter ihr verstecke, sie als Vorwand benutze, um irgendwie einzigartig zu sein oder um mir die Auseinandersetzung mit anderen oder mit mir selbst zu ersparen. Ich muss meine schreckliche Furcht akzeptieren, aber ich darf keinen Gefallen an ihr finden.«

Und was ist mit all den Dingen, die Angstreaktionen durchaus rechtfertigen – mit dramatischen Ereignissen, Misserfolgen, seelischen Leiden, all jenen Dingen, die schief gehen können? Was ist, wenn Angst uns aus gutem Grund veranlasst, eine potenziell gefährliche Situation zu meiden?

Sie werden schon wissen, was jeweils zu tun ist. Die Antwort liegt in Ihrem Herzen. Jedenfalls sind Sie sich über den nächsten Schritt erst dann im Klaren, wenn Sie Ihre Angst zugegeben und respektiert haben.

Lassen Sie mich eine kleine Geschichte erzählen.

Ich habe bereits meine liebe Freundin Virginia erwähnt. Sie ist eine Aikido-Meisterin. Außerdem besitzt sie den schwarzen Gürtel im Judo. Sie hat mit Derwischen in Indien getanzt, bei Gurus ihre Einsichten vertieft und vieles erreicht, was man in unserer Gesellschaft einer Frau nicht zutraut. Jetzt, im Alter von fast siebzig Jahren, leidet sie unter Herzproblemen und den Folgen von zwei Schlaganfällen. Aufgrund ihrer körperlichen Verfassung rollt sie nur noch manchmal über die Matten im *dojo*. Aber die Art und Weise, wie sie die spirituelle Seite des Aikido behandelt, ist kraftvoll, heilsam und faszinierend.

Als ich sie einmal im Auto herumfuhr, um ihr bei der Erledigung von Einkäufen zu helfen, fragte sie mich, welchen Gefallen sie mir dafür tun könne. Ich antwortete, bei jedem Zusammensein mit ihr würde ich etwas Wichtiges lernen und das sei schon genug. Sie aber bestand darauf, mir etwas zurückgeben zu dürfen.

Zu jener Zeit bereitete es mir Kopfzerbrechen, wie ich mit einer bestimmten Situation und einer Beziehung umgehen und eine sinnvolle Lösung finden sollte. Abgetrennt von meiner inneren Wahrheit, tappte ich im Dunkeln. Ich fühlte mich benommen, verwirrt, verlassen und ängstlich.

»Bete für mich«, sagte ich zu Virginia. »Bitte darum, dass Gott mir in dem, was ich durchmache, beisteht. Das kannst du für mich tun. Das brauche ich von dir.«

»O meine Liebe«, erwiderte sie. »Ich werde Gott bitten, dich mit Licht, Schutz und Wahrheit zu umgeben. Ich werde dafür beten, dass du von Dunkelheit, Übel und Angst verschont bleibst. Aber ich brauche nicht zu erbitten, dass Gott dir beisteht, weil Er immer schon bei dir ist, wohin du auch gehst. Ich bete also darum, dass du wissen und dich erinnern mögest, dass du überall in Sicherheit bist.«

Wir werden beschützt, egal, wohin wir gehen – selbst wenn wir ins Zentrum unserer Angst vordringen.

Manchmal will uns die Angst etwas mitteilen. Geh nicht dorthin, sagt sie, sonst stößt du auf ein Problem, das für dich völlig unnötig ist. Du brauchst es nicht. Lass die Finger davon.

Jede neue Erfahrung ist gleichsam eingebettet in Angst. Bisweilen erscheint sie undurchdringlich und tief verwurzelt, ohne dass ich sie direkt fühlen oder als Angst identifizieren könnte. Und so versuche ich, mich der Erfahrung hinzugeben, doch das misslingt, eben weil ich voller Angst bin. Ich will durch eine Wand hindurch, die sich eigentlich in meinem Innern befindet. Indem wir unsere Ängste immer wieder – manchmal vor jedem weiteren Schritt – empfinden und dann loslassen, bewegen wir uns vorwärts und ins nächste Stadium unseres Lebens.

Gelegentlich sind unsere Ängste Phantome, die wir im Kopf erzeugt haben. Die Botschaft lautet also: tief durchatmen, schwankend weitergehen, Angst und Sorge durchqueren und trotz allem die entsprechende Maßnahme ergreifen. Es kann gut sein, dass wir uns noch mehr Sorgen machen, wenn wir die Angst verdrängen. Wir schrecken davor zurück, die Wahrheit zu erkennen – ob es darum geht, wie viel Geld wir auf der Bank haben, wann unsere Rechnungen fällig sind, was in einer wichtigen Beziehung oder im Beruf eigentlich passiert. Wir fürchten uns, genauer hinzuschauen. Wir stecken den Kopf in den Sand. Die Angst wächst einfach immer weiter, weil wir die Wahrheit oder die Aufgabe ignorieren, die erledigt werden muss.

Manchmal ist das, was wir als Angst bezeichnen, nur eine besondere Begebenheit oder Herausforderung, die uns zu verstehen gibt, dass sie einiger Aufmerksamkeit bedarf.

Manchmal ist die Angst sogar nicht einmal die unsere. Wir haben sie von jemand anders – einem Elternteil, einem Kind, einem Freund – übernommen. Angst ist ansteckend. Dennoch müssen wir sie auch in diesem Fall zugeben und befreien.

Die Lösung ist einfach: Stellen Sie sich der Angst, fühlen und lindern Sie sie!

»Ich will keine Angst empfinden. Ich hasse sie«, sagt eine Frau. »Ich will inneren Frieden empfinden.«

Ein Gefühl von Frieden, das auf Angst beruht, ist nicht echt. Die tieferen Regungen zu unterdrücken stimmt uns nicht froh. Wenn wir versuchen, den Frieden dadurch aufrechtzuerhalten, dass wir unsere Furcht verdrängen, laufen wir vielleicht mit einer heimlichen, virulenten Sorge durch die Welt. Wenn wir uns dagegen die Furcht deutlich bewusst machen, finden wir am Ende den wahren Frieden.

Offen sein für die eigenen Gefühle heißt, sämtliche Gefühle zu empfinden, auch jenes, das wir als Angst bezeichnen. Sie ist nur ein Ort, den wir vorübergehend aufsuchen. Wir müssen dort weder leben, noch uns häuslich einrichten, und wir brauchen dort auch nicht länger zu verweilen als nötig.

»Was ist das beste und wirksamste Heilmittel gegen die Angst?«, fragte ich Lucinda Bassett, die Autorin des Buches *From Panic to Power* (Von der Panik zur Stärke). Sie dachte kurz nach und gab mir dann folgende Antwort:

»Es gibt im Grunde kein Mittel, das die Angst sofort heilt. Die meisten Leute haben ein ganzes Leben lang Sorge, Angst und Panik in sich aufgespeichert. Wenn ich jemandem, der solche Gefühle bis zur Neige ausgekostet hat, irgendetwas sagen sollte, dann dies: Mach dir klar, dass du sie in deinem eigenen Kopf erzeugst.«

Empfinden Sie Ihre Angst und lassen Sie sie dann los. Atmen Sie tief ein und aus. Bewegen Sie sich. Sammeln und bewahren Sie ein paar Gegenstände, die Ihnen ein Gefühl von Sicherheit geben: ein Foto, eine Decke, eine Kostbarkeit, die Sie daran erinnert, wie sehr Sie beschützt und geliebt werden. Lesen Sie ein paar Zeilen in der Bibel oder dem heiligen Buch, das zu Ihrer Seele spricht. Machen Sie sich erneut bewusst, dass Ihre Einsichten richtig sind. Sie brauchen nicht verzweifelt darum zu bitten und zu betteln, dass Gott bei Ihnen sein möge. Wenn Sie da sind, ist Gott ebenfalls da.

Die eigenen Ängste zu verdrängen ist etwa so, als würde man das Unkraut ignorieren. Es wächst, bis es das ganze Areal überwuchert. Ob unsere Ängste und Sorgen mit Finanzen, Liebe, Arbeit, uns selbst oder unserer Sicherheit zu tun haben – wenn wir sie fühlen und uns mit ihnen auseinander setzen, verschwinden sie umso schneller.

ÜBUNGEN

Lernen Sie, die Angst bewusst wahrzunehmen! Geben Sie ihr den Namen, der Ihnen am passendsten erscheint. Sobald die Angst Ihnen das nächste Mal spürbar zu schaffen macht, sollten Sie sofort Maßnahmen ergreifen, um sich von ihr zu befreien. Führen Sie Tagebuch darüber, wie Sie sich fühlen. Reden Sie mit einem Freund und bringen Sie Ihre Empfindungen zum Ausdruck. Fangen Sie an, Dampf abzulassen und den Druck zu vermindern, den die Angst in Körper, Geist und Seele erzeugen kann. Verkleinern Sie das übermächtige Phantom, das Sie in Ihrem Kopf heraufbeschwören, indem Sie darüber sprechen und schreiben. Seien Sie so präzise wie möglich, wenn Sie darlegen, womit die Angst verbunden ist; dadurch werden Sie sie leichter los. Manchmal treten allerdings Probleme auf. Seit dem Tod meines Sohnes zum Beispiel – oder vielleicht sogar, seit mein Vater die Familie verließ – befürchte ich, dass ich den Menschen, von dem ich mich verabschiede, nicht wieder sehen werde. Je mehr ich jemanden liebe, desto größer ist meine Angst.

Die Ungewißheit, wann ich diese Person wieder zu Gesicht bekomme, löst eine unerträgliche Beklemmung aus. Diese wiederum manifestiert sich geradezu zwanghaft in dem Gedanken, wann mich das geliebte Wesen wohl anrufen oder zu Hause besuchen werde. Ja, derlei Gedanken verfolgen mich regelrecht. Im Grunde aber habe ich Angst – Angst davor, dass es zu keinem Wiedersehen kommt. Wenn die Angst tief in meinem Innern verwurzelt ist, habe ich manchmal umso mehr Schwierigkeiten, sie deutlich zu erkennen. Unter Umständen fordert mich ein nagendes Angstgefühl auch auf, einen bestimmten Bereich meines Lebens näher zu untersuchen. Finanzielle Angelegenheiten etwa bringen mich schnell in Bedrängnis. Je mehr ich mich überfordert fühle, desto größer ist mein Bedürfnis, die Tatsachen zu verleugnen – nämlich wie viel Geld hereinkommt, wie hoch die Ausgaben sind, welchen Umfang mein Budget haben sollte. Je öfter ich die Augen davor verschließe, desto ängstlicher werde ich. Gerade in einer solchen Situation brauche ich die Angst, denn sie treibt mich dazu, die Hindernisse zu überwinden und meinen Weg fortzusetzen. Indem wir dieses Gefühl und seine Ursprünge so genau erfassen, wie es nur geht, verbinden wir uns mit dem Bewusstsein, der Wahrheit und der Freiheit. Außerdem sind wir dann fähig, uns über den nächsten Schritt klar zu werden.

Tun Sie einige hilfreiche Gegenstände in die Überlebensausrüstung für Ihre Seele! Ich besitze einige besondere »Trostspender«, die mir ein Gefühl von Sicherheit vermitteln: ein Foto von meinen Kindern in einem unserer glücklichsten Augenblicke; ein einfaches Schmuckstück, das Shane auf einer seiner Reisen für mich kaufte; einen kleinen, smaragdgrünen Malachit, der Schutz gewähren soll; ein Stück Glimmerquarz; einen weiteren grünen, fast jadefarbenen Stein, der angeblich die Angst mindert; und schließlich meinen Rosenkranz. Welche Gegenstände dieser Art bevorzugen Sie? Nachdem Sie sich Ihrer Angst bewusst geworden sind, sollten Sie sich etwas Zeit nehmen, um Ihre »Trostspender« zusammenzutragen. Lassen Sie zu, dass diese Objekte beruhigend auf Ihre Seele einwirken.

Lernen Sie, bewusst und tief zu atmen, sobald Sie von Panik ergriffen werden. Wenn wir Angst haben, atmen wir oft flach. Dadurch verstärkt sie sich noch, sodass wir bald vor lauter Sorgen nicht mehr ein noch aus wissen. Obwohl Sie im ersten Schrecken vielleicht automatisch flach atmen, müssen Sie sich ganz gezielt dazu zwingen, lange, tiefe Atemzüge zu machen. Und obwohl Ihre spontane Reaktion auf ein bestürzendes Ereignis in schnellen, ruckartigen Bewegungen bestehen mag, müssen Sie sich angewöhnen, langsame, gleichmäßige Bewegungen zu machen. Arbeiten Sie mit Ihrem Körper, um ihm zu helfen, sich von der Angst zu befreien.

Sprechen Sie mit Ihrer Angst! Fragen Sie sie, was sie Ihnen überhaupt mitteilen möchte. Lauschen Sie dann der Antwort. Haben Sie Geduld. Es kann eine Weile dauern, bis Sie sie vernehmen. Zuerst sagen Sie vielleicht: *Das ist ausgeschlossen.* Beruhigen Sie sich. Konzentrieren Sie sich auf Ihren Atem. Hören Sie genau hin. Auf diese Weise lernen Sie, mit Ihrer Seele in Kontakt zu treten.

MANTRAS

Wenn ich die Angst loslasse, hat der Kummer ein Ende.

Wenn ich meinen Schrecken empfinde, fasse ich Mut, meine Verbundenheit mit dem Wahren anzuerkennen.

Wenn ich meiner Angst vertraue, erwacht die Einsicht, dass ich der Wahrheit ins Auge sehen muss.

Wenn ich mich verpflichte, das Entsetzen bewusst wahrzunehmen, kann ich meine Schuldgefühle überwinden und meine Stärke geltend machen.

Wenn ich die Angst vor irgendwelchen Verpflichtungen akzeptiere, wird meine Vergangenheit geheilt.

Wenn ich meine tiefe Beklommenheit zum Ausdruck bringe, verschwinden frühere Schuldgefühle.

Wenn ich offen bin für meine Angst, vereinen sich meine Träume mit der Liebe.

Wenn ich die eigene Furcht nicht mehr verdränge, habe ich wieder die Fähigkeit, in Herz und Seele Frieden und Freude zu fühlen.

Wenn ich meine schreckliche Angst besiege, entwickelt sich aus der Ohnmacht das Vertrauen in meine Träume.

Wenn ich meine Furcht empfinde, besitze ich die Kraft, meine Wünsche zu bejahen.

2. Heilmittel

Wenn ich mich stets auf das Universum in
mir konzentriere, kann ich alles haben:
Geld, Erfolg und beglückende
Beziehungen ebenso wie diese wunderbare
Verbundenheit in meinem Innern.

SHAKTI GAWAIN, *Living in the Light*

Klarheit und Ausgeglichenheit

*Benutzen Sie es, um unangenehme Dinge, Verwirrung,
trübe Gedanken, geistige Dumpfheit, schädliche
Einflüsse und die Energien anderer Leute zu beseitigen;
und um die Überbleibsel Ihres eigenen
seelischen Reinigungsprozesses zu entsorgen.*

Es gibt einen Ort in unserem Innern, der rein ist, zentriert
und im Gleichgewicht. Das zweite Heilmittel soll uns helfen, ihn zu finden, wann immer es nötig ist. Wenn wir uns
mit dem Auge der Seele – und ohne die Beschränkungen
unseres körperlichen Sehvermögens – betrachten könnten, so würden wir einen ausgedehnten Lichtkreis, elek-
tromagnetische Wellen und wirbelnde Atome erkennen.
Wir sähen eine wunderbare Seele, die von einer Aura umgeben ist, eine glänzende, harmonische, tanzende Bewe-

gung der fünf Elemente, die unseren physischen Körper bilden: Feuer, Wasser, Erde, Luft und Geist.

Wenn wir mit den Augen der Seele sehen könnten, würden wir zwischen dem Ende der Wirbelsäule und der Oberseite des Schädels sieben sich drehende Kreise in leuchtenden Farben wahrnehmen: Rot, flammendes Orange, goldenes Gelb, Jade- oder Laubgrün, Himmelblau, Violett und reines Weiß.

Wir sind Empfänger und Übermittler von Energie. Wir haben einen physischen, einen spirituellen, einen psychischen, einen emotionalen und einen mentalen Körper.

Wenn wir ein Auto – ob alt oder neu – nicht regelmäßig instand halten, erwarten wir auch nicht, dass es ständig mit maximaler Leistung funktioniert. Vielmehr gehen wir davon aus, dass innen wie außen Verunreinigungen zu beseitigen sind, die durch die Umwelt, andere Autos und uns selbst verursacht wurden. Warum also sollte ein geringerer Aufwand vonnöten sein, um die großartige, komplexe Maschine, die wir sind – die wirbelnde Masse vitaler Energie –, zu pflegen?

Benutzen Sie dieses Heilmittel als eine Art Behandlung in eigener Sache, die Sie innerlich reinigt, ausrichtet, harmonisiert und die Feinabstimmung zwischen den einzelnen Teilen gewährleistet.

Manchmal kommen wir aus dem Gleichgewicht. Nichts ist wirklich verkehrt, aber wir fühlen uns irgendwie unwohl. Wir müssen uns neu »tunen«. Wir sind schwerfällig, nicht ganz auf der Höhe, abgetrennt von uns selbst, von den Menschen und der Welt ringsum.

Wir haben Schwierigkeiten, uns zu konzentrieren. Wir sehen nicht klar. Unsere Windschutzscheibe muss gereinigt werden.

Gelegentlich sind wir gezwungen, unsere Angelegenheiten in Ordnung zu bringen. Vielleicht haben wir gerade eine große – oder kleine – seelische Befreiung hinter uns. Wir haben ein gewisses Maß an Angst, Kummer, Wut oder Zorn empfunden und losgelassen. Möglicherweise ging es auch weniger heftig zu. Wir waren einfach muffig, ängstlich oder unsicher. Wir haben alles Nötige für die innere Heilung getan – alle Gefühle wahrgenommen, akzeptiert und schließlich verarbeitet. Trotzdem befinden sie sich noch in unserem Energiefeld (oder, wenn man so will, in unserem aurischen Feld) – genauso wie Schmutzreste auf dem Boden unseres Autos. Wir haben sie zwar abgehakt, aber sie sind noch nicht ganz verschwunden.

Bisweilen tragen wir auch die Rückstände der Angelegenheiten anderer Leute mit uns herum. Egal, wie klar wir mit uns umgehen, wie deutlich unsere Grenzen abgesteckt und wie gut unsere Absichten sind – wahrscheinlich kriegen wir Schmutz ab, sobald wir mit den Menschen und der Umwelt in Kontakt kommen. Die Leute lassen vielleicht bewusst – oder unbewusst – ihre Wut, ihre verletzten Gefühle, ihren offenen Hass an uns aus. Unter Umständen sind sie verärgert, neidisch, ängstlich, feindselig, ohne es überhaupt zu merken. Aber die Energie ist trotzdem im Raum; sie kann uns zu schaffen machen und genauso – oder noch mehr – beeinträchtigen wie eine bewusste Projektion. Wir nehmen die spürbaren und latenten Gefühle der anderen auf subtile und indirekte Weise auf. Sie lächeln, sagen, dass sie froh sind, uns zu sehen, fragen, wie es uns geht. Wir reden eine Weile über belanglose Dinge. Wenn wir uns dann verabschieden, sind wir missmutig und besorgt, ohne zu wissen, warum. Denn als wir sie begrüßten, fühlten wir uns noch großartig.

Des Rätsels Lösung: Wir haben ihre negative Energie verinnerlicht.

Wenn wir zu einer bestimmten Person eine tiefe Beziehung haben, kann es durchaus sein, dass wir selbst aus der Ferne ihre Emotionen in uns aufnehmen. Das zeigt, wie sehr wir alle miteinander verbunden sind.

Diese Gefühlsreste müssen beseitigt werden. Wir verdienen es, so oft wie möglich konzentriert und ausgeglichen zu sein. Dadurch erreichen wir eine optimale Leistung in sämtlichen Unternehmungen, die uns am Herzen liegen.

Wir können die negative Energie der anderen zurückweisen – ob es sich dabei um eine unmittelbare Projektion oder um ein vorsichtiges Ansinnen handelt, mit dem sie bewusst oder unbewusst etwas von uns wollen. Wir können unsere Beziehungen zu den Menschen ebenso klären wie die Beziehung zu uns selbst – zu unserem psychischen, physischen, spirituellen, emotionalen und mentalen Körper.

Wir sind fähig, im Bereich höchster Leistungsbereitschaft zu operieren. Dort vollbringen wir unsere größten Taten, dort fühlen wir uns am wohlsten.

Das Leben erscheint dann in seiner ganzen Magie und Herrlichkeit. Ehrfürchtig stellen wir fest, wie einfach es ist, mit Leichtigkeit, Stärke und innerer Ruhe zu denken, Aufmerksamkeit zu bündeln und durchs Leben zu gehen. Wir denken und sagen das Richtige. Wir befinden uns zur richtigen Zeit am richtigen Ort. Wir wissen, dass wir geführt werden. Wir brauchen nicht verzweifelt zu suchen. Die Geschenke der Gnade werden uns auf natürliche Weise zuteil.

Wir sind froh und friedlich. Manchmal transzendieren wir sogar die Freude und geraten in Ekstase, in höchste Glückszustände. Wenn in unserem Innern und in unserer unmittelbaren Umgebung alles stimmt, ist auch die Welt in Ordnung. Auf einen alten Songtitel von J. Nash anspielend, könnte man sagen: *We can see clearly now* (Wir können jetzt klar sehen). Diese Klarheit bedeutet auch, dass wir jedes Hindernis genau erkennen und damit die Voraussetzung schaffen, es zu beseitigen. Wir brauchen uns durch unser verworrenes Denken weder quälen noch einlullen zu lassen.

Respektieren Sie die Zeit und die Mühe, deren es bedarf, um klar und im Gleichgewicht zu bleiben. Auf lange Sicht gesehen, sparen Sie damit Zeit. Nehmen Sie sich einen Augenblick (oder auch mehr) Zeit, um sich nach der Beendigung eines Projekts, einer Interaktion oder einer Lektion zu sammeln. Stellen Sie in aller Ruhe die innere Balance wieder her, ehe Sie den nächsten Schritt auf Ihrer Reise unternehmen.

Übungen

Bringen Sie sich in Schwung! Wenn Sie mit Menschen arbeiten und leben und schädlichen Umwelteinflüssen ausgesetzt sind (wie die meisten von uns), haben Sie vielleicht das Bedürfnis, die innere Reinigung und Feinabstimmung zu einem Bestandteil Ihrer täglichen Aktivitäten zu machen. Versuchen Sie, nach einem beunruhigenden Telefongespräch, nach dem aufreibenden Zusammensein mit mehreren Personen, nach der Beendigung eines Projekts ein stilles Plätzchen zu finden. Fragen Sie sich, ob ein unangenehmer Nachgeschmack zurückgeblieben ist oder ob Sie von jemand anders etwas aufgenommen haben – Ärger oder eine seltsame Stimmung, die jetzt an Ihren Gefühlen, Ihren Gedanken oder Ihrem Energiefeld haftet. Bekennen Sie sich dazu, und beseitigen Sie die störenden Elemente. Haben Sie Geduld mit sich, zumal wenn Sie kürzlich einige heikle Emotionen aufgearbeitet haben. Manchmal braucht man Zeit, um das eigene Feld zu klären. Legen Sie eine Pause ein. Gehen Sie spazieren. Tanken Sie Sonnenlicht. Bewegen Sie sich. Oder duschen Sie, und stellen Sie sich vor, dass das Wasser jene Reste von Ihrem Körper, Ihren Gefühlen, Ihren Gedanken und Ihrer Seele wegwäscht. Betrachten Sie das Wasser als reines weißes Licht, das jeden emotionalen, spirituellen oder psychischen »Schmutz« entfernt und den Abfluss hinunterspült. Falls keine Dusche in der Nähe ist, versuchen Sie sich auszumalen, dass Sie unter einem herrlichen Wasserfall stehen. Dort sind Sie sicher, und das reine Wasser säubert Sie und Ihre Aura von oben bis unten, bis Sie makellos strahlen. Allein schon die Hände zu waschen und abzutrocknen, kann ein Ritual sein, das auf der psychischen Ebene dazu beiträgt, Ihre Energie von allem Unrat zu befreien.

Erzeugen Sie einen heilsamen Wirbel, der Ihr Energiefeld reinigt. Wenn Sie weiter ins Detail gehen möchten, sollten Sie es einmal mit folgender Visualisierung probieren.

Stellen Sie sich einen grünen Wirbel vor, der aussieht wie ein Tornado und der Ihren Körper durchquert. Er ist oben weit geöffnet und verengt sich unten wie ein Trichter. Es handelt sich um einen angenehmen, heilkräftigen, reinigenden Wirbel, der Ihnen helfen soll, Klarheit zu ge-

winnen. Er ist größer und breiter als Sie und dehnt sich etwa einen halben Meter rings um Ihren Körper aus. Der obere, breite Teil beginnt weit über Ihrem Kopf; das Ende des Trichters reicht bis unter Ihre Füße. Der Wirbel dreht sich im Uhrzeigersinn um Sie. Sie spüren schon, wann das geistige Bild stimmig ist.

Dieser Wirbel ist aus dem gleichen Grün wie gesunde, kräftige Pflanzen. Lassen Sie ihn immer schneller um sich herumdrehen, wobei er all die negativen Gefühle, all den »Seelenmüll« in Ihrem Energiefeld einsaugt. Ob diese Reste von Ihnen stammen oder ob Sie sie von anderen Leuten übernommen haben – der Wirbel sammelt sie ein. Infolge seiner schnellen Bewegung reinigt er Ihr Herz, Ihren Verstand, Ihre Seele, ja selbst Ihre inneren Organe. Geben Sie sich ihm eine oder zwei Minuten lang hin. Halten Sie ihn erst an, wenn Sie eine Erleichterung empfinden. Möglicherweise vergrößert sich Ihre Anspannung noch, während der Wirbel seine Arbeit verrichtet. Hören Sie noch nicht auf. Eventuell ändern Sie Ihre Körperhaltung. Ihr Körper soll sich frei bewegen: Er teilt Ihnen mit, was er als nächstes tun muss. (Sie können diese Übung im Stehen, im Sitzen oder im Liegen durchführen, je nachdem, in welcher Position Sie sich wohl fühlen. Falls Sie stehen, wäre es gut, etwas in der Nähe zu haben, auf das Sie sich stützen können, wenn Ihnen schwindlig wird.) Allmählich kommen Sie in Einklang mit sich selbst. Auch Ihr Atemrhythmus mag sich ändern. Seien Sie unbesorgt. Beenden Sie die Übung nicht zu früh. Sie merken, wann der Wirbel seine Aufgabe erfüllt hat. Sie fühlen sich befreit. Auch wenn Sie nicht mehr weitermachen wollen, lassen Sie ihn noch ein bisschen länger drehen, alle Winkel und Ritzen säubern und heilen, bis er Ihnen das Gefühl von

Wärme, Klarheit und Ausgeglichenheit beschert. Er soll den Prozess zum Abschluss bringen – Sie in einen harmonischen Zustand versetzen und darauf vorbereiten, auf natürliche Weise die höchsten und wohltuendsten Gaben zu erlangen, die das Schicksal für Sie bereithält. Wenn Sie fertig sind, stellen Sie sich vor, wie der grüne Wirbel sich von Ihnen ablöst und ins Meer, in einen See oder Fluss gleitet. Kehren Sie dann ganz zwanglos in Ihr Leben zurück.

MANTRAS

Wenn ich der Stimme meines Herzens lausche, stellt sich das Gefühl inneren Friedens ein.

Wenn ich mich für die Wahrheit entscheide, verleihe ich meinem alltäglichen Leben einen besonderen Wert.

Wenn ich in meinem Leben die Harmonie bejahe, kann ich meine Ziele umso gelassener akzeptieren.

Ich bin klar, ausgeglichen und in Einklang mit mir selbst.

3. Heilmittel

Schau nur, wie gut alles klappen kann ... wenn
du die Dinge einfach nur geschehen lässt. Aber
Geschehenlassen kann natürlich eine qualvolle
Prozedur sein.

DON UND LINDA PENDLETON, *To Dance with Angels*

Gefühle heilen

*Benutzen Sie es, um den emotionalen Körper
zu aktivieren; um momentane, aufgespeicherte oder
blockierte Emotionen zu klären; und um
seelische Erschütterungen zu überwinden.*

»Erinnerst du dich noch, wie ich dir sagte, dass es für
mich dieses Jahr darum geht, mir selbst mit offenen Armen entgegenzulaufen?«, fragte mich kürzlich meine
Freundin Susan.

Ich nickte.

»Nun, da habe ich ein Problem«, fuhr sie fort. »Ich
bin direkt gegen eine Wand geknallt.« Wir setzten uns
auf eine Bank, und sie erzählte weiter. »Unmittelbar
nachdem ich den ehrlichen Beschluss gefasst hatte, meinen Fähigkeiten zu vertrauen, meine Ziele zu verfolgen
und mein Leben wirklich auf die Reihe zu kriegen, ka-

men all diese Gefühle wieder hoch. Alte Geschichten, die meinen Vater betreffen, und anderer Familienkram.« Sie schüttelte den Kopf. »Ich kapiere es einfach nicht. Drei Tage lang hab ich immer wieder geweint.«

Ich versicherte ihr, dass das ganz normal sei, aber zugleich wurde mir Folgendes bewusst: Die meisten – wenn nicht alle – Menschen, die sich verpflichten, den geistigen Weg zu beschreiten, laufen früher oder später gegen eine solche Wand, wie Susan sie beschrieb.

Gewöhnlich passiert es eher früher als später, obwohl viele von uns es verstehen, dieses »Ereignis« hinauszuzögern. Eigentlich steht da gar keine Wand, auch wenn es uns zunächst so scheinen mag. In Wahrheit haben wir uns mit unserem emotionalen Körper verbunden.

Wir haben Gefühle. Manchmal sind sie ganz unmittelbar – eine direkte Reaktion auf das, was gerade passiert. Oft aber verbirgt sich unter dem momentanen Auslöser eine Reihe von älteren Gefühlen, die mit unserer Vergangenheit zusammenhängen. Es ist etwa so, als gingen wir online und surften von einer Website zur nächsten. Wir beginnen irgendwo und werden immer weiter geführt, wobei all diese Sites miteinander verbunden sind. Wir könnten sogar alle aufsuchen.

Jeder von uns hat seine eigene Geschichte zu erzählen – über Dinge, die geschehen sind, über Menschen, die uns etwas angetan oder etwas vorenthalten haben, und über die Gefühle, die dadurch in uns hervorgerufen wurden. Vom Gefühl, dass man uns betrogen hat, über Traurigkeit, Wut bis zu Missmut, Frustration, Verzweiflung und dem Gefühl, nicht geliebt zu werden, haben wir eine Liste mit Emotionen, die wir mit uns herumtragen und die unser Energiefeld belasten.

Diese Liste der unbewussten und verdrängten Empfindungen beeinflusst unser Leben, unsere Überzeugungen und unsere Vorstellungen. Sie beeinträchtigt unsere Fähigkeit, unsere Wünsche am heutigen Tag zu verwirklichen. Sie bewirkt, dass wir an unseren beschränkten Ansichten festhalten.

Vielleicht wussten wir damals, als das Gefühl zum ersten Mal hervorgerufen wurde, nicht, wie wir mit ihm umgehen sollten. Möglicherweise waren wir zu unsicher, nicht fähig oder nicht geschickt genug, um es zu verarbeiten und zu heilen. Oder wir erlernten und verfeinerten die Kunst, es zu unterdrücken. Wir dachten, mit diesem Gefühl fertig zu werden, indem wir es einfach nicht zuließen. Es zu empfinden erschien uns als reine Zeitverschwendung, weil sich dadurch ohnehin nichts ändern würde. Das Leben war einfach so – nämlich hart. Wir mussten es erdulden und ertragen, durften keineswegs fühlen oder klagen.

Bisweilen halten uns jene einengenden Überzeugungen, die die göttlichen Wahrheiten in unserer Seele verdecken, davon ab, tief zu empfinden. Ganze Schichten verdrängter Emotionen zementieren bestimmte Vorstellungen. Wenn wir immer wieder hintergangen werden, betrachten wir uns allmählich als Opfer, das völlig machtlos ist. Wenn wir uns oft genug enttäuscht, einsam und von aller Welt verlassen fühlten, glauben wir, dass wir in diesem Leben für immer allein sind. Und wenn wir mehrfach unsere Wut unterdrückt haben, gelangen wir zu der Auffassung, dass es notwendig sei, die anderen, uns selbst, ja das Leben insgesamt zu verachten.

Solche Überzeugungen hinterfragen wir nicht. Vielmehr reden wir uns ein, dass das eben der Lauf der Dinge sei.

Manchmal stumpfen wir ab, um irgendwie durchzukommen, und kümmern uns nicht weiter um unsere Gefühle. Früher funktionierte das vielleicht, heute aber nicht mehr. Jetzt will unsere Seele überleben, und deshalb müssen wir stets von neuem wahrnehmen, was in unserer Innenwelt vorgeht.

Welche Gefühle auch auftauchen – wir müssen sie empfinden. Und sie werden auftauchen, bisweilen auf brutale Weise, zumal wenn wir unseren eigenen Weg beschreiten. Sie können bestenfalls zurückgestellt, nicht aber vermieden werden. Warum? Weil die Überzeugungen, die wir zu klären versuchen, unsere Realität erschaffen. Überdies leben wir in einem wohltätigen Universum, das uns unbedingt von allem befreien möchte, was uns hindert, mit unserer Seele und unseren bestmöglichen Anschauungen oder Grundsätzen in Verbindung zu treten.

Wir wollen von unseren Gefühlen nicht kontrolliert werden. Genau das aber geschieht, solange wir sie verdrängen. Das heißt nicht, dass wir jede Regung auf dramatische Weise zum Ausdruck bringen müssen, obwohl dies ein durchaus geeignetes Mittel ist, mit uns selbst in Berührung zu kommen und die emotionale Energie zu befreien. Indem wir unsere Gefühle empfinden, respektieren wir sie. Wir bekennen uns zu ihnen. Wir bekommen eine Vorstellung und einen Begriff, die dem jeweiligen Gefühl Gestalt verleiht und bestimmte Informationen zuordnet. Im Alter von zwanzig Jahren hatten Sie vielleicht das Gefühl, nicht geliebt zu werden, und ein ähnliches Gefühl beschlich Sie, als Sie achtunddreißig waren. Sehen Sie vor Ihrem geistigen Auge die Person – Vater, Mutter, Bruder, Schwester oder Freundin –, die dieses Gefühl in Ihnen auslöste. Machen Sie es sich bewusst, bis Sie es deutlich wahrnehmen.

Konzentrieren Sie sich darauf, bis Sie die emotionale Belastung spüren, bis sie in Ihrem Innern nachschwingt und von Ihrem Körper bestätigt wird. Befreien Sie sich dann von der negativen Energie. Atmen Sie sie aus. Lassen Sie sie durch den ganzen Organismus strömen und aus Ihrem Feld entweichen. Ziehen Sie einen Schlussstrich unter die ganze Geschichte. Mehr brauchen Sie nicht zu tun! Es handelt sich um einen einfachen Verarbeitungsprozess. Er ist nicht immer leicht, aber auch nicht allzu schwierig.

Als ich zum ersten Mal bewusst die Verbindung zu meiner Seele herstellte, dachte ich, nur eine, zwei oder drei Emotionen verarbeiten zu müssen. Das redete ich mir ein, um mit ihnen vertrauter zu werden. Sie zu empfinden ist eine Art Lebensform. Dadurch bleiben wir vital und in Kontakt mit unseren Leidenschaften, unserer Energie, unserem Bewusstsein und verfügen stets über einen klaren Verstand, ein offenes Herz. Das ist einer der wichtigsten Schritte, die wir lernen können, um mit dem universellen Geschehen in Einklang zu kommen.

Müssen wir alle Gefühle empfinden? Sind sie alle von Belang? Ja. Vom Missmut über die Frustration bis zum Herzeleid muss jedes Gefühl, das auf unsere Lebensgeschichte einwirkt, bewusst gemacht, anerkannt und losgelassen werden. Wenn nicht, trüben sie unseren Klarblick, unser Bewusstsein und hemmen unsere Fähigkeit, die bestmöglichen, unseren höchsten Zielen entsprechenden »Light-Shows« zu kreieren. Jedes unterdrückte Gefühl schwächt uns und erzeugt ein inneres Ungleichgewicht.

Wenn wir dem Bewusstsein verpflichtet sind, lässt unsere Seele nicht viel »durchgehen«.

Müssen wir den Leuten sagen, was wir fühlen? Nicht unbedingt. Aber wir müssen uns selbst Rechenschaft darüber ablegen. Manchmal wird uns die Seele auffordern, die eigenen Gefühle mit einem anderen Menschen zu besprechen. Vielleicht kommen wir an einen Punkt, wo es uns gleichgültig ist, was unser Gegenüber denkt – wir teilen einfach mit, was uns durch den Kopf geht, was wir empfinden.

Das ist ein unbeschwerter, freudiger Zustand voller Farbe, Selbstliebe und Vitalität.

Machen Sie es zu einem Bestandteil Ihres täglichen Lebens, Gefühle wahrzunehmen und zu heilen. Anfangs bedarf es dazu wohl größerer Anstrengung und Konzentration; außerdem mögen die Gefühle zunächst intensiver sein. Mit der Zeit aber verstehen und sprechen Sie die Sprache der Gefühle immer besser.

Beginnen Sie damit, dass Sie den Widerstand gegen Ihre Emotionen und Ihren emotionalen Körper überwinden. Ich verdränge sie auch heute noch manchmal, indem ich mir einrede, dass sie dumm und unwichtig sind, dass sie mir nur meine Zeit stehlen und dass sie gar nicht existierten, wenn ich wirklich ein guter Mensch wäre. Ich sage mir: *Ich sollte über derlei Gefühle erhaben sein.* Doch nach einem kurzen inneren Kampf gebe ich nach, mache mir das Gefühl bewusst, und schon ist die Sache ausgestanden. Unter Umständen nimmt es mehr Zeit in Anspruch, eine Empfindung mit aller Macht zu verdrängen, als sie anzuerkennen und zu bereinigen.

Emotionen kommen oft folgendermaßen zum Vorschein: Sie gehen Ihren täglichen Beschäftigungen nach und sind wohlauf – vielleicht sogar aufgeregt und begeistert angesichts der bevorstehenden Aufgaben. Plötzlich – und ich meine: *schlagartig* – fühlen Sie sich müde, ausgelaugt. Die Erschöpfung ist so groß, dass Sie das Verlangen haben, ein Nickerchen zu halten. Ihr Energiezustand hat sich geändert. Vielleicht sind Sie einfach nur abgespannt, aber es könnte auch sein, dass sich gerade ein bestimmtes Gefühl bemerkbar macht. Also nur zu! Schlafen Sie ein bisschen. Legen Sie sich hin. Tun Sie, was Sie tun müssen. Aber seien Sie stets vorbereitet auf die emotionale Befreiung und Heilung, die dann folgen mag.

Bisweilen geht dieser Heilung eine Verstimmung oder Reizbarkeit voraus. Dann wieder haben Depression, generelles Unwohlsein oder Trübsinn uns fest im Griff.

Viele unterschiedliche Zustände können eine emotionale Befreiung einleiten. Gelegentlich ist das, was wir erleben, derart tief greifend und dramatisch, dass die Heilung fast spontan eintritt. Oder die jeweilige Erfahrung sowie die damit verbundenen Gefühle markieren einen Abschluss und den Beginn eines neuen Zyklus. So verhält es sich beispielsweise beim Kummer. Er stellt einen Wendepunkt dar. Verfahren Sie hierbei nicht mehr nach irgendwelchen Regeln, sondern achten Sie darauf, wodurch sich Körper und Seele von traumatischen Erlebnissen befreien möchten.

Oft empfinde ich einen jähen Schmerz in einem Körperteil, mit dem ein Anfall von Lethargie einhergeht. Das zeigt gewöhnlich an, dass sich eine Emotion in einem bestimmten Organ eingenistet hat und nun gleichsam gelöst wird. (Es ist natürlich nicht auszuschließen, dass ich bei starken oder anhaltenden Schmerzen den Arzt aufsuche. Aber häufig habe ich festgestellt, dass körperliche Symptome völlig verschwinden, sobald ich die sie verursachende Emotion erkenne, empfinde und bereinige.)

Manchmal kommen Sie sich vielleicht wie ein Vulkan vor, der ein Gefühl nach dem anderen ausspuckt. Das ist durchaus in Ordnung. Wenn wir unseren emotionalen Körper befreien, werden reine Freude, Empfindungen von Ganzheit, Leidenschaft, Vitalität, Sensibilität, Spiritualität – und ein Höchstmaß an Kreativität – entfesselt.

»Lassen Sie Ihr Wesen vibrieren von der Energie, die Sie durchströmt«, schrieb Lyn Roberts-Herrick in ihrem Buch *The Good Remembering* (Positives Erinnern). »Das Ergebnis ist ein organischer Prozess, in dem immer schneller Hindernisse auftauchen. Sie empfinden vielleicht genauso unerwartete wie intensive Gefühle, die schnell wieder verschwinden. Oder Sie erleben eine Reinigung auf der physischen und seelischen Ebene. Versuchen Sie, auf der Welle dieser Veränderungen zu reiten, und bleiben Sie klar. Vertrauen Sie Ihrem Prozess, und Ihre innere Läuterung wird in beschleunigtem Rhythmus vonstatten gehen. Sobald Sie jedes Hindernis beseitigt haben, sind Sie empfänglich für neue Energieniveaus, die Sie assimilieren und integrieren müssen.«

Man sagt, es sei gut, sein Herz zu erleichtern. Die eigenen Gefühle zu empfinden ist dafür ein wunderbares Hilfsmittel.

Geben Sie die Haltung auf, in der Sie nur erdulden, kontrollieren, warten, unterdrücken und sich einreden, dass das Leben nun mal so sei, wie es ist, und dass sich daran auch nichts ändere, wenn man seine Empfindungen ernst nehme. Lassen Sie los! Geben Sie sich Ihrem Strom pulsierender Energien und Einsichten hin, die Sie für richtig halten. Achten Sie sich selbst und jeden emotionalen Ausbruch, der Sie ergreift. Konzentrieren Sie sich auf Ihre Gedanken und die damit verbundenen Gefühle. Trennen Sie beide nicht voneinander – weder in Ihrem Innern noch in der Welt ringsum.

Indem Sie sich Ihrer Gefühle bewusst werden, ändern Sie Ihr Leben. Lassen Sie jedes durch sich hindurchfließen, und erkennen Sie dabei, dass Sie erneut in Verbindung treten mit Ihrer Seele. Kehren Sie so oft wie nötig in die Vergangenheit zurück – zumal dann, wenn Stimmung und Alltag zu Spannungen führen. Empfinden Sie, was empfunden werden muss, und bereinigen Sie Ihr Energiefeld.

ÜBUNGEN

Sorgen Sie dafür, dass Ihre Gefühle im Fluss sind. Viele Aktivitäten helfen uns, mit unseren Gefühlen in Kontakt zu kommen: Musik hören, einen Film anschauen, ein Buch lesen, den Träumen Aufmerksamkeit schenken. Das Leben selbst fördert diese Annäherung – manchmal allerdings auf brutale Weise. Eine der besten Möglichkeiten, die ich kenne, um den emotionalen Körper frei zu entfalten, besteht darin, die eigenen Gefühle und dazugehörigen Ereignisse im Tagebuch festzuhalten. Schreiben kostet nichts und ist einfach. Es verlangt lediglich etwas Zeit und Engagement.

Für diese Übung füge ich eine Liste mit emotional aufgeladenen Begriffen bei, die bei den meisten Menschen eine bestimmte Reaktion hervorrufen. Wählen Sie einen aus und schreiben Sie darüber. Berichten Sie, wie Sie heute diese Emotion (oder diesen emotionalen Zustand) einschätzen. Notieren Sie, wann Sie sie in der Vergangenheit – bei jeder Gelegenheit, an die Sie sich erinnern können – empfanden. Sobald Sie anfangen zu schreiben, werden sich geistige Bilder einstellen, Reminiszenzen an andere Zeiten und Menschen. Schreiben Sie über alles, was Ihnen in den Sinn kommt. Schreiben Sie so lange, bis Sie die Emotion und ihren Druck spüren, bis Sie sich wirklich ausgesprochen haben.

Emotionale Schlüsselwörter

Abscheu

Angegriffen werden

Angst

Bedürfnis, geliebt zu werden
(Mangel an Liebe,
Liebe nicht verdient haben)

Belästigt werden

Benachteiligt werden

Bestrafen

Betäubt sein

Betrug

Disharmonie

Erwartungen

Frustration

Gefangen sein

Gefühlsmäßig unterdrückt
werden

Kein Glaube an Liebe

Kummer

Missmut

Mutter

Ohne Vertrauen

Schreckliche Angst

Schwere

Selbstbestrafung

Sich oder andere verantwortlich machen

Tote Träume

Übel

Unzufrieden

Vater

Verachtung

Verlorenes
Gottvertrauen

Geringe Selbstachtung	Verlorenes Selbstvertrauen
Getäuscht werden	Verzweiflung
Herabgesetzt werden	Widerstand
Kein Glaube an Heilung	Wut

Gegen welche Wörter sträuben Sie sich am meisten? Das ist möglicherweise ein geeigneter Ausgangspunkt. Auf welche Wörter reagieren Sie am heftigsten? Auch das mag ein Aufhänger sein. Falls Sie erst wenige Gefühle verarbeitet haben, sollten Sie die Liste vielleicht in ihrer alphabetischen Reihenfolge durchgehen und etwa jeden fünften Tag über ein weiteres Wort schreiben. Wenn Sie bei einem Wort stecken bleiben, so lassen Sie es los. Widmen Sie sich einer anderen Beschäftigung, und nehmen Sie die Liste später wieder zur Hand. Unter Umständen stellen Sie fest, dass schon das Nachdenken über das betreffende Wort eine emotionale Befreiung in die Wege leitet.

Fühlen Sie sich nicht an diese Liste gebunden. Erstellen Sie Ihre eigene Liste mit emotionalen Schlüsselwörtern. Legen Sie sie in die Überlebensausrüstung für Ihre Seele. Überfliegen Sie sie regelmäßig, um herauszufinden, welche Wörter Ihre seelische Heilung fördern.

Genau auf die eigenen Äußerungen zu achten ist eine weitere gute Methode, um herauszufinden, welches Gefühl losgelassen werden kann. Oft reden wir völlig unerwartet über unseren Vater oder über ein Geschehnis, das schon mehrere Jahre zurückliegt. Das mag kein Zufall sein, sondern die Andeutung eines bestimmten Gefühls, das bereinigt werden möchte. *Warum kommt es gerade jetzt zum Vorschein?*, fragen wir. Und oft lautet die Antwort: *Weil es verarbeitet werden will*. Wir haben ein Zeichen erhalten.

Geben Sie Ihren Gefühlen Zeit, sich zu lösen, an die Oberfläche zu kommen und allmählich zu verschwinden. Häufig dauert es Tage, bis ein Gefühl durch unser Bewusstsein gezogen und aus unserem Energiefeld entwichen ist. Die heftige Erschütterung mag nur ein paar Minuten andauern, aber die Nachwirkungen sind vielleicht einige Tage lang zu spüren, bis sie dann immer mehr nachlassen. Wenn Sie während Ihrer Niederschrift ins Tagebuch stecken bleiben oder mit einer intensiven Energie konfrontiert werden, die Sie offenbar nicht in den Griff bekommen, sollten Sie um Hilfe bitten. Rufen Sie einen Freund an, oder suchen Sie den Rat eines Fachmanns, der auf Ihr Gefühlsleben einen positiven Einfluss hat. Wahrscheinlich werden Sie mit fast allem, das da aus dem Innern aufsteigt, auch allein fertig. Ihr Körper und Ihre Seele sind sanft und liebevoll und muten Ihnen meistens nicht mehr zu, als Sie bewältigen können. Falls Sie dennoch Hilfe benötigen, finden Sie sie auch. Ihnen wird genau das zuteil, was Sie brauchen.

Fangen Sie an. Springen Sie ins kalte Wasser. Und lassen Sie dann zu, dass der Verarbeitungs- und Heilungsprozess Sie zu Ihrem Herzen, Ihrer Seele und Ihrem Schicksal führt.

MANTRAS

Ich erwecke meinen Glauben daran, dass die Heilung Freude macht.

Wenn ich meine Heilkräfte aktiviere, ist mir meine Vergangenheit lieb und teuer.

Wenn ich meine Angst eingestehe, bin ich fähig, meine verdrängte Wut zuzulassen.

Wenn ich meine Wut empfinde, habe ich Vertrauen in meine Bedürfnisse.

Wenn ich empfänglich bin für meine Wut, schätze ich jene innere Stärke, die meiner Leidenschaft für die Heilung Ausdruck verleiht.

Wenn ich meine verdrängte Wut durchlebe, erwacht die Liebe für geistige Unterweisung.

Wenn ich wieder Hoffnung schöpfe, habe ich auch den Mut, meinen Kummer loszulassen und dadurch transformiert zu werden.

Wenn ich mein seelisches Leid offenbare, verzeihe ich mir meine Urteile in Bezug auf mich selbst.

Wenn ich meinen Kummer empfinde, verbindet sich die Bejahung der Liebe mit innerem Frieden.

Wenn ich mir meinen Kummer bewusst mache, bringe ich meine Träume auf liebevolle Weise zum Ausdruck.

Wenn ich mein Bedürfnis nach Lebensfreude wahrnehme, bin ich wieder erfüllt von emotionaler Vitalität.

Gefühle entfesseln die Leidenschaft, sich dem Leben hinzugeben.

Wenn ich offen genug bin, meine vitale Heilkraft frei durch mich hindurchströmen zu lassen, wird mein geistiges Wachstum gefördert.

4. Heilmittel

Alles, was war, ist und bis ans Ende der Zeit
sein wird, ist aufgezeichnet in der Thora.

MICHAEL DROSNIN, *The Bible Code*

Auf dem Wasser gehen

*Benutzen Sie es – je nach Bedarf und wenn Sie
den Boden unter den Füßen verlieren –,
um ein angstvolles Leben in ein Leben
voller Vertrauen zu verwandeln.*

Einmal war einer meiner Freunde wegen irgendeiner Sache besorgt. Er hatte sich völlig in seine Angst verstrickt. Sein Atem ging flach, und er legte die Stirn in Falten.

»Du bist ängstlich«, sagte ich ihm. »Lass deine Angst los. Dann findest du die Antwort.«

»Ich kann meine Angst erst loslassen, wenn ich meine Antwort *gefunden* habe«, erwiderte er.

In ähnlicher Weise leben die meisten unter uns von einem Angstgefühl zum nächsten, von einer Gehaltsüberweisung zur nächsten. Unser Leben ist von Ängsten beherrscht. Sie bilden die Grundlage, von der aus wir tätig werden. Das meine ich mit dem obigen Ausdruck »angstvolles Leben«.

Manche Leute sagen, man brauche nur abzuwarten und zu schauen. Aus einem tiefen Vertrauen heraus zu leben bedeutet, erst zu schauen und dann abzuwarten, dass die betreffende Sache geschieht. Dieses Heilmittel soll Ihnen helfen, Ihr angstvolles Leben in ein Leben voller Vertrauen zu verwandeln.

Als ich kürzlich in Israel war, ging ich an den Ufern des Sees von Genezareth spazieren. Über mir flogen ein paar Möwen. Der Verkehr bewegte sich über die Hauptstraße, aber weitaus ruhiger, als ich es in vielen Ländern des Nahen Ostens erlebt hatte. Wir schrieben das Jahr 1997. Doch in Gedanken kehrte ich zurück in die Zeit vor fast zweitausend Jahren. Ich erinnerte mich an Jesus Christus, der auf dem Wasser ging.

Ich fragte mich, was die Leute wohl gedacht haben, als sie sahen, wie Jesus übers Wasser wandelte. Fast glaubte ich zu sehen, dass er es jetzt wieder tat.

»Jesus wurde als Jude geboren, lebte als Jude und starb als Jude«, bemerkte ein israelischer Reiseführer. »Er war ein charismatischer junger Mystiker, der alles über den Haufen warf.«

Ich denke nicht, dass Jesus übers Wasser ging, um uns zu zeigen, dass auch wir auf den See hinaus sollen. Vielmehr bestand die Lektion wohl darin, im Alltag auf dem Wasser zu gehen – die anstehenden Aufgaben anzupacken, sich der eigenen Verletzlichkeit bewusst zu sein und dennoch mit einem unerschütterlichen Vertrauen seinen Lebensweg zu beschreiten.

Ob man die Grundsätze des Judentums, des Christentums, des Islam, des Buddhismus, des Hinduismus, des Bahai oder einer anderen Religion befürwortet – der gemeinsame Nenner ist der Glaube. Dieser wirkt als unsichtbare Kraft, die dem Leben Zusammenhang verleiht, es in Gang hält, die die Religion beseelt und Wunder ermöglicht.

The Aquarian Gospel of Jesus the Christ (Das Wasser-Evangelium Jesu Christi) erzählt, wie Jesus einmal bei der Heilquelle einem kleinen Mädchen begegnete. Es hieß, die Heilquelle besitze jedes Jahr genau an diesem Tag übernatürliche Kräfte und alle, die darin badeten, würden geheilt. Die Menschen in der Menge stürzten sich schnell ins Wasser, um von ihren Krankheiten zu genesen – außer jenem kleinen Mädchen, das schwach und hilflos am Rande saß.

»Und Jesus sprach: ›Meine Kleine, warum sitzt du da und wartest? Warum erhebst du dich nicht, um eilends in die Quelle zu steigen und alle Krankheiten abzuwaschen?‹

Das Kind erwiderte: ›Ich brauche nicht zu eilen; die Segnungen meines Vaters im Himmel werden nicht nach kleinen Schalen bemessen; sie vergehen niemals, und ihre Wirkungen sind für immer dieselben. Wenn jene, deren Glaube schwach ist, schnell sich waschen müssen aus Angst, ihr Glaube werde schwinden, sobald alle geheilt sind, werden diese Wasser doch auch an mir ihre Kraft beweisen. Dann kann ich gehen und lange, lange bleiben in den gesegneten Wassern der Quelle.‹

Und Jesus sprach: ›Sehet, wie vollkommen diese Seele ist! Sie kam auf Erden, um die Menschen die Kraft des Glaubens zu lehren.‹ Dann hob er das Kind in die Höhe und sprach: ›Warum auf etwas warten? Schon die Luft, die wir atmen, ist erfüllt vom Balsam des Lebens. Atme diesen Balsam gläubig ein und sei wieder unversehrt.‹«

Das Kind atmete ein und war geheilt.

Viele Ereignisse können unseren Glauben auf die Probe stellen und sogar erschüttern. Schlimme Ereignisse – wie bei mir der Verlust meines Sohnes. Es gab Augenblicke, da mein Glaube mich verlassen hatte. Manchmal wird unser Glaube auch durch eine Reihe unscheinbarer Begebenheiten untergraben. Betrug, Enttäuschung, Misserfolg, einige unerfreuliche Veränderungen – und unser Glaube ist ausgelöscht. Wir glauben nicht mehr an Gott und auch nicht an das Leben noch an uns selbst. Unser Glaube schlägt allmählich um in Angst.

Dann leben wir von einem Angstgefühl zum nächsten. Wenn das jeweilige Ergebnis zufrieden stellend ist, lassen wir das eine Angstgefühl los und klammern uns an ein anderes, das uns durch den nächsten Lebensabschnitt führen soll. Wir fragen: Wie wird diese Sache wohl ausgehen? Was wird mir dabei widerfahren? Wo werde ich landen? Wie schlimm wird es sein? Wir wissen, dass wir verletzlich sind – und dass das Leben äußerst unberechenbar sein kann.

»Ich gehe stets davon aus, dass das Schlimmste geschieht, weil das gewöhnlich auch so ist«, erklärt eine Frau.

Die eigenen Ängste zu fühlen und zu thematisieren ist Teil des Lebens. Jeder Augenblick ist voller Unwägbarkeiten. Außerdem bekommen wir nicht immer, was wir wollen. Vielmehr bekommen wir die Lektion beigebracht, die unsere Seele hier lernen soll. Wir werden mit den Aufgaben konfrontiert, die sie zu erfüllen hat, und der geistige Weg wird uns gezeigt, den sie in Gestalt eines Menschen gehen muss.

Eines habe ich auf meiner Reise durch das Heilige Land und andere heilige Stätten überall auf der Welt gelernt – dass viele Orte, die heute verehrt und als übernatürlich betrachtet werden, früher ein fast unerträgliches Leid, Konflikte und Tragödien in sich vereinigten. Die Menschen brauchten Jahrzehnte oder sogar Jahrhunderte, um zurückblicken und erkennen zu können, wie wichtig diese Dramen waren und wie sehr sie das Schicksal mitbestimmten. Oft wurde eine Stätte erst durch diese Rückschau geweiht und geheiligt. Sie markierte einen entscheidenden Wendepunkt.

An einigen Orten, die heute als heilig gelten, verrichteten die Menschen ehemals ihr Gebet oder gingen ihren täglichen Beschäftigungen nach. Das trifft zum Beispiel auf jene Quelle zu, in der Maria ihre Kleider wusch und den Leuten von der Unbefleckten Empfängnis berichtete. Dort kümmerte sie sich um ihre Wäsche und bewältigte zugleich die schwierige Aufgabe, die Wahrheit über sich selbst zu offenbaren und darzulegen, wozu ihre Seele berufen war.

Achten Sie stets auf jedes Detail – auf die schmerzvollen Augenblicke, die routinemäßigen Arbeiten, die Untergangsszenarien, die Gefühle, die Unterbrechungen, die Bewährungsproben und Herausforderungen. Aber nehmen Sie auch die Augenblicke der Freude wahr, die Triumphe und Anlässe zum Feiern. Es kommt auf jeden Augenblick an. Würdigen Sie alle! Im Rückblick werden Sie feststellen, wie jeder dazu beitrug, Ihr Schicksal weiter zu formen.

Manchmal kriegen wir es mit der Angst zu tun. Manchmal sind wir verzweifelt. Manchmal verheddern wir uns völlig. Manchmal kreist das Leben uns förmlich ein, und wir sind überfordert, verlieren unseren Platz. Etwas Druck ist allerdings nötig; er bewirkt, dass wir uns in Bewegung setzen, vorwärts schreiten; zu viel Druck wiederum kann uns zermalmen. Dann ist es Zeit, die Kontrollmechanismen aufzugeben, einen Rückzieher zu machen, die Gefühle zu empfinden und zu heilen und sich mit den Ängsten auseinander zu setzen. Dann müssen wir zur Quelle gehen und in den heilkräftigen Wassern baden, bis wir genesen.

Vertrauen Sie jedem Moment. Es gibt einen Plan für Ihr Leben. Ihre Seele weiß, warum sie hierher kam und was sie tun soll. Gewöhnen Sie sich nicht an, auf die Erfüllung Ihrer Wünsche zu warten, ehe Sie Ihre Ängste überwinden. Befassen Sie sich mit ihnen. Lassen Sie sie los! Die Antwort wird kommen. Die nächste Lektion wird sich Ihnen zeigen. Sie wird gerade vorbereitet.

Manchmal besteht sie darin, das eigene Leben auf Vertrauen statt auf Angst zu gründen.

Wir alle gehen über das Meer des Lebens, dessen Ereignisse vielerlei Gefühle hervorrufen. Wir können an unseren Sorgen festhalten, die ganze Zeit nur schwimmen und treiben, aber dabei werden wir nass – und müde. Wir können an der gleichen Stelle bleiben, in Panik geraten und Energie verschwenden, während wir Wasser treten. Wir können unseren Ängsten nachgeben, wie ein Stein auf den Grund sinken und dort liegen bleiben. Oder wir lernen, fast schwerelos über die Oberfläche zu gleiten, und tun das, wozu wir hergekommen sind.

Finden Sie zum Glauben! Schauen Sie nicht hinunter auf all das Wasser, auf dem Sie wandeln. Ihr Verstand wird Ihnen sagen, dass Sie das niemals schaffen; dann bekommen Sie Angst und gehen unter. Machen Sie einen Schritt nach dem anderen, besinnen Sie sich darauf, den Balsam des Lebens einzuatmen. So werden Sie biegsam und leicht, und der starke Glaube an Gott trägt Sie.

Jesus zeigte uns vor zweitausend Jahren auf dem See Genezareth, dass das möglich ist.

Auch Sie können es erlernen.

ÜBUNGEN

Nähren Sie Ihren Glauben. Wenn Sie das nächste Mal von Angst übermannt werden und den Glauben an Gott, das Leben, sich selbst und den gegenwärtigen Augenblick verlieren, sollten Sie in dem heiligen Buch Ihrer Religion lesen. Wählen Sie Ihre bevorzugte Stelle aus, und lesen Sie sie laut vor. Falls Sie keiner Religion angehören, nehmen Sie ein Buch zur Hand, das Ihren Glauben festigt. Obwohl ich mich als Christin betrachte, schenkt es mir doch Trost, neben der Bibel auch in der Thora und im Koran zu lesen. Die heiligen Schriften besitzen eine enorme geistige Kraft. Seien Sie nicht besorgt und geben Sie nicht auf, wenn Sie verstandesmäßig nicht alles genau erfassen. Diese Bücher sind durchdrungen von verschlüsselten Botschaften, welche die tiefen Glaubensschichten in unserem Überbewusstsein anregen. Sie sprechen die Sprache der Seele.

Gönnen Sie sich eine Pause. Anstatt krampfhaft die Dinge zu forcieren, wenn Sie wieder einmal ängstlich, erschöpft, wütend oder nicht ganz auf der Höhe sind, unterbrechen Sie Ihre momentane Tätigkeit und nehmen sich Zeit, Ihren Geist mit Nahrung zu versorgen. Machen Sie etwas Lustiges, Tröstliches, Heilsames, etwas, das Ihnen hilft, wieder in die Reihe zu kommen.

MANTRAS

Wenn ich mich zu meiner Verbundenheit mit allem Geistigen bekenne, wird mir die Einsicht zuteil, dass ich vitaler werden muss.

Wenn ich meine Angst loslasse, verschwindet das Gefühl von Machtlosigkeit, und ich vertraue meinen Träumen.

Wenn ich meine harschen Urteile aufgebe, verwandelt sich das Schuldgefühl in inneren Frieden.

Wenn ich bereit bin, der Stimme des Herzens zu lauschen, wird mein erschütterter Glaube an Gottes Liebe wieder gefestigt.

Ich bin erfüllt von liebevollem Glauben an Gott.

5. Heilmittel

Frei von den Hemmungen der Unerfahrenheit
drückt sich die Leidenschaft ganz zwanglos
durch eine Sexualität aus, die mit dem Geist
verbunden ist.

Menschen sehnen sich danach, bei ihrem Partner
den Reichtum sowohl der Seele als auch des
Körpers zu schätzen.

TIZIANA DE ROVERE, *Sacred Fire*

Feuer und Eis

*Benutzen Sie es, um die Leidenschaft – das Feuer des
Lebens – zu entfachen, die Sie dann mit Besonnenheit
zügeln; um Denken und Fühlen ins Gleichgewicht zu
bringen; um Ihre Sinnlichkeit zu entdecken.*

Auf einer kürzlich unternommenen Reise nach Algerien
sprach ich mit mehreren Einheimischen, die seit Jahren
darauf warteten, dass Terrorismus, Bürgerkrieg und
Qual in ihrem herrlichen Land, das zu neuem Leben erwachen möchte, ein Ende nehmen. Es war meine zweite
Reise dorthin, und inzwischen hatte ich eine Reihe von
Freunden gewonnen.

»Du hast mir vieles beigebracht – zum Beispiel, wie man offen und lebendig bleibt, wie man seine Integrität und den Glauben an Gott bewahrt, selbst wenn man nicht das haben kann, was man sich wünscht«, sagte ich zu meinem algerischen Freund Nazil.

»Nicht zu haben, was man sich wünscht, ist nicht unbedingt etwas Schlechtes«, erwiderte er kurz darauf, in Gedanken versunken. »Manchmal wird das Leben dadurch interessanter.«

Dieser Aspekt war mir bis dahin nie in den Sinn gekommen. Er tauchte die Dinge in ein neues Licht.

Buch für Buch, Film für Film, Geschichte für Geschichte – ob sie sich auf der Leinwand oder in unserem Leben abspielt – basiert auf Menschen, die ihren Wünschen nachjagen und dabei gewisse Hindernisse aus dem Weg räumen. Dieses fünfte Heilmittel soll Ihnen deshalb helfen, Ihre Träume zu verwirklichen, indem Sie die Feuer des Lebens entfachen und auf hoher Flamme halten, um dann Gefühl, Leidenschaft, Vitalität und Verlangen mit Besonnenheit zu zügeln. Es soll das Karminrot und leuchtende Orange der unteren beiden Chakren aktivieren, um diese Vitalität mit dem Violett und dem reinen strahlenden Weiß der beiden oberen Energiezentren des Körpers zu mäßigen und zu steuern.

Wir sind dabei, unsere physische Energie und Sehnsucht mit Intuition und Spiritualität zu verbinden. Verbindende Kraft und ausgleichendes Zentrum für Leidenschaft und Vernunft ist das Herz. Was wäre, wenn es kein Streben nach Glück, keinen Konflikt gäbe, sondern nur Wünsche, die sofort in Erfüllung gehen? Keine Geschichten wären zu erzählen, weil das Leben fehlte, das sie hervorbringt.

Es handelt sich um jenes uralte, elementare Bedürfnis, die Sehnsucht zu fühlen und ihr zu folgen.

Was macht Sie lebendig? Was bringt Ihr Blut in Wallung? Was lässt Ihr Herz höher schlagen? Was jagt Ihnen Schauer über den Rücken? Was fühlt sich gut und zart und liebevoll an? Was empfinden Sie tief innen als wahres, reines Verlangen – als Keim, den das Göttliche Ihnen eingepflanzt hat, um Sie auf Ihrem Weg zu führen? Wer oder was veranlasst Sie, sich zu erheben, den Schleier der Angst zu zerreißen und einen Menschen zu umwerben, einen Plan zu verfolgen? Wer oder was ist Ihnen so wichtig, dass Sie sich dem Leben wieder hingeben?

Respektieren und schätzen Sie dieses Verlangen. Achten Sie jeden Augenblick dieses aufregenden Abenteuers – die Herausforderungen, die Hindernisse, das Warten, das Wollen und das erneute Warten. Genießen Sie jene stimulierende Ungewissheit, die sich widerspiegelt in Ihren Gedanken: *Ich bin sicher, dass ich es nicht bekommen werde. O Gott, ich will es ja gar nicht, weil ich es wohl sowieso nicht kriege. Hoppla, jetzt ist es weg, außer Reichweite. Warte mal – ich glaube, ich seh's. Vielleicht kann ich es doch haben. Um Himmels willen, was mach ich bloß, wenn mein Traum in Erfüllung geht?*

Lassen Sie das Gewünschte näher kommen und sich zurückziehen. Nehmen Sie dabei stets wahr, was in Ihrem Innern vorgeht.

Lockern Sie sich. Lassen Sie sich gehen. Lassen Sie sich vom Universum und von Ihren Gefühlen zeigen, was Sie eigentlich möchten. Ziehen Sie dann die Bremse. Erübrigen Sie einige Augenblicke, um Klarheit zu gewinnen. Atmen Sie tief ein und aus und entspannen Sie sich. Vertrauen Sie ganz der göttlichen Unterweisung und dem Geist.

Sehnen Sie sich nach dem, was Sie mehr ersehnen als alles andere auf der Welt, und lassen Sie es dann los in der Gewissheit, dass Ihr jetziges Leben äußerst reichhaltig ist, ob Ihre Sehnsucht gestillt wird oder nicht. Sie *müssen* es nicht haben; Sie sind in sich vollkommen; es zu bekommen wäre schön, aber nur, falls dies wirklich sein soll und sobald die Zeit reif dafür ist. Gießen Sie Wasser über sich. Duschen Sie kalt. Baden Sie in Eis. Ihre Leidenschaft erwacht; gestatten Sie ihr und Ihrer Energie, stetig zuzunehmen, durch Geist und Seele gelenkt und transformiert werden.

Nicht alle Gedanken sind es wert, dass man sie in die Tat umsetzt. Nicht alle Wünsche müssen in Erfüllung gehen. Im Laufe der Jahre habe ich gelernt, meine tieferen, dauerhaften Wünsche zu erkennen – diejenigen, die der Zeit standhalten, für die ich bereit bin, etwas zu tun, denen ich mich geduldig widme, die ich verwirklichen möchte und schätze.

Anfang der achtziger Jahre zog ich in die Kleinstadt Stillwater in Minnesota. Ich hatte schon eine ganze Weile geschrieben, unter anderem für eine Gemeindezeitung. Als ich das Gebäude sah, in dem die *Stillwater Gazette* untergebracht war, wusste ich, dass ich dort arbeiten wollte – um jeden Preis. Ich wollte durch die Stadt laufen, die Story recherchieren, sie niederschreiben und dann die nächste Geschichte in Angriff nehmen. Mein Wunsch glich einer unauslöschlichen inneren Flamme, die immer höher loderte. Es gab Augenblicke, in denen ich losließ und andere Dinge tat, aber für diese Tageszeitung zu arbeiten wurde fast zu einer fixen Idee, die meine Leidenschaft entfesselte.

Ich ging zu der Zeitung, um eine Anstellung zu bekommen, wurde aber abgelehnt. Ich hatte nicht die richtigen

Referenzen vorzuweisen, sie hatten jemand anders eingeplant, »tut uns leid«. »Trotzdem«, sagte ich, »ich möchte für Sie arbeiten. Ich komme wieder.« Das meinte ich ernst. Jede darauf folgende Woche marschierte ich in die Redaktion und erklärte dem Verleger, dass ich einen Job wollte. Irgendwann bot er mir eine Stelle im Sekretariat an. »Nein, das ist nichts für mich«, erwiderte ich. »Das ist nicht die Arbeit, die ich für Sie tun möchte. Ich will Reporterin sein, für Ihre Zeitung Geschichten schreiben.«

Im Laufe der Monate kam ich durch meine zahlreichen Besuche in der Redaktion mit dem Verleger, dem die Zeitung auch gehörte, ins Gespräch. Er stellte mich zwar immer noch nicht ein, aber zumindest erkannte er mich, wenn ich vorbeischaute. Damals durchlebte ich eine ganze Skala von Gefühlen – von Frustration über Verzweiflung bis zu Wut, Aufregung, Entschlossenheit, Angst, um nur die wichtigsten zu nennen. Ich gab auf. Ich ließ los. Mein Wunschtraum und meine Leidenschaft aber kehrten immer wieder zurück. Sie hielten der Zeit stand.

Fast ein halbes Jahr später klingelte das Telefon. Der Zeitungsverleger sagte, ich könne bei ihm anfangen.

Dieser Job war einer der besten, die ich je hatte. Durch ihn lernte ich das Handwerk des Schreibens und gelangte schließlich zu dem Verlag, der meine Bücher druckte. Er stellte den nächsten Schritt auf meinem geistigen Weg dar – einen wichtigen Bestandteil einer der bis dahin besten, anregendsten Phasen meines Lebens. Dieser Erfahrung verdanke ich den glücklichen Umstand, dass der Besitzer der Zeitung und seine Frau zu guten Freunden wurden, und diese Freundschaft besteht und vertieft sich nun seit über fünfzehn Jahren.

Ich kann noch weitere Geschichten über meine Herzenswünsche erzählen. Fast sechs Jahre lang dachte ich voller Enthusiasmus an ein Buch, das ich zu schreiben gedachte, bis ich es dann tatsächlich schrieb und veröffentlichte. Zwanzig Verlage lehnten das Manuskript ab, ehe es der richtige annahm. Ein anderer hatte es auch akzeptiert, aber im Innersten wusste ich, dass es nicht der richtige war. Also wartete ich ein weiteres Jahr. Nachdem ich »meinen« Verlag gefunden hatte, wurden von dem Buch drei Millionen Exemplare verkauft, und es läuft weiterhin gut.

Lassen Sie sich nicht einreden, dass Leidenschaft – selbst wenn sie manchmal vielleicht ein wenig obsessiv wird – schlecht sei. Verwandeln Sie sich nicht in einen so gesunden oder kopflastigen Menschen, dass Sie vergessen zu tanzen. Erleben Sie die ganze Bandbreite der Gefühle – von Verzweiflung über Ungeduld, Ekstase bis zum fieberhaften Bemühen, wirklich loszulassen. Sprechen Sie zu Gott. Unterhalten Sie sich mit Menschen. Richten Sie das Wort an sich selbst. Durchdenken Sie die Dinge, aber klammern Sie dabei Sehnsucht und Leidenschaft nicht aus.

Lassen Sie sich von Ihrem glühenden Verlangen zu dem führen, was Sie möchten. Lernen Sie dann, immer wieder sich zurückzuhalten, auf Abstand zu gehen, sich abzuwenden, wegzuschauen – ja fast zum Stillstand zu kommen. Nehmen Sie sich Zeit, um Klarheit zu gewinnen. Wenn Ihre Seele etwas Bestimmtes begehrt, so wird es durch einen Augenblick des Innehaltens nicht verschwinden. Dieser Augenblick, in dem Sie Luft holen und die Verwirrung beseitigen, wird die Flamme nicht löschen. Indem Sie die Glut langsam schüren und stets bewachen, erzeugt sie einen sanften, sinnlichen, starken und gefühlvollen Lichtschein.

Wenn unsere Wünsche nicht – oder zumindest nicht sofort – in Erfüllung gehen, wird das Leben interessanter. Die Zügelung der Leidenschaft durch die Vernunft aktiviert unsere Sinne und beschert uns das *Geschenk der Sinnlichkeit*. Erheben Sie sich und gehen Sie in die Welt hinaus! Bewegen Sie sich im Rhythmus des Lebens. Tanzen zu lernen kann Spaß machen. Genießen Sie den Tanz – behutsam, gemessenen Schrittes. Freuen Sie sich darüber, wie die Dinge auf Sie wirken.

Vertrauen Sie Ihren Herzenswünschen.

Lernen Sie, sich Zeit zu nehmen.

Pass auf, worum du bittest, denn vielleicht bekommst du's, warnen viele Leute. Diese Vorsicht mag bei einigen Wünschen angebracht sein, bei karmischen Erfahrungen, die wir in unserem Kopf erzeugen. Aber auch hierbei lernen wir wichtige Lektionen. Wenn Sie eine Sache oder einen Menschen unbedingt haben wollen, müssen Sie nicht ständig verzweifelt oder derart verängstigt sein, dass Sie nur noch blindlings vorwärtspreschen, um Ihre Angst zu kompensieren beziehungsweise zu vertuschen. Lassen Sie sich durch den Mangel nicht dazu verleiten, gierig nach allem zu schnappen und dauernd zu klammern. Machen Sie den Prozess des Empfangens zu einem Bestandteil Ihres Tanzes mit dem Universum – ob es um eine Person oder eine Sache geht.

Es stimmt, manchmal bekommen wir nicht das, was wir wollen. Aber wir leben in einem wohltätigen Universum. Ab und zu werden unsere Wünsche erfüllt. Hegen Sie den Traum in Ihrem Herzen! Vielleicht erleben Sie bald eine Überraschung. Fürchten Sie sich nicht vor dem

Verlust. Wagen Sie den Schritt ins Unbekannte. Streben Sie voller Vertrauen und mit gezügelter Leidenschaft nach dem, was Ihre Seele begehrt.

Übungen

Traumarbeit. Den eigenen Träumen Ausdruck zu verleihen ist die beste Methode, um die schöpferische Leidenschaft zu entfesseln. Dieses Thema wurde im ersten Teil des Buches schon behandelt. Die folgende Übung führt noch einen Schritt weiter. Schreiben Sie Ihre nächtlichen Träume ins Tagebuch? Sprechen Sie darüber mit jemandem, der Ihr Vertrauen hat und Ihnen respektvoll zuhört? Jedenfalls sollten Sie jetzt auch über Ihre Tagträume schreiben und sprechen – Ihre Phantasien, die Ideen, die Sie bisher geheim hielten, jene Dinge, von denen Sie immer schon wussten, dass Sie sie tun wollten, ohne sich dazu fähig zu fühlen.

Manche mögen's heiß. Viele Jahre lang konnte ich meine Wünsche nicht zum Ausdruck bringen. Ich hatte keine Ahnung, was ich mochte, was ich liebte, was mir gleichgültig war und was ich ablehnte oder hasste. Zu lernen und zu erkennen, was unsere Leidenschaft entfacht und unsere Seele in Schwingung versetzt, ist eine Kunst. Fangen Sie an, im Lebensmittelladen, im Videoverleih und wenn Sie zuhören, wie die Leute reden, sich die Fragen zu stellen: Was interessiert mich? Was entzündet meine innere Flamme? Was spricht mein Herz und meine Seele an? Was lässt mich kalt, was macht mich verschlossen? Sobald Sie merken, was Sie mögen und was Sie ungerührt lässt, wissen Sie auch, was Sie »heiß macht«.

MANTRAS

Wenn ich meine Leidenschaft bejahe, wird meine Vergangenheit geheilt.

Wenn ich die eigenen Träume zum Ausdruck bringe, wird meine schöpferische Leidenschaft entfacht.

Wenn ich meine Leidenschaft schätze, habe ich nicht mehr das Bedürfnis, meine Kräfte zu kontrollieren.

Gott ist meine Quelle der Liebe.

Ich zeige der Welt, wie leidenschaftlich ich bin.

6. Heilmittel

Ungeachtet deines Bewusstseinszustandes
wurden die Probleme, die du hattest, bereits
beseitigt. Die Situation wurde bereinigt. Das
geschah von dem Augenblick an, da du dich
unwohl fühltest. Kläre nun dein Bewusstsein
und überzeuge dich davon, dass das Problem
in der äußeren Welt nicht mehr existiert.

JOHN RANDOLPH PRICE, *Angel Energy*

Schöpferische Weisheit

*Benutzen Sie es speziell, um Probleme zu lösen,
Blockaden zu beseitigen, Hindernisse zu überwinden,
den nächsten Schritt deutlich zu erkennen;
und im Allgemeinen, um Ihre Intuition
zu aktivieren und Ihr Unterscheidungsvermögen
zu verfeinern.*

Mein Freund und ich fuhren über den Parkplatz neben
dem Hähnchen-Schnellrestaurant. Er war voll. Die Autos schoben sich zwischen den Reihen hindurch, alle
suchten nach einem freien Platz. Wir näherten uns der
Ausfahrt an der Seitenstraße, die am Restaurant entlang-
führt. Am Ende der Straße, etwa einen Häuserblock ent-

fernt, war ein gebührenpflichtiger Parkplatz zu sehen. Mein Freund deutete dorthin.

»Lass uns da unten parken und zurückgehen«, sagte er.

Ich fühlte mich ruhig und friedlich. Diesen Weg zu Fuß zurückzulegen störte mich nicht, erschien mir aber auch nicht unbedingt nötig. Mein Freund wollte in die Seitenstraße einbiegen.

»Fahr um den Block herum und nochmals auf den Parkplatz«, sagte ich.

Er verzog das Gesicht.

»Mach's einfach«, sagte ich leise.

Er fuhr zurück auf den Parkplatz. Eine Frau, die eine Flasche in der Hand hatte, ging direkt vor uns zu ihrem Wagen, stieg ein und fuhr aus der Parklücke. Da es in dieser Reihe keine weiteren Autos gab, waren wir die ersten.

»Ich weiß nicht, ob ich da reinkomme«, sagte mein Freund.

»Du schaffst es schon«, versicherte ich ihm.

So war es dann auch. Wir stiegen aus und gingen ins Restaurant.

Diesmal hatten wir Glück gehabt.

Ich kenne viele Leute, die denken, dass Engel auf diesem oft problembeladenen Planeten Besseres zu tun haben, als Parkplätze ausfindig zu machen. Auch ich glaube, dass sie darüber hinaus noch wesentlich mehr Arbeit leisten müssen. Aber zugleich vertrete ich die Auffassung, dass uns der Beistand der Engel ebenso zugänglich ist wie ihre Intelligenz, die manche als »schöpferische Weisheit« bezeichnen und die uns helfen kann, die bestmögliche Lösung für fast jedes Problem zu finden, mit dem wir auf unserem Weg konfrontiert sind – egal, wie unbedeutend oder bedrückend es sein mag.

Als ich die *Eingebung* oder die Idee hatte, dass mein Freund erneut über den Parkplatz fahren musste, hörte ich keine Stimme, hatte ich weder eine Vision noch sonst einen Geistesblitz. Ich war auch nicht besonders ahnungsvoll oder bemüht oder zuversichtlich. Mein Geist war ruhig. Ich wusste nur, dass wir es noch einmal versuchen sollten. Das *fühlte* ich. Als er in die Seitenstraße einbiegen und dort parken wollte, kam mir dies falsch und unnötig vor. Mein Vorschlag resultierte aus einem *inneren Ruck*, einer spontanen Reaktion. Er enthielt das *Wissen* darüber, was als nächstes zu tun und welche Richtung die richtige war. Er erschien mir ebenso natürlich wie atmen.

Es handelt sich hier um eine bewährte Methode, die den meisten von uns – oder allen – zugänglich ist.

In seinem Buch *Angel Energy* (Engelsenergie) entwickelt John Randolph Price die Vorstellung, dass es zweiundzwanzig Engel oder Archetypen der Energie gibt, die für jeden Menschen mit seinen individuellen Bedürfnissen stets verfügbar sind. Seine Theorie oder Philosophie, die auf den Studien von Manly Hall, Emanuel Swedenborg, Carl Gustav Jung und auf heiligen Schriften wie der Bibel basiert, besagt, dass diese Engel oder uralten archetypischen Energien auf die zweiundzwanzig Buchstaben des hebräischen Alphabets zurückgehen, »auf die zweiundzwanzig von Gott erzeugten Töne, mit denen er sich dienstbare Geister schuf, welche jede äußere Form beherrschen«.

Darüber hinaus vertritt Price die Ansicht, dass diese Engelsenergien, diese göttlichen Gehilfen, nicht nur von außen auf uns einwirken, sondern dass sie archetypische Energien in unserem *Innern* repräsentieren. Ob es um

Einsicht geht, Unterweisung, Schutz oder die Fähigkeit, mit den in jeder Situation waltenden Kräften in Übereinstimmung zu kommen – wir erhalten Beistand, sobald wir ihn brauchen.

Die Absicht ist der Schlüssel zu dieser Hilfe. Das heißt: Wir müssen darum bitten und wirklich beabsichtigen, sie zu empfangen.

Es gibt Phasen in unserem Leben, da wir allzu überfordert und verzweifelt sind, um die Hilfe auch nur zu erbitten, um unseren Blick zum Himmel oder auf das Göttliche in uns selbst zu richten. Wenn wir solche Augenblicke überstehen, ist das ein Ausdruck von Gnade, einer weiteren Energie, die uns – dank Gott und seiner Barmherzigkeit – ebenfalls zur Verfügung steht.

Auf die Gefahr hin, dass ich ein weiteres Klischee in Sachen geistiges Wachstum benutze: Indem wir unsere Absicht benennen, machen wir unseren Anspruch geltend. Das gedachte, ausgesprochene oder geschriebene Wort ist voller Energie. Wenn wir auf diese Weise deutlich zu erkennen geben, dass wir ein bestimmtes Problem lösen möchten, so ist das ein erster, richtiger Schritt, es aus der Welt zu schaffen.

Ob Sie die Hilfe als *Engel, innere göttliche Weisheit* oder als *Antwort Gottes auf Ihr Gebet* betrachten, bleibt Ihnen überlassen. Aber daran zu glauben, dass Hilfe verfügbar, eine Antwort in Reichweite ist, dass wir diese Antwort verstehen und in die Praxis umsetzen können, ist ein zweiter, ebenso richtiger Schritt.

Wir bitten um Hilfe und glauben dann, dass sie uns bald zuteil wird.

Mein Freund vergisst manchmal, dass es zu Problemen auch Lösungen gibt. Seine Vergesslichkeit tut mir allerdings gut, weil ich das gelegentlich ebenfalls vergesse. Wenn ich ihn daran erinnere, erinnere ich mich selbst daran. Sobald ein Problem auftaucht, strecke ich gewöhnlich die Waffen. Ah ja. So ist das eben. Da kann man nichts machen. Blockade. Stillstand. Schachmatt. Dabei merke ich nicht einmal, dass ich regelrecht aufgeschmissen bin. Ich denke, mir würde genau das widerfahren, was ich sehe, und dass das der Lauf der Dinge sei. Ich nenne es Realität. Ich gehe nicht über das Sichtbare hinaus. In solchen Phasen bin ich derart blockiert, dass es mir gar nicht bewusst ist.

Dann ist es Zeit, das Rad noch einmal zu erfinden. Dann muss ich mich auf den Unterschied zwischen Illusion und Realität besinnen und Klarheit gewinnen. Fühlen Sie sich nicht überfordert, wenn Ihnen das wie ein schwieriger, allumfassender Prozess erscheint. Dem ist nicht so. Lösungen für Probleme zu finden kann zu einer fast automatischen Reaktion werden. Die Intuition und sämtliche Energien des Universums zu benutzen, die uns die Probleme lösen und das Rad der Realität neu erfinden helfen, kann für uns genauso natürlich sein wie das Gefühl, blockiert und ratlos zu sein.

Diese andersartige Methode macht das Leben interessanter.

Sie mag zu einem kleinen Spiel werden, das wir lernen.

Hindernisse und Schranken sind Teil des Lebensweges, ganz gleich, welche Richtung wir einschlagen, um nach Hause zu kommen. Lange Zeit wusste ich das nicht. Mir wurde beigebracht, dass das Leben schwer sei und dass ich an gewissen Dingen nicht viel ändern könne. Es stimmt zwar, dass wir auf einige Ereignisse, Umstände und Missgeschicke keinen großen Einfluss haben; aber es gibt auch einen schicksalhaften Faktor, der uns immer wieder überraschende und wunderbare Wendungen beschert, der unsere spirituelle und karmische Entwicklung in Gang hält.

Jedenfalls gehören Probleme, die gelöst werden müssen, zu unserem Dasein mit dazu. Ob jemand oben auf dem Hügel Felsbrocken auf uns schleudert, um zu sehen, wie gut wir ihnen ausweichen, oder ob unsere schöne Seele immer wieder Prüfungen ersinnt, um uns zu zeigen, wie viel wir eigentlich wissen, und uns auf die nächsthöhere Erkenntnisebene zu hieven – wir können lernen, die Probleme mit einer bestimmten Leichtigkeit und Freude zu bewältigen. Das ist einfacher und zudem interessanter, wenn wir dabei eine ausgewogene, ganzheitliche Methode anwenden. Lassen Sie mich das näher erklären.

Als ich noch vom Kopf her lebte und die Spaltung in Geist, Gefühl, psychischem und physischem Körper bei mir am tiefsten war, hatte ich, wenn ich meine Probleme lösen wollte, nur zu einer Hilfsquelle Zugang – zum rationalen Denken. Meistens beschworen die Probleme große Angst herauf, und die möglichen Lösungen gingen entweder auf »unverdienten göttlichen Beistand« oder auf Logik zurück.

Beide Hilfsquellen sind gut. Aber es gibt noch eine andere. Wenn wir ganz sind (und im Grunde befinden wir alle uns im Zustand der Ganzheit), können wir die Intuition bitten, uns zu leiten. Und wenn wir mit unserem physischen Körper verbunden sind, ist auch er eine geeignete Hilfsquelle. Dann sind wir fähig, durch Körper und Seele Dinge wahrzunehmen, die über den Verstand hinausgehen, zumal wenn wir Gefühlsreste von früher verarbeitet und keine nennenswerten inneren Blockaden haben.

Wir werden verstehen. Wir werden die Lösungen für unsere Probleme kennen. Wir werden wissen, welchen Kurs wir einschlagen müssen. Diese Einsicht ergibt sich auf natürliche Weise. Wir brauchen nicht darüber nachzudenken. Gerade das wird uns von Nutzen sein, weil wir durch zu viel Nachdenken versuchen, das jeweilige Problem mit den begrenzten Techniken unseres Intellekts in den Griff zu bekommen.

Dieses sechste Heilmittel soll uns helfen, die Dinge zu *erfühlen* – nicht so, wie wir Emotionen fühlen, sondern durch ein in den Sinnen verankertes Wissen, durch plötzliche Eingebung. Der Beistand, den wir suchen, wird uns mühelos zuteil. Er transzendiert gleichsam die Vernunft, ohne sie zwangsläufig auszuschließen, herabzusetzen oder zu ignorieren. Er wird von selbst wirksam und umschließt die Vernunft genauso ungezwungen wie verständnisvoll.

Auf meinem Weg nach Hause musste ich unter anderem lernen, diese Erkenntnis in die Praxis umzusetzen.

Einmal traf ich einen Mann im Spielkasino. Ich wartete gerade auf einen Freund, einen Unterhaltungskünstler, der dort eine Show veranstaltete. Ich warf Münzen in einen Spielautomaten, und der Mann neben mir fing eine Unterhaltung an. Er behauptete, bei jeder Münze genau zu wissen, ob er das jeweilige Spiel gewinnen werde oder nicht – allerdings erst, wenn sich die Scheiben des Automaten drehten. Doch noch bevor die Äpfel, Orangen und Kirschen zum Stillstand kamen, war er sich seiner Sache sicher. Ich stellte ihn auf die Probe. Und er hatte Recht. Sobald ich ein Spiel begonnen hatte, konnte er mir sagen, ob ich gewinnen würde oder nicht.

Es gibt vieles im Leben, was wir nicht wissen – vieles andere jedoch können wir wissen, und wir wissen es auch. Wenn wir Zeit erübrigen, um unser Bewusstsein mit einzubringen, und darauf achten, wie die Dinge auf uns wirken, besitzen wir oft die Fähigkeit, den weiteren Gang der Ereignisse vorherzusehen und zu entscheiden, ob eine bestimmte Maßnahme tatsächlich die beste ist. Wir können sagen, ob wir aus einer Angelegenheit als Gewinner oder als Verlierer hervorgehen.

Sobald wir den nächsten richtigen Schritt unternehmen, um unsere Probleme zu lösen, haben wir tief innen ein gutes Gefühl. Wir wissen, dass wir unseren Weg beschreiten. Vielleicht sind wir uns nicht ganz sicher, wie die eine oder andere Sache enden wird. Sonst wäre das Leben ja auch langweilig. Aber wir sind davon überzeugt, der richtigen Spur zu folgen. Das ist der Zustand, den wir uns wünschen.

Nehmen Sie also genau wahr, wie Sie auf ein Problem reagieren – ängstlich, frustriert, wütend, hilflos –, und lassen Sie diese emotionale Energie dann los. Seien Sie ganz klar, zentriert und konzentrieren Sie sich auf Ihre Absicht. Erbitten und beanspruchen Sie die Gabe der Hellsicht. Fragen Sie sich: Ist dieses Problem lösbar? Kann ich mit ihm leben? Nicht alle Probleme müssen sofort bereinigt werden. Sie zu akzeptieren und zu ertragen ist manchmal ein wesentlicher Bestandteil unserer Heimreise. Dadurch erfahren wir vieles über uns selbst, unsere Ansichten und das Leben an sich. Ob man von Karma spricht oder von der Antwort Gottes, die entweder »Nein« oder »Warte noch« lautet, von einer Bewährungsprobe, einer Herausforderung, einer Lernerfahrung oder dem Lauf der Dinge – gelegentlich gibt es einfach Probleme. Dies zu erkennen kann sehr hilfreich sein.

Manchmal wirft uns das Leben Stolpersteine auf den Weg. Das können äußere Hindernisse sein, die unsere Überzeugungen in Frage stellen oder uns in der Absicht bestärken, in der gleichen Richtung weiterzugehen. Diese Art von Hindernis ist gewöhnlich nicht allzu schlimm. Am verhängnisvollsten mag unsere erste Reaktion darauf sein. *O nein. Die Welt geht unter*, denken wir vielleicht. Befreien Sie sich von dieser Vorstellung! Solche Hindernisse lassen sich meistens schnell wegräumen. Bisweilen genügt schon die Absicht, es zu tun. Dann wieder bedarf es lediglich einer kleinen Maßnahme, eines winzigen Schritts. Oder wir müssen um den Stolperstein herumgehen beziehungsweise einen anderen Weg einschlagen, und es stellt sich heraus, dass der für uns genau der richtige ist.

Manchmal befinden sich die Hindernisse in unserem Innern. Dort stellen sie unseren Widerstand dar, vorwärts zu schreiten.

Wenn ich mich in meinen Abstraktionen verliere und nicht mehr weiterweiß, spiele ich gelegentlich eines meiner beiden bevorzugten Computerspiele. Das ist kein reiner Zeitvertreib. Diese Spiele beschäftigen meinen Verstand, sodass mein Überbewusstsein sich freimachen und am Leben teilnehmen kann. Zum einen handelt es sich um ein Kartenspiel, in dem alle Karten einfach nur bewegt und angeordnet werden müssen. Man kann jedes Mal gewinnen. Versuche ich dabei, mir durch Denken einen Weg zu bahnen, geht es irgendwann nicht weiter. Lasse ich hingegen meine Gedanken los, um mein Unterbewusstsein und meine Intuition mit einzubringen, gewinne ich.

Im anderen Spiel fallen kleine bunte Teile in verschiedenen Formen von oben nach unten. Meine Aufgabe besteht darin, sie so zu arrangieren, dass sie eine gerade Linie bilden. Sobald mir das gelingt, fällt diese Linie weg, und ich habe ein Spiel gewonnen. Das Problem ist nur: Am Anfang fallen die Teile langsam, und ich habe Zeit, mir jede Bewegung genau zu überlegen. Das funktioniert so lange, bis die Geschwindigkeit sich erhöht. Bald schon habe ich keine Zeit mehr zum Nachdenken. Ich muss mich intuitiv vorwärts tasten.

Gerade dann wird das Spiel zur Herausforderung, eignet ihm ein besonderer Reiz.

Die Lösung Ihres Problems sieht vielleicht anders aus, als Sie es gerne hätten. Sie mag viel mehr Kreativität und Klugheit erfordern. Übergehen Sie also die Stimme des Verstandes, Ihre Ängste, Ihre negative Einstellung und jene Realität, die durch Ihre Vergangenheit definiert wird. Lassen Sie sich von Ihrem Engel und seiner schöpferischen Weisheit helfen, über den nächsten Schritt Klarheit zu gewinnen und den Weg zu erhellen.

Möglicherweise stellen Sie fest, dass Sie gar nicht so viel tun müssen, um Ihre Probleme zu meistern. Die Lösungen deuten sich bereits an. Sobald Sie darauf achten, was Ihre Seele weiß, merken Sie, dass Sie mehr wissen, als Sie glauben.

ÜBUNGEN

Vertrauen Sie Ihrer Intuition. Um Ahnung und Eingebung noch stärker zu betonen, ist es wichtig zu begreifen, wie die Dinge auf einen wirken. *Üben Sie immer wieder mit dem festen Vorsatz, etwas zu lernen, und entwickeln Sie Ihre intuitiven Fähigkeiten.* Das ist der beste Rat, die effektivste Übung, die ich Ihnen hier anbieten kann. Mit der Zeit machen Sie dabei Fortschritte. Ich benutzte meine Intuition oft nur sporadisch und ohne großes Zutrauen. Im Lebensmittelladen etwa kam ich völlig durcheinander, wenn ich zu entscheiden versuchte, was ich einkaufen sollte. Ich verließ mich zu sehr auf meinen Intellekt. Ich wusste nicht, wie die Dinge sich anfühlen. Ich fand keinen Zugang zu meiner Intuition. Es ärgerte mich, wenn Leute mir empfahlen, ihr zu vertrauen, weil ich keine Ahnung hatte, wie man das macht und ob ich es überhaupt lernen könnte.

Als mein Sohn starb, wurde ich durch den abgrundtiefen Kummer aus meinen Gedanken gerissen und ins Herz katapultiert. Meine Fähigkeit zum rationalen, logischen Denken ließ extrem nach. Ich konnte nicht einmal mehr die Zahlen in meinem Scheckheft zusammenrechnen. Ich wurde in meine Gefühle »gezwängt«. Obwohl mein Herz schon gebrochen war, blieb mir auch das nicht erspart. Aber nicht jeder von uns muss ein so schmerzliches Drama durchmachen, um zu Gefühl und Intuition vorzudringen. Wir können uns bewusst dazu entschließen und diesen Prozess unterstützen.

Lernen Sie, auf Ihren Körper zu hören. Er ist ein weiser Führer, der Ihnen hilft, die intuitiven Kräfte zu entdecken. Es gibt diese typische Redensart: *Ich neige dazu…* Unser Körper neigt sich förmlich dem zu, was er mag – oder wendet sich ab von dem, was er nicht mag. Lassen Sie sich von Ihrem Körper führen. Beachten Sie Ihre Körpersprache, Ihre körperlichen Reaktionen auf

Menschen, Dinge und Orte. Ihr Körper soll ein Instrument der Seele sein und ihrer Stimme Resonanz verleihen.

Wenn ich Ihnen nahe lege, sich klarzumachen, wie die Dinge auf Sie wirken, so spreche ich nicht von der üblichen Skala der Gefühle, sondern von den Regungen der Seele oder von Intuition. Dieses behutsame Ahnen ist leichter als Fühlen, zugleich aber tiefer und umfassender als Denken. Es stellt sich ein, wenn wir Kleider oder Schuhe anprobieren und jenes schöne Stück finden, das genau passt und zu uns zu gehören scheint. Es fühlt sich einfach gut an. Das ist etwa so, wie wenn wir zum ersten Mal ein Lied hören, das dann zu unserem Lieblingslied wird. Es zieht uns in seinen Bann. Es spricht uns an. Wir mögen es sehr. Seine Melodie geht uns nicht mehr aus dem Kopf. Es wird zu einem Bestandteil unseres Lebens. Es ist genau richtig.

Im Laufe der Jahre habe ich mir eine Art Faustregel zugelegt, wie ich meine intuitiven Fähigkeiten mit der Stimme der Vernunft verbinden kann und sie entsprechend einsetze. Sobald eine Handlungsweise mir nicht gut tut, verspüre ich gewöhnlich einen starken inneren Widerstand oder ein »Nein« – eine nachhaltige negative Reaktion. Oder ich empfinde gar nichts. Die Aktion oder der Gedanke daran lässt mich unbeeindruckt, kalt. Wenn die Vorstellung, die ich verwirklichen möchte, durchaus in Ordnung aber keineswegs außergewöhnlich ist (sie mag Zeit beanspruchen, ohne das Karma zu beeinflussen), erhalte ich nur eine neutrale bis schwache Reaktion. Tief im Innern bin ich nicht allzu aufgeregt. Wenn jedoch die betreffende Handlung mit den Wünschen meiner Seele völlig übereinstimmt, erkenne ich das blitzartig.

Der Funke der Begeisterung entfacht in mir eine überschwängliche Freude.

»Ich weiß genau, wann eine meiner Ideen dir besonders gefällt«, sagte mir einmal ein Freund. »Deine Augen leuchten. Du strahlst übers ganze Gesicht.«

Finden Sie heraus, welche Handlung Ihre Augen und Ihr Gesicht strahlen lässt! Dieses Licht mag der durchschimmernde Glanz Ihrer Seele sein. Wenn Sie zweifeln und absolut nicht weiterwissen, lassen Sie einfach los. Sie werden feststellen, dass Körper und Intuition Sie auf natürliche Weise nach Hause führen.

Vergessen Sie nicht, auch Ihre außersinnliche Wahrnehmungsfähigkeit zu fördern. Manchmal haben wir einen Geistesblitz, der uns vor etwas warnt oder uns eine besondere Maßnahme nahe legt. Eine Bekannte von mir verkauft Schmuck und Edelsteine in der mittleren Preislage. Die meisten Stücke – vor allem Halsketten und Armbänder – befinden sich in einer Vitrine. Eines Morgens wachte sie auf, schaute nach der Vitrine und dachte intensiv daran, diese mit einem Schloss zu versehen. Aber sie ging dem nicht weiter nach. Achtundvierzig Stunden später kamen drei Männer in ihr Geschäft, lenkten die Angestellte ab und stahlen Schmuck im Wert von mehreren tausend Dollar.

Die Intuition spricht mit kräftiger und zugleich sanfter Stimme. Um sie zu vernehmen, müssen Sie Ihren Verstand zur Ruhe bringen. Lernen Sie, die richtige Handlungsweise zu erkennen, damit Sie Probleme lösen und Hindernisse überwinden können. Stellen Sie sich darauf ein, den Weisungen Ihrer Seele zu folgen.

Beseitigen Sie die Hindernisse auf Ihrem Weg! Wenn Sie mit einem Projekt beginnen oder etwas Bestimmtes schaffen wollen, sollten Sie immer wieder Zeit erübrigen, um etwaige Barrieren zu entfernen. Ich bin oft dafür eingetreten, sich Ziele zu setzen. Das tue ich auch weiterhin. Diese Zielsetzung ist derart wirkungsvoll, dass sie uns mühelos über die Hindernisbahn führt. Wir können diesen Prozess beschleunigen, indem wir uns ganz bewusst vornehmen, den Weg freizumachen. Folgende Punkte sind hierbei zu beachten:

Seien Sie sich zunächst einmal über Ihre Absichten im Klaren. Was möchten Sie gerne tun, haben oder vollbringen – und warum? Gehen Sie in sich. Dadurch kommen Widerstände oder innere Blockaden zum Vorschein – zugleich aber auch Ihre wahren Wünsche.

Schreiben Sie über all Ihre Ängste und negativen Reaktionen in Bezug auf Ihre Ziele. Seien Sie ehrlich. Warum denken, fühlen oder glauben Sie, dass Sie das, was Sie wollen, nicht haben können? Widmen Sie dieser schriftlichen Bestandsaufnahme so viel Zeit wie nötig. Füllen Sie so viele Seiten wie möglich. Schreiben Sie bis zur Erschöpfung. Befreien Sie sich von der ganzen negativen Energie. Das hilft, den Weg freizuräumen.

Stellen Sie sich, Gott und dem Universum die Frage, mit welchen Hindernissen und Blockaden Sie eigentlich konfrontiert sind. Setzen Sie das Wort *Hindernisse* auf die oberste Seite Ihres Tagebuchs. Pflanzen Sie es gleichsam in Ihren Verstand oder in Ihre Seele ein. Oder geben Sie sich den Befehl, darüber zu träumen. Bitten Sie vor dem Einschlafen, dass die Träume Ihnen helfen, jedes Hindernis auf dem Weg deutlich zu sehen und auch zu entfernen. Lassen Sie dann los, und schauen Sie, was dabei herauskommt.

Seien Sie sich bewusst, dass Störungen auftreten können und dass diese zum Leben dazugehören. Manchmal
sind sie sogar wichtig: Gerade durch sie lernen wir wertvolle Lektionen über uns selbst. Dann wieder erscheinen
sie eher unwichtig – sie müssen einfach nur beseitigt werden. Betonen Sie mit Nachdruck Ihre Absicht, den Weg
freizuräumen. Sehen Sie vor Ihrem geistigen Auge den
Satz: *Eliminiere sämtliche Hindernisse in Bezug auf*
_____! Betrachten Sie ihn so lange, bis Sie ihn
fühlen können. Konzentrieren Sie sich darauf, bis Sie eine
klare Vorstellung von Ihren Wünschen haben. Indem wir
uns genau ausmalen, was wir schaffen möchten, entwerfen wir ein so eindrucksvolles Bild, dass Hindernisse und
Blockaden gelegentlich von selbst verschwinden. Fast sofort ist das Problem gelöst, das Ziel erreicht. Falls wir die
Vorstellung nicht festhalten oder verdeutlichen können,
ist die Zeit wohl noch nicht reif dafür. Möglicherweise
werden wir von unserer Seele auch in eine andere Richtung geführt.

Besinnen Sie sich darauf, jedes Gefühl, das durch das
betreffende Problem oder Hindernis hervorgerufen wird,
wahrzunehmen und zu bereinigen. Bisweilen genügt es,
sich mit den anfänglichen Gefühlen intensiv auseinander
zu setzen, und schon ist der Weg frei. Welches Gefühl sich
auch regen mag – empfinden und befreien Sie es, bis Sie
klar, ausgeglichen und zentriert sind. Wenn Sie das geschafft haben, wird sich der nächste Schritt wie von
selbst – rein intuitiv – ergeben.

MANTRAS

Ich höre auf meinen Körper.

Ich nehme bewusst wahr, wie mein Körper auf verdrängte Liebesgefühle reagiert.

Ich setze meine intuitiven Fähigkeiten ein.

Meinem Wohlergehen zuliebe beseitige ich alle Hindernisse und Blockaden, die mich davon abhalten, _____ _____. (*Tragen Sie in die Leerstelle Ihr Ziel, Ihre Absicht oder Ihren Wunsch ein. Zum Beispiel:* ... den Computer zu reparieren, ... dieses Buch zu schreiben, ... das schönste Heim zu finden, ... die nächsten Schritte in meiner Beziehung zu unternehmen, ... geschäftlichen Erfolg zu haben und täglich, wöchentlich oder monatlich _____ DM zu verdienen.)

7. Heilmittel

Sie lebten mit ihren Gedanken und Gefühlen
im Himmel, standen mit den Füßen fest auf
der Erde und brachten beides miteinander
in Einklang. Das gilt auch für dich.

THOMAS PRINTZ, *The Seven Beloved Archangels Speak*

Geistige Führung

*Benutzen Sie es, um Lektionen besser zu begreifen,
um zu geistiger Einsicht, Unterweisung, Heilung,
Hoffnung und Hilfe zu finden, um zum höheren Selbst
vorzudringen, um einen Zustand der Kontemplation,
der Seelenruhe, der Stille, des Friedens, der Gelassenheit
und der Freude zu erlangen.*

Die Farben sind: Himmelblau, Indigo, Violett, Lavendel
und Weiß. Sie kennzeichnen die höchsten Chakren (Energiezentren) des Körpers. Sie stellen Schwingungen der
Reinheit, des Friedens und der Ruhe dar, die jede Einsicht
durchdringen. Sie bürgen für göttliche Unterweisung und
Unterstützung auf dem Weg, den wir gehen.

Das siebte Heilmittel soll uns helfen, derartige Zustände immer wieder zu erreichen. Es soll uns daran erinnern, wie wichtig sie sind, und uns begreiflich machen,

dass wir diese Energie in unser Leben und in all unser Tun einbinden können. Es soll uns darauf hinweisen, dass das Gebet Veränderungen schafft und dass Meditation das wirkungsvollste geistige Werkzeug ist, über das wir verfügen.

Darüber hinaus ermuntert uns dieses Heilmittel, die göttliche Führung anzuerkennen.

Eine Blume wendet sich der Sonne nicht zu, um deren Licht zurückzuweisen. Sie sind eine solche Blume. Die Blütenblätter repräsentieren Ihren Geist, Ihre Gefühle, Ihr mystisches Auge (den psychischen Körper), Ihren Verstand (den kausalen Körper) und Ihren physischen Körper.

Öffnen Sie sich dem Himmel, damit das Licht Sie durchstrahlen kann.

Nur allzu leicht lassen wir uns von den Details, Problemen, Sorgen, Ängsten und Anstrengungen des täglichen Lebens ablenken und entmutigen. In einem Wust von unangenehmen Dingen fast zu ersticken kommt uns vielleicht ganz natürlich vor, so als hätten wir gar keine andere Wahl.

»Wir können nur hoffen«, höre ich einige Leute sagen. Aber das stimmt nicht. Es ist nie zu spät, um zu beten.

Meditieren, beten, Klarheit gewinnen und mit der geistigen Kraft in Verbindung treten – all das mag uns als sinnlose und frustrierende Zeitverschwendung erscheinen, wenn wir ständig unter Zeitdruck stehen. Wir denken: *Wenn ich noch eine Weile in diesem Chaos umherirre, finde ich vielleicht die Lösung. Wie sollten Gebet und Meditation mir helfen können? Ich hab sowieso schon keine Zeit, meine Sachen zu erledigen. Ich trete nur noch auf der Stelle.* Unser Leben wird immer hektischer. Wir erzeugen ständig Unruhe. Dabei passiert nichts anderes, als dass wir tiefer in den Morast sinken.

Dieses Heilmittel hilft uns, da herauszukommen.

Wir leben in einer Gesellschaft, die von High Tech, der Maxime »Dieses Problem hätte schon gestern gelöst sein müssen« und von schnellen »Bedürfnisbefriedigern« (zu denen auch ich gehöre) beherrscht wird. Panik ist ebenso weit verbreitet wie die Illusion, dass das Waten im Schlamm irgendwie nützlich sei.

Gewöhnen Sie sich an, dem Einhalt zu gebieten. Ziehen Sie sich vom Schlachtfeld zurück. Unterbrechen Sie Ihre Tätigkeit einfach, und beginnen Sie ein Gebet. Lassen Sie eine neue Energie in Ihr Inneres einströmen – und in die Situation, mit der Sie konfrontiert sind. Die alten Verhaltensmuster funktionieren nicht mehr. Beleuchten Sie den dunklen Punkt, den Sie entdeckt haben. Bringen Sie Licht in Ihre Seele!

»Ich schiebe das Gebet immer dann auf, wenn ich es am meisten brauche«, sagt eine Frau. »Keine Ahnung, warum ich das tue. Wahrscheinlich weil ich denke, dass ich trotz Gebet die ganze Arbeit allein erledigen muss, dass die Lösung meiner Probleme doch mir überlassen bleibt. Ich glaube nicht daran, dass mir Hilfe und Unterweisung zuteil werden, und rede mir ein, dass das Gebet nur zusätzliche Arbeit macht.«

Göttliche Führung schließt nicht aus, dass wir bestimmte Maßnahmen ergreifen, noch befreit sie uns davon, Gefühle zu empfinden und zu klären. Ja oft veranlasst sie uns gerade dazu. Aber sie tut dies auf ganz natürliche, zwanglose Weise.

Geistige Führung, die sich in Gebet und Meditation, Frieden und Seelenruhe, Gelassenheit und froher Stimmung äußert, hilft uns, die eigenen Erfahrungen zu transzendieren. Sie steigert unser Schwingungsniveau, reißt uns aus dem Schlamassel heraus und bringt uns in Kontakt mit dem Göttlichen. Besuchen wir eine heruntergekommene Bar oder ein Spielkasino, so nehmen wir die dort herrschenden Energien in uns auf. Wandern wir durch einen Garten, in dem Hibiskus und Narzissen blühen, berühren und durchdringen die Gerüche, Farben und Schwingungen der Blüten unser Energiefeld. Ähnlich verhält es sich am Meeresufer, in den Bergen, in Tälern oder auf Wiesen. Jeder Ort hat ein eigenes Energiefeld, an das wir uns anschließen, mit dem wir verschmelzen, das wir absorbieren und verarbeiten. Wenn wir zum Altar gehen, zum Tempel unseres Herzens und unserer Seele, um in der Nähe Gottes, der Heiligen, der Engel, der göttlichen Mutter Maria zu sein, um Allah, Krishna, Buddha, Jesus, den Erzengeln oder den pausbäckigen, kichernden Engelchen zu begegnen, verbinden wir uns mit der Kraft der Liebe, der göttlichen Führung, dem geistigen Beistand und der Erneuerung. Wir leiten diese Energien in Körper, Verstand, Herz, Intuition und Geist.

Das Gebet verändert nicht nur uns, sondern auch die Welt. Annie Besant und C. W. Leadbeater schreiben in ihrem Buch *Thought Forms* (Gedankenformen): »Ein Mensch, der intensiv über ein hohes Thema nachdenkt, sendet Schwingungen aus, die in anderen Menschen Gedanken auf einer ähnlichen Ebene hervorrufen, ohne ihnen den speziellen Inhalt seines Gedankens aufzudrängen. Diese Schwingungen wirken auf ebenso natürliche wie kraftvolle Weise auf den Geist ein, der mit derartigen Schwingungen bereits vertraut ist; dennoch haben sie einen Einfluss auf jeden mentalen Körper, den sie berühren, sodass sie danach streben, die Macht des höheren Gedankens in jenen zu erwecken, die noch nicht daran gewöhnt sind. Es ist offensichtlich, dass jeder Mensch, dessen Gedanken in hohe Regionen vordringen, missionarische Arbeit leistet, obwohl er sich dessen überhaupt nicht bewusst sein mag.«

Wenn das Leben Sie – wie so oft – niederdrückt, dann beten und meditieren Sie, um sich aufzumuntern. Denken Sie über Gott nach. Sprechen Sie ein rituelles Gebet. Oder schreien Sie auch einmal um Hilfe!

Falls Sie nicht wissen, wie man meditiert, so eignen Sie sich die entsprechenden Techniken an. Praktizieren Sie regelmäßig eine Form von Meditation – ob Sie ein Buch lesen, Yoga betreiben, mit gekreuzten Beinen auf dem Boden sitzen, Räucherstäbchen abbrennen und singen oder bei Kerzenlicht ein heißes Kräuterbad nehmen.

»Betet. Studiert die Heiligen«, riet *sensei* Virginia Mayhew einer Gruppe von Schülern, die sich nach innerer Stärke und Erleuchtung sehnten und den geistigen Weg beschreiten wollten. »Das ist ein Schlüssel. Aber das wirksamste Mittel überhaupt ist die tägliche Meditation. Dadurch gewinnt ihr an Stärke. Und das ist mehr als ein Schlüssel.«

Die fast siebzigjährige Frau mit dem schwarzen Gürtel wandte sich zwar an Aikido-Schüler, aber sie sprach damit auch über den Weg in die innere Heimat.

Zu beten und zu meditieren ist weder Zeitverschwendung noch zusätzliche Arbeit. Sie wollen die sofortige Bedürfnisbefriedigung der High-Tech-Zivilisation? Und

Sie wollen, dass das Problem seit gestern gelöst ist? Wissen Sie was? All das ist bereits geschehen. Indem wir uns Zeit nehmen für Gebet und Meditation, finden wir allmählich heraus, wie die wahre Antwort lautet.

Sprechen Sie zu Gott! Kommen Sie zur Ruhe, empfinden Sie eine heitere Gelassenheit. Beleben Sie dann Ihr Gebet mit der Kraft des Glaubens. Seien Sie – zumindest für einen Augenblick – davon überzeugt, dass Sie mit dem Göttlichen verbunden sind, dass Ihre Bitte erhört wurde und dass die Lösung oder die Hilfe, die Sie benötigen, in greifbarer Nähe ist. Bitten Sie um alles, was Sie wollen und brauchen, aber vergessen Sie nicht zu sagen: *Es ist zu meinem Besten.* Beklagen Sie sich auch darüber, wie sehr Sie leiden. Wenn Sie fertig sind, fragen Sie, worin die Lektion besteht. Äußern Sie den Wunsch, dass der Schleier gelüftet werde. Sie sind bereit, zu lernen, zu verstehen und weiter voranzuschreiten.

Konzentrieren Sie sich auf die Stelle oben auf Ihrem Schädel. Sehen Sie das reine weiße Licht, das sich dort gegen den Uhrzeigersinn (von Ihnen aus betrachtet) dreht. Lassen Sie dieses Licht in Ihr Leben einstrahlen, erhellen Sie damit Ihren Kopf, Ihren Körper und Ihre Seele. Sehen Sie dann einen violetten Kreis auf Ihrer Stirn, zwischen den Augenbrauen, der sich ebenfalls gegen den Uhrzeigersinn dreht. Sehen Sie über Ihrer Kehle einen himmelblauen, linksdrehenden Kreis, der alles beseitigt, was Sie davon abhält, die Wahrheit auszusprechen. Darunter, über Ihrem Herzen, ist ein jade- oder laubgrüner Kreis. Drehen Sie auch diesen gegen den Uhrzeigersinn. Weißes Licht soll in Ihrem Herzen und auf dem ganzen Weg dorthin scheinen. Genau das geschieht, wenn Sie sich Gott zuwenden.

Sie nähern sich dem Herzen von oben her. Lassen Sie diese Energie jetzt in Ihr Leben einfließen. Stehen Sie auf. Bewegen Sie sich. Empfinden Sie dieses Gefühl. Erledigen Sie den geplanten Anruf. Holen Sie die Post. Überlegen Sie, was als Nächstes kommt. Geistige Führung bedeutet nicht, dass man eine Reihe strenger Regeln befolgt, sondern dass man den Geist Gottes in seinem Herzen aufnimmt und dieser Energie gestattet, den eigenen Geist zu leiten und ihm spontan zu offenbaren, was zu tun ist.

Übungen

Beten Sie! Haben Sie für das Gebet eine bestimmte Zeremonie oder Technik, die Ihnen angenehm und vertraut ist? Mögen Sie ein Gebet oder einen Gesang ganz besonders? Schreiben Sie dessen Text auf, legen Sie ihn in die Überlebensausrüstung für Ihre Seele, und beschließen Sie, wie oft Sie ihn benutzen wollen und müssen, um Ihre geistige Energie zu aktivieren und zu erhöhen. Wenn Sie kein bestimmtes Gebet bevorzugen, gehen Sie in Ihre Buchhandlung oder Kirche und suchen dort eines heraus. Beginnen Sie mit einem Gebet, das Sie anspricht. Seien Sie bereit, es gegen ein anderes auszutauschen; jedenfalls können Sie auf dieses immer wieder zurückgreifen. Seien sie auch gewillt, ohne Ritual, völlig ungezwungen und mit Ihren eigenen Worten zu dem Gott zu beten, dem Sie sich nahe fühlen. Machen Sie das Gebet nach und nach zu einem Bestandteil Ihrer täglichen Aktivitäten; Sie werden schon herausfinden, wie das am besten geht. Ich zum Beispiel erübrige dann Zeit zum Beten, wenn ich mir klarmache, dass diese Zeit ja nicht Gott zugute kommt, sondern mir hilft, neue Kraft zu schöpfen und vitaler zu werden. Mein bevorzugtes »Notgebet« lautet: Gott, wenn du an meiner Stelle wärst, was würdest du jetzt tun?

Schaffen Sie einen heiligen Ort. Seit einiger Zeit ist es allgemein beliebt, in den eigenen vier Wänden einen kleinen Altar aufzubauen. Erwägen auch Sie, in Ihrer Wohnung oder in Ihrem Haus einen geweihten Raum zu haben, in dem Sie heilige Objekte aufbewahren, die für Sie von Bedeutung sind. Dadurch, dass Sie einen Raum schaffen, um das Heilige in Ihrem Zuhause zu würdigen, bringen Sie zum Ausdruck, dass Sie auch das Göttliche in Ihrem Innern würdigen.

Meditieren Sie. Zu allen Zeiten haben spirituell ausgerichtete Menschen, die Wahrheitssucher, meditiert. Das ist ein zutiefst geistiger Akt, der auf Geist, Körper, Verstand, Gefühl und mystisches Auge einwirkt. Er berührt, heilt und erneuert die ganze Person und verbindet sie mit der höchsten Energie Gottes und des Universums. Es gibt viele verschiedene Arten und Techniken der Meditation. Sie können mit gekreuzten Beinen auf dem Boden sitzen, die Augen schließen, sich auf das *hara* konzentrieren – das Energiezentrum direkt unter dem Nabel –, die Gedanken klären, sich entspannen und in eine friedliche Stimmung kommen. Sie können sich auch auf einen äußeren Gegenstand konzentrieren. Oder Sie vergegenwärtigen sich eine bestimmte Vorstellung: Gott, die Liebe, den Frieden oder die Freude. Außerdem können Sie die ganze Aufmerksamkeit auf Ihren Atem oder Ihren Körper richten. Einige Leute lesen gerne einen Abschnitt in einem Buch mit täglichen Meditationen, denken dann kurz darüber nach, um sich für diesen Tag zu inspirieren und zu erbauen. Zu den zahlreichen Erscheinungsformen gehören auch Yoga und Transzendentale Meditation. Bei der so genannten Gehmeditation kommt es darauf an, den langsamen Gang bewusst mit der Atmung zu koordinieren, Bewegung und Energie eines jeden Schrittes deutlich wahrzunehmen. Viele Leute betrachten Aikido, die japanische Kampfsportart, ebenfalls als eine Gehmeditation.

Beim Meditieren gibt es keine richtige oder falsche Methode. Zunächst sollten Sie einfach die Absicht hegen, es zu tun, und dann zulassen, dass die Ihnen gemäße Art der Meditation sich wie von selbst ergibt. Bringen Sie Ihren rasenden Verstand zur Ruhe. Achten Sie auf Ihre Atmung. Versetzen Sie sich gezielt in eine gute Stimmung. Sorgen Sie dafür, dass Körper, Verstand, Gefühl, Vorstellung und Geist zusammenfinden und sich vereinen. Atmen Sie dann in den Geist, der Sie umgibt, und verbinden Sie sich mit dieser Kraft. Durch das Einssein mit dem eigenen Selbst und dem Geist in der Welt werden Sie sich mühelos erheben und das tun, was zu Ihrem Besten ist.

MANTRAS

Ich bin eins mit Gott.

Wenn ich die Unterweisungen aus meiner Quelle des Wissens akzeptiere, begeistere ich mich für all das, was ich gerne tun möchte.

Wenn ich meine Liebe zur Spiritualität erwecke, verbinden sich persönliches Wachstum und Glück.

Wenn ich mich dazu bekenne, mit dem Geistigen vereint zu sein, lerne ich, meine Vitalität zu steigern.

Wenn ich von Gott Unterweisungen empfange, verwandelt sich der emotionale Schmerz in geistige Freude.

8. Heilmittel

Es scheint paradox, dass wir zuerst
kapitulieren müssen, um auf unserem Gang
durchs Leben den Pfad des geistigen
Kriegers zu beschreiten.

MARK WALDMAN, *The Way of Real Wealth*

Auf Kontrolle verzichten

Benutzen Sie es, um leichter loszulassen,
den empfindlichen Zustand der Widerstandslosigkeit
zu erreichen, die zwanghafte Fixierung auf Ergebnisse zu
unterbinden und sich der Macht des Geistes hinzugeben.

Wir wissen jetzt, wie man sich die Innenwelt visuell ver-
gegenwärtigt, wie man die eigenen Wünsche deutlich
herausstellt, umkreist und trotz etwaiger Hindernisse
verwirklicht, wie man an sich selbst und an die Verbindung mit den universellen Energien mit der großen Kraft
glaubt – *und müssen jetzt doch wieder alles loslassen?*
Da fällt mir ein Ausspruch meiner Tochter ein, den sie
als Teenager und junge Erwachsene des Öfteren von sich
gab: »Hallo? Ist da jemand?«
Ich begreife es einfach nicht. Mir ist weiterhin unklar, warum der Verzicht auf Kontrolle – ob man ihn

nun als *Loslassen, Loslassen und Gott machen lassen, Widerstandslosigkeit, Demut, Gleichmut gegenüber allem Geschehen* oder sonst wie bezeichnet – so wichtig ist, um heimzukehren. Aber daran gibt es nichts zu deuteln.

Am Anfang dieser Reise lautete die Vorbedingung, alle Kontrollmechanismen aufzugeben – und sie gilt auch jetzt, bei jedem Schritt, den wir tun. Daran denke ich zuallerletzt, doch gewöhnlich muss ich diesen Schritt *als erstes* tun. Meistens habe ich irgendwelche fixe Ideen und erwarte ganz bestimmte Ergebnisse. *Das* scheint der logische, praktische und einzige Weg zu sein.

Das Problem ist nur, dass er nicht nach Hause führt.

Der Verzicht auf Kontrolle ist das A und O. Damit kaufen wir immer wieder das Ticket, um jenen Zug namens Schicksal zu besteigen. Das achte Heilmittel soll uns daran erinnern, dies tatsächlich zu tun, und uns zu erkennen geben, dass wir deshalb nicht in Passivität, Langeweile, Dummheit oder Schwäche verfallen. Indem wir unsere Kontrollmechanismen aufgeben, überlassen wir uns dem Geist, den Anleitungen der Seele und unserer Höheren Macht.

»Als ich heute Morgen aufwachte, betete und meditierte ich und übertrug meiner Höheren Macht die Kontrolle über mein Leben«, berichtet eine Frau. »Wenn man kapituliert, weiß man nicht, wie alles ausgehen wird. Man lässt einfach los und nimmt die nächste Aufgabe in Angriff. Allmählich lerne ich, dass jede Arbeit wirklich wichtig ist. Denn sobald ich mich ergebe, habe ich zunächst keine Ahnung, welche Bedeutung jeder Kleinigkeit zukommt, die ich erledige. Vielleicht hilft sie mir ja, die Vergangenheit zu bereinigen oder mein Ziel zu erreichen. Wenn ich die Waffen strecke, nehme ich alles, wie es kommt.«

»Ich lebte in diesem wahrhaft wunderbaren Zustand, jeden Tag Verzicht zu üben«, sagt ein Mann. »Das vergaß ich dann aber. Mein Leben verwandelte sich in ein Chaos. Es verdunkelte sich und war nicht mehr in den Griff zu kriegen. Jetzt versuche ich mich daran zu erinnern, wie gut es damals war, einfach aufzugeben und mein Leben täglich der Höheren Macht anzuvertrauen. Und siehe da: Das Licht kehrt zurück. Es wird mir wieder zuteil.«

»Ich denke immer: Wenn ich mich dem Willen Gottes füge, geht's mit mir bergab«, erklärt eine andere Frau. »Dabei vergesse ich, wie sehr es mit mir bergab geht, wenn ich's nicht tue.«

»Verzichten macht Spaß«, betont ein anderer Mann. »Seit einiger Zeit mach ich es täglich – oder versuch es zumindest. Ich habe sogar meine Vergangenheit abgestreift. Das hilft. Weil ich allmählich erkenne: Jedes Ereignis, jeder Teil meines Lebens, wie eintönig oder unangenehm auch immer, trug wesentlich dazu bei, dass ich zu dem Menschen wurde, der ich heute bin. Ich kann meinen Gefühlen und Sinnen in Bezug auf die äußeren Geschehnisse nicht vorbehaltlos vertrauen. Ich brauche eine Höhere Macht, die alles miteinander verbindet und Ordnung schafft.

Es ist eine Reise in Richtung Demut«, fügt er hinzu. »Man muss nur loslassen und Gott vertrauen.«

»Manchmal gerate ich mit meiner Höheren Macht in heftigen Streit«, sagt eine Frau, die ich kenne. »Es ist, als würde ich Gott regelrecht eintrichtern: *Ich will, dass dieses und jenes geschieht.* Dann sage ich mir selbst: *Vielleicht kannst du das haben, wenn du es wirklich möchtest und erzwingst. Aber falls es nicht im göttlichen Plan für dein Leben vorgesehen ist und du es trotzdem kriegst, was machst du dann damit?* Ich habe dann das Gefühl, als hätte ich eine Süßigkeit gestohlen und mich im Hinterhof versteckt, um sie aufzuessen. Wenn der Eigensinn verrückt spielt, ist das nicht besonders lustig.«

Und sie fährt fort: »Aber sich zu beugen ist auch nicht immer leicht. Bisweilen fechte ich da schwere Kämpfe aus. Das tut weh. Allmählich wird mir klar, dass der schmerzliche, ja qualvolle Prozess, durch den ich mich ernsthaft darum bemühe, die Kontrolle aufzugeben, im Grunde ein Segen ist.«

»Wenn ich mich dem Willen Gottes unterwerfe, heißt das nicht, dass ich mit allem, was in meinem Leben passiert, einverstanden bin«, stellt ein anderer Mann fest. »Als meine Tochter starb, war ich Gott nicht gerade dankbar dafür. Selbst heute kann ich mich mit dieser Tatsache nicht abfinden. Und als ich krank wurde, teilte ich Gott nicht mit, dass ich bereit sei zu sterben. Einige Dinge behagen mir einfach nicht. Aber das ist ganz in Ordnung. Jedenfalls kann ich die Zügel genügend lockern und die Hilfe erbitten, die ich brauche, um unangenehme Erfahrungen heil zu überstehen.«

»Sobald ich zurückstecke, bin ich fähig, einen schönen Tag zu genießen«, bekennt eine junge Frau. »Ich sehe die Bäume, das Meer, die Berge und fühle und weiß mich eins mit Gott. Selbst an einem Regentag kann ich froher Stimmung sein; allerdings muss ich mich dann an einen anderen Ort begeben.

Kontrolle aufgeben? Das ist ein Wunder. Es wirkt Wunder in meinem Leben, und ich liebe es, über Wunder zu sprechen.«

Schon die bloße Entscheidung – wie unmöglich oder unbegreiflich sie auch erscheinen mag –, keine Kontrolle mehr auszuüben, verbindet uns mit der wahren Kraft, befreit uns von der Illusion, Macht dadurch zu erlangen, dass wir uns zwanghaft auf bestimmte Ergebnisse und Ziele fixieren, die wir um jeden Preis erreichen wollen.

Wie passt das zusammen mit der Notwendigkeit, sich über die eigenen Wünsche klar zu werden? Wie verträgt sich das damit, dass wir das Feuer der Leidenschaft und der Sehnsucht entfachen sollen, um herauszufinden, was wir eigentlich möchten?

Ich weiß es nicht. Diese Fragen konnte ich nie beantworten. Ich habe nach Abkürzungen, Umwegen und Möglichkeiten gesucht, den Verzicht auf Kontrolle zu vermeiden. Aber das ist mir bisher noch nicht gelungen.

Jedes Mal, wenn ich die Waffen strecke, leide ich sehr. Mir scheint, als hätte ich verloren, als würde ich nie mehr bekommen, was ich will. Meine Welt mitsamt den Träumen und Sehnsüchten fällt in sich zusammen wie ein Kartenhaus – wieder einmal. Die Wut steigt in mir hoch: *Was, ich kriege nicht, was ich will? Ich musste derart aufgeregt, leidenschaftlich, sehnsüchtig und hoffnungsvoll sein, nur um dann loszulassen und erneut zu verlieren?*

Genau.

Das ist der einzige Weg, der zum Erfolg führt, der uns zu einem geistigen Krieger macht und der Heimat näher bringt.

Um eine Zeile in dem alten Song *Human Touch* von Bruce Springsteen zu paraphrasieren: *Was immer wir nicht abtreten, wird uns entrissen und geraubt.*

Bereits am Anfang, wenn wir uns unsicher sind, ob wir überhaupt etwas verdient haben oder je das bekommen, was wir möchten, müssen wir alles loslassen. Später dann, wenn es so aussieht, als könnten wir einige der ersehnten Personen und Dinge tatsächlich haben, müssen wir dennoch alles loslassen. Und selbst weiter unten auf dem Heimweg, wenn wir gelernt haben, in Windeseile etwas zu kreieren und zu konkretisieren, wenn das, was wir sehen und wünschen, fast unmittelbar Gestalt annimmt, nachdem wir es gedacht oder ausgesprochen haben, müssen wir alles loslassen.

Geduld, Demut und Verzicht sind die Eigenschaften des wahren geistigen Kriegers. Es besteht ein himmelweiter Unterschied zwischen Machtspielen – bei denen wir uns gegenseitig mit Feuerbällen (oder Schlamm) bewerfen – und echter geistiger Macht.

»Je stärker du wirst, desto mehr lernst du, dich mit den Kräften des Universums zu verbinden, desto nachdrücklicher solltest du dich daran erinnern, demütig zu sein«, sagt Virginia Mayhew, meine Freundin und Lehrmeisterin. »Falls du das nicht tust, wird immer eine Person oder eine Sache auftauchen, die dir zeigt, dass sie mächtiger ist als du. Dann fällst du die Treppe herunter und brichst dir den Knöchel.

Die Demut ist ein wichtiger Schlüssel«, sagt sie.

Besinnen Sie sich darauf, demütig zu sein.

Denken Sie daran, loszulassen.

Vergessen Sie nicht, auf alles zu verzichten.

Ich weiß nicht, welchen Wert dieser Verzicht hat, wenn wir uns etwas ausreden, bloß weil wir Angst haben, es zu verlieren oder loslassen zu müssen. Damit entsagen wir nicht der Kontrolle – wir geben auf.

Verzicht zu üben ist ein bewusster Akt, durch den wir uns einer Macht, einer Kraft und einer schicksalhaften

Fügung unterwerfen, die stärker ist als wir und unseren Verstand, ja unser Vorstellungsvermögen übersteigt. Keinerlei Kontrolle mehr auszuüben bedeutet, dass wir die pulsierende Energie all dessen, was wir sind, was wir wollen, was wir denken und fühlen – jene flammende Leidenschaft, die unser Leben bestimmt –, der göttlichen Quelle anvertrauen.

Dieser Rückzug folgt den Regeln der umgekehrten Proportionalität. Je schwieriger und unmöglicher er scheint, desto schwerer fällt er uns; desto wichtiger aber ist es für unser geistiges Wohlergehen und unser Schicksal, dass wir ihn antreten.

Versuchen Sie, den Zustand der völligen Widerstandslosigkeit zu erreichen. Der Widerstand vergrößert gewöhnlich das Problem und verlängert die Phase, in der wir gegen all das ankämpfen, worauf wir nicht verzichten wollen.

In seinem Buch *The Message of a Master* (Die Botschaft eines Meisters) schreibt John McDonald: »Machen Sie sich folgende tiefe Wahrheit bewusst: Gegen wen oder was Sie sich auch wehren – ob in Gedanken, mit Worten oder Taten, in Form von Ressentiments, Kritik, Neid, Eifersucht, Hass oder ähnlichem –, Sie *unterstützen* dadurch zweifellos das, was Sie bekämpfen, im gleichen Maße, wie Sie sich selbst *schwächen*. *Warum?* Weil Sie vorsätzlich einen Teil Ihrer kostbaren Lebenskraft, die für Ihre Entwicklung so notwendig ist, weggenommen und auf diese Person oder Sache übertragen haben.«

Beenden Sie die Machtspiele! Sträuben Sie sich nicht mehr. Halten Sie einfach inne. Entspannen Sie sich dann, atmen Sie tief ein und aus, lassen Sie alles los und fügen

Sie sich. Fügen Sie sich der Lebenskraft; Ihrer Seele; der stillen, demütigen, besonnenen Handlung; der göttlichen Unterweisung. Gehen Sie den Weg nach Hause mit einem ruhigen Geist, mit leeren Händen und einem klaren Kopf, der frei ist von Zwangsvorstellungen.

Lösen Sie sich von Ihren Kontrollmechanismen. Zerstören Sie die Illusion, über alles bestimmen zu können.

Geben Sie sich der wahren geistigen Kraft hin.

»Diese Fixierung darauf, dass wir unseren Willen durchsetzen, erfordert unglaublich viel emotionale Kraft«, schreibt Mark Waldman in *The Way of Real Wealth* (Der Weg zu wahrem Reichtum). Und er fährt fort: »Wenn etwas anders läuft als geplant, wird durch unsere Wut, Traurigkeit oder Depression Energie verbraucht. Selbst wenn alles wie am Schnürchen läuft, kostet das Glück auch Kraft und zeitigt die Erkenntnis, dass es nur von kurzer Dauer ist, dass die Dinge sich jederzeit ändern können.«

Anstatt unsere Energie auf diese Weise zu vergeuden, sagt Waldman, »können wir sie einsparen, indem wir unsere emotionale Fixierung auf die Resultate unserer Handlungen aufgeben. Unsere Aufmerksamkeit richtet sich dann auf die Qualität der Handlungen selbst und auf unsere in jedem Augenblick herstellbare Verbindung mit der göttlichen Gegenwart. Das ist wahrer Verzicht.«

Verzichten ist nicht gleichbedeutend mit aufgeben oder nachgeben. Vielmehr bringt es uns in Einklang mit dem Strom des Lebens, lässt es uns unmittelbar an ihm teilhaben. »Verzichten heißt nicht, passiv oder fatalistisch zu werden. Wir fügen uns dem Leben, also der Energie, die alles beseelt; denn sobald wir die emotionale Bindung an die Ergebnisse unserer Bemühungen auflösen, öffnen wir uns einer viel größeren Welt voller Möglichkeiten. Wenn wir die Dinge *geschehen lassen*, anstatt sie *erzwingen* zu wollen, ergibt sich eine breitere Palette von potenziellen Ergebnissen …« (Waldman)

In diesem Zustand der Offenheit und der Entsagung geschehen Wunder. Sobald wir loslassen, ereignen sie sich auf so natürliche Weise, dass wir sie kaum wahrnehmen, eben weil wir darauf bedacht sind, demütig unseren Weg zu gehen.

»Wir fügen uns schließlich der göttlichen Gegenwart. Wenn wir uns selbst nicht mehr im Wege stehen, kann sich das Absolute deutlicher in unserem Leben manifestieren. Und da wir unsere Aufmerksamkeit erneut auf unsere Verbundenheit mit dem Absoluten richten, stimmen wir mehr mit ihm überein.« (Waldman)

Lassen Sie sich von Ihren Stimmungen, Ihren Ideen, ja auch von Ihren Wünschen nicht forttragen, sondern nur vom Geist. Sinken Sie ein in die Leere, jenen Zustand des Nichtwissens, die Dunkelheit, in der Sie die Worte *Ich weiß es nicht* leichten Herzens akzeptieren und aussprechen.

Stellen Sie sich vor, wohin Sie gerne möchten, und lassen Sie diesen Gedanken dann los, um vom universellen Strom des Lebens mitgerissen zu werden. Unser Tanz mit den Elementen ist magisch, aber wir bestimmen nicht über die Details und das Timing. Wenn wir der göttlichen Kraft vorbehaltlos vertrauen, haben wir Zugang zu einem Wissen, welches das unsere weit übersteigt. Es erkennt und umfasst den gesamten Ablauf der Dinge. Jeder Mensch befindet sich exakt an der Stelle, wo er gerade sein muss. Viele Einzelheiten, die wir mit unserem begrenzten Sehvermögen nicht erfassen, kann nur die Seele und der Geist Gottes begreifen. Um an diesem Tanz teilzunehmen, müssen wir uns dem Rhythmus der Ereignisse hingeben – selbst denen, die uns wehtun, und besonders denen, die uns zwingen, auf all das zu verzichten, was wir unserer Meinung nach brauchen und wünschen.

Ein hohes Maß an Kraft, zahlreiche Geschenke und Gnadenbeweise wurden uns zuteil. Je bewusster wir die Geschenke erkennen und die uns gewährte Kraft erfahren, desto leichter fällt es uns, demütig zu sein und die göttliche Quelle anzuerkennen.

»Nicht durch Macht, nicht durch Gewalt, sondern durch meinen Geist.«

Das ist einer der eindrucksvollsten Sätze, die je geschrieben wurden, um das Herz des geistigen Kriegers zu stärken.

ÜBUNGEN

Üben Sie den Zustand der Widerstandslosigkeit ein! Gegen wen oder was sträuben Sie sich momentan? Gibt es etwas, für das Sie Ihre wertvolle Kraft vergeudeten, indem Sie immer wieder gegen eine Wand rannten? Führen Sie Tagebuch darüber. Sprechen Sie davon. Machen Sie sich Ihren Widerstand bewusst. Merken Sie, wie er die negative Energie der Situation noch verstärkt? Versuchen Sie jetzt noch nicht, ihn aufzugeben oder loszulassen. Erübrigen Sie vielmehr ein bisschen Zeit, um sich über die Konsequenzen Ihres Widerstands klar zu werden. Bekommen Sie wirklich das, was Sie wollen, wenn Sie sich gegen dieses Gefühl, diese Situation wehren? Seien Sie ehrlich. Vielleicht suchen Sie ja gerade nach dieser Art von Auseinandersetzung oder Ablenkung – vielleicht aber auch nicht. Sobald Sie bereit sind für eine alternative Lösung, beginnen Sie, zielstrebig und diszipliniert am Loslassen zu arbeiten. Das heißt nicht, dass Sie in fatalistischer Manier aufgeben oder nachgeben oder sich auf dem Kopf herumtanzen lassen. Nein, Sie lernen, wie man wahre geistige Stärke erlangt. Von nun an tun Sie das in einem zentrierten, ausgewogenen Zustand, da Sie sich dem Geist fügen.

Überlegen Sie dann, was in der gegenwärtigen Situation geschehen sollte. Eventuell möchten Sie dieses negative Gefühl verarbeiten, ein Geschäft eröffnen, Ihre Beziehung ins Lot bringen, eine glücklichere Beziehung aufbauen oder das Alleinsein genießen. Werden Sie sich über Ihre Wünsche so klar wie möglich. Bitten Sie Gott um Hilfe und Unterweisung. Beenden Sie daraufhin den Kampf nach bestem Wissen und Gewissen, und lassen Sie die Situation einfach los. Nehmen Sie hierbei alle Gefühle wahr, zumal jene, die Ihnen Unbehagen bereiten. Wenn Sie fügsam und klar sind, ist Ihr Bewusstsein geschärft, sodass Sie wissen, welchen Weg Sie gehen müssen. Da Sie nun nicht mehr auf bestimmte Ergebnisse fixiert sind, erkennen und akzeptieren Sie auch, welche Lektionen sich die ganze Zeit gerade aufgrund Ihres Eigensinns anbahnten.

Kreative Kriegstaktiken. Es gibt Phasen, in denen Widerstand eine natürliche und legitime Reaktion auf die aggressiven Manöver eines anderen Menschen ist. Leute sind in unser Energiefeld eingedrungen und haben angefangen, ihre negativen Schwingungen auszusenden. Sie wollen streiten, kämpfen oder spielen – aber nicht auf die lustige Art, sondern um unsere Gelassenheit auf die

Probe zu stellen und unsere Seele in Zwistigkeiten zu verstricken. Hurra! Das Universum hat uns Seelengefährten, Trainingspartner für die Kunst des geistigen Kriegers geschickt und uns damit auch gewisse Lernerfahrungen beschert. Wenn wir in den Boxring steigen, kämpfen und diese Personen zu Sparringspartnern machen wollen, so können wir das jederzeit tun. Doch diese Kämpfe kosten enorm viel Kraft, und gewöhnlich tragen beide Kontrahenten Blessuren davon. Wir können die Fäuste einsetzen, aber oft ist das nicht nötig und zugleich unproduktiv. Wenn Ihnen das Universum wieder einmal einen Trainingspartner schickt, sollten Sie – anstatt die Boxhandschuhe überzustreifen und in den Ring zu steigen – folgende Übung machen:

Bleiben Sie so ruhig, wie es nur geht. Wenn Sie Gefühle der Wut, der Angst oder des Grolls hegen, dann sind dies die Ihren. Legen Sie eine kleine Pause ein. Bereinigen und verarbeiten Sie Ihre Gefühle. Sträuben Sie sich weder gegen sie noch gegen die Situation, die sie ausgelöst hat. Akzeptieren Sie sowohl die Gefühle als auch die Situation. Nehmen Sie sich dafür so viel Zeit, wie Sie brauchen. Bleiben Sie in sich zentriert, und behalten Sie eine gelassene, bejahende Einstellung bei. Wenn die Person oder das Problem Ihnen weiterhin zusetzt, so verzichten Sie auf jeden emotionalen Widerstand. Sie müssen nicht die gleichen Gefühle haben wie Ihr Gegenüber. Sie fühlen das, was Ihrem Naturell entspricht. Agieren Sie, anstatt nur zu reagieren. Versuchen Sie es mit der folgenden Visualisierung, die mir ein Freund empfohlen hat.

Vor Ihnen befindet sich ein großer Wirbel, Trichter oder Tornado. Er dreht sich im Uhrzeigersinn um die ei-

gene Achse. Lassen Sie ihn so schnell wie möglich und mit aller Kraft, die Sie aufbringen können, sich drehen und wirbeln. Vergegenwärtigen Sie sich dabei, wie die negative Energie, die die betreffende Person Ihnen übermittelt, die Verwünschungen und Wutgefühle und Machtspiele und Manipulationen in diesen Trichter gezogen werden, anstatt sich gegen Sie zu richten. Er soll sich so lange drehen, bis er die gesamte Energie, die bösen Absichten und die unangenehmen Details, eingesogen hat. Wenn die Drehbewegung ihre maximale Geschwindigkeit erreicht, stoppen Sie sie. Drehen Sie dann den Wirbel gegen den Uhrzeigersinn. Kehren Sie alles Negative, die Kontrollmechanismen und die Streitigkeiten, die Ihnen zu schaffen machen, ins Gegenteil um. Behalten Sie die Linksdrehung so lange wie nötig bei. Anschließend können Sie den Wirbel an die andere Person zurückschicken. Wiederholen Sie diese Übung, wann immer Sie sie brauchen.

Um den Konflikt zu entschärfen und innerlich offen zu bleiben, sollten Sie den Wirbel mit Liebe zurückschicken – nicht mit Hass, Ressentiments oder Rachsucht. Wenn die Energie einer schmerzlichen Situation »umgepolt« wird, hat das manchmal wunderbare Auswirkungen, die viel angenehmer sind, als Sie es sich hätten vorstellen können – und erhabener als jene Ergebnisse, die durch Machtspiele oder Boxkämpfe erzielt worden wären.

Beten Sie für Ihre Feinde und jene, die Ihnen übel wollen. Segnen Sie sie, bis Sie in ihnen keine Feinde mehr sehen. Und wandeln Sie so viel negative Energie wie möglich in positive um: im äußeren – und in Ihrem inneren – Universum.

Mantras

Wenn ich zugebe, dass es mir an der friedlichen Bereitschaft mangelt, den Fluss des Lebens zu bejahen, kommen Verantwortungsbewusstsein und freier Wille miteinander in Einklang.

Wenn ich mehr Sicherheit gewinne, meine Einsichten in Bezug auf innere Stärke ernst zu nehmen, verschwindet meine Kampflust.

Wenn ich mich selbst liebe, entsteht aus meiner Aggressivität eine tiefe Verbindung zu meiner Kraftquelle.

Ich werde befreit von dem zwanghaften Bedürfnis, meine liebevollen Gedanken und Handlungen zu kontrollieren.

Wenn ich die Kraft zur Freiheit aktiviere, wird die Zwietracht von innen her beseitigt.

9. Heilmittel

Irgendwann waren die meisten von uns
auf einem geistigen Weg, wo wir uns
mit dem Heiligen verbunden fühlten.

PEG THOMPSON, *Finding Your Own Spiritual Path*

Den richtigen Weg finden

*Benutzen Sie es, wenn Sie stecken bleiben, blockiert,
gefangen oder verwirrt sind; wenn Sie sich
in eine schwierige Lage manövriert haben, in der
Klemme sitzen, von den Sandmenschen festgehalten
oder vom Feind als Geisel genommen werden;
oder wenn Sie sich einfach völlig verloren fühlen
und nicht mehr weiterwissen.*

Es ist wie in einem Labyrinth. Wir befinden uns in einem
großen quadratischen Block mit all diesen kleinen Gängen. Einige führen irgendwohin; andere enden in Sackgassen.

Es gleicht einem »Pac-Mac«-Videospiel. Wir müssen dieser Bahn mit Durchgängen, Ausgängen und Eingängen folgen, und da gibt es kleine Pillen, die wir schlucken und die uns Kraft geben, und Feinde, die uns zu vernichten drohen.

Es geht um das gleiche Thema wie in *Der Zauberer von Oz*, *Alice im Wunderland*, *Star Wars* (Krieg der Sterne), *The Age of Innocence* (Zeit der Unschuld), *All the World's a Stage* (Die ganze Welt ist eine Bühne), *Die drei Musketiere* und *The Way of the Cross* (Der Weg des Kreuzes).

Es handelt sich um die Geschichte und die Herausforderung, den richtigen geistigen Weg zu finden – und um all die Abenteuer, die wir auf der Heimreise erleben.

Das neunte Heilmittel soll uns auf den richtigen Weg zurückbringen, wenn wir die falsche Abzweigung nehmen, in einer Sackgasse landen oder vom Feind in einen Hinterhalt gelockt werden. Es steht uns zur Verfügung, wenn wir zurückkehren müssen auf den geistigen Weg, der uns alle Wohltaten beschert, und nicht wissen, welcher Schritt der nächste ist.

Manchmal haben wir das Gefühl, durchs verkehrte Labyrinth zu tappen.

Wir können nicht sagen, wo oder wann wir uns verlaufen haben. Nur eines ist klar: Seit einiger Zeit stimmt etwas nicht. Wir sind auf der falschen Spur.

Ich kann mich nicht daran erinnern, mit Geist und Welt verbunden gewesen zu sein. Ich habe keine Ahnung, welche Maßnahme die richtige wäre. Mir ist völlig schleierhaft, was ich tun oder wohin ich gehen soll. Ich entdecke weder in meiner Umgebung noch in meinem Innern etwas Göttliches oder Heiliges.

Es schmerzt, ich selbst zu sein. Ich habe Angst vorm Leben. Ich bin mir nicht sicher, ob ich überhaupt ein Ziel habe – jetzt oder in ferner Zukunft.

Mehr als einmal bin ich vom richtigen Weg abgekommen. Und den Menschen, die ich liebe, ist das Gleiche widerfahren. Das tut weh.

Wir sind so stark, wir werden so gut unterwiesen, und doch sind wir sehr verwundbar. Nur allzu leicht absorbieren wir die Emotionen anderer Leute – ihren Zorn, ihren Hass, ihre Unsicherheit, ihren Kummer und ihre Enttäuschung über das Leben auf diesem Planeten. Schnell fühlen wir uns betrogen, zutiefst verletzt und wenden uns dann gleichgültig, ängstlich und wütend ab von unserem Herzen und allem Heiligen, das sich in uns und außerhalb von uns manifestiert.

Ohne mit der Wimper zu zucken sagen wir: *Verdammt noch mal, was soll's, Güte wird sowieso nicht belohnt, also mach ich, was ich will.*

Wenn wir uns nicht geliebt fühlen, nirgends einen Sinn sehen und glauben, vom Leben benachteiligt zu werden, geraten wir leicht auf Abwege.

Ich wurde nicht so geliebt, wie ich es mir wünschte, deshalb bin ich auch nicht verantwortlich für mich selbst. Ich kann alles Mögliche tun. Diese Überzeugung machen wir uns schnell zu eigen, gerade in der Jugend.

Und wenn wir älter sind, braucht es nicht viel, um vor lauter Furcht, Verwirrung, Dumpfheit in die Irre zu gehen. Wurde oft genug unser Traum zerstört, unser Herz gebrochen und haben wir immer wieder Schmerz und Überdruss empfunden, dann sagen wir: *Jetzt reicht's. Das Leben ist mir egal. Was bringt es mir schon?*

Bisweilen biegen wir weit nach rechts oder links ab, verlassen wir für lange Zeit den Weg, den wir im Leben gehen sollen. Wir sind vielleicht abhängig von Alkohol oder Drogen oder verkaufen unsere Seele für Geld oder Sex. Dann wieder ist der Umweg kürzer. Eine Wende zum Schlechten tritt ein, wir sind ein wenig betäubt, und schon bald bereitet uns jede Tätigkeit ein gewisses Unbehagen.

Sobald wir es mit der Angst zu tun bekommen, neigen wir dazu, uns selbst zu belügen und alles zu beschönigen. Unsere Abwehrmechanismen treten in Kraft. Wir haben keine Lust zu reden. Wir wollen uns nur immer weiter vorankämpfen. Wir möchten nichts mehr verlieren, weder Menschen noch Dinge. Wir nehmen uns vor, keine größere Veränderung mehr durchzumachen. Wir weigern uns, noch einmal von vorn zu beginnen.

Das schlimmste Erlebnis war für mich, meinen Sohn zu verlieren. Das zweitschlimmste, mich selbst betrogen zu haben.

In *Der Zauberer von Oz* folgen Dorothy und ihre Freunde der Yellow Brick Road. Sie wollen zurück nach Hause. Dafür brauchen sie Hilfe. Sie halten Ausschau nach dem Zauberer, der ihnen die nötigen Antworten geben soll. Wir kennen die Geschichte; am Ende stellen sie fest, dass sie das, wonach sie suchten, bereits in sich trugen.

Die Einsicht, die sie ersehnten, lag tief in ihnen verborgen.

Anfangs merken wir vielleicht gar nicht, dass wir vom Weg abgekommen sind, nach einer Weile aber schon. Wir wissen, dass in unserer Welt nicht alles im Lot ist. Und wir kennen ja das Gefühl, wenn wir eins sind mit uns selbst und von unserem Geist geführt werden. Es fällt sehr schwer, sich einzugestehen: *Ich habe mich geirrt; mir ist ein Fehler unterlaufen.* Doch wenn wir die Stimme des Herzens ignoriert haben, hilft es nichts, blind vorwärts zu preschen. Dadurch werden unsere Verluste nicht geringer, sondern höher.

Wenn Sie plötzlich den hohen, klagenden Ton aus Ihrer Seele vernehmen, dann sollten Sie Ihre Tätigkeit unterbrechen und eine Pause einlegen. Betrachten Sie unverzagt Ihr Leben. Sind Sie auf dem Holzweg? Haben Sie sich selbst betrogen? Fühlen Sie sich von Gott im Stich gelassen und abgetrennt? Geben Sie Ihre Abwehrmechanismen auf. Bitten Sie um den Mut und die Weisheit, der Wahrheit ins Auge zu sehen. Und tun Sie dann, was Ihnen richtig erscheint.

Manchmal müssen wir noch einmal von vorn anfangen. Ich weiß, dass das problematisch ist. Wir wehren uns dagegen. Aber wenn wir auf dem falschen Weg sind, erreichen wir unser Ziel nicht dadurch, dass wir schnurstracks weitermarschieren. Die Lektion, das innere Dröhnen, die Trennung von uns selbst und von Gott hat erst dann ein Ende, wenn wir unseren bisherigen Kurs einer kritischen Betrachtung unterziehen und uns dem eigentlichen Weg wieder nähern.

Handeln Sie gemäß Ihrer höchsten Wahrheit? Sind Sie wirklich offen? Tun Sie genau das, was Sie tun müssen und wollen? Haben Sie ein gutes Gefühl dabei? Sind Sie träge geworden? Haben Sie Ihre innere Integrität eingebüßt? Verschließen Sie Ihr Herz, ist Ihr Leben von Sorge und Angst gekennzeichnet?

Dies ist ein starkes Heilmittel. Im Gegensatz zu den meisten anderen Heilmitteln in diesem Buch, die schnell wirken und kurzzeitige Linderung bringen, dient es dazu, langfristige Veränderungen in die Wege zu leiten.

Es lockt uns aus der Reserve, wie einige Leute sagen.

Es verlangt vielleicht nur eine kleine Bewusstseinsänderung – oder eine grundlegende Umstellung der gesamten Lebensweise.

Es kann uns auffordern, innezuhalten, mit Mut und Weitblick die Wahrheit zu erkennen und einen Neubeginn zu wagen – auf dem richtigen Weg, in einem Zustand, der unseren tiefsten Empfindungen und höchsten Überzeugungen entspricht.

Selbst wenn wir nur eine kleine Korrektur vornehmen müssen – die Richtung zu ändern und von vorn anzufangen ist nicht leicht. Aber es ist auch nicht leicht, in der Defensive zu verharren, mit verschlossenem Herz zu leben, sich selbst zu betrügen und so zu tun, als sei alles in Ordnung.

Der Zauberer ist in Ihnen. Fragen Sie ihn, welchen Schritt Sie unternehmen müssen.

Dieses Heilmittel ist nicht frei von Komplikationen, aber es hilft Ihnen, nach Hause zu finden.

Ist Ihre Lebensenergie zum Stillstand gekommen? Zwingen Sie sich – in einer Beziehung, in geschäftlichen oder finanziellen Angelegenheiten, bei Ihrer momentanen Aufgabe, bei Alkohol- oder Drogenproblemen, beim Sex – zu mechanischen Handlungen, die Ihnen Unbehagen bereiten? Sind Sie dadurch zu einem defensiven, unnahbaren Menschen geworden? Fühlen Sie sich abgetrennt von Ihrem Selbst und von Gott? Sind Sie fähig, mit Leib und Seele bei der Sache zu sein? Fühlen Sie sich schnell verletzt, gefangen und krank? Ist Ihre Seele nur noch ein sich windendes Etwas?

Wenn ich glaube, dass Gott mich verlassen hat, dann oft deshalb, weil *ich* mich verlassen habe und mich nicht mehr liebe. Scham- und Schuldgefühle können ziemlich heimtückisch sein: genauso subtile wie verführerische Fallen. Wir tun etwas, das uns verkehrt erscheint, und anstatt dann die Scham und die Schuld zu empfinden und einen anderen Kurs einzuschlagen, machen wir einen Schritt zurück und begehen den gleichen Fehler noch einmal. Auf diese Weise ignorieren wir nicht nur unsere Scham- und Schuldgefühle – wir verstärken auch unsere Abwehrhaltung.

Dann besteht die Gefahr von Suchtkrankheiten und anderen Exzessen. Was immer wir tun – es gewinnt Macht über uns.

Vielleicht verlieren wir uns selbst und lassen zu, dass eine Person oder Sache unser Leben beherrscht. Wir denken: *Ich muss diese Arbeit machen, egal wie ich mich dabei fühle, denn falls ich erneut versage, kann ich mir nicht mehr in die Augen schauen.* Wir verausgaben uns völlig, wissen nicht, was uns eigentlich fehlt, obwohl das Problem im Grunde ganz einfach ist. Wir sind am falschen Platz mit den falschen Leuten zusammen.

Die bejahende Einstellung ist ein Schlüssel; sie bewirkt, dass wir uns, unseren Zustand und unsere Reaktion darauf im Licht der Wahrheit sehen.

Es gibt einen nächsten Schritt. Und es gibt einen Ausweg. Aber nur, wenn wir um Hilfe bitten und einräumen, dass unsere bisherige Vorgehensweise nicht funktioniert.

Es macht mir große Angst, mich mit den Tatsachen auseinander zu setzen. Noch immer gebe ich nur ungern zu, dass ich einen Fehler gemacht habe oder dass ich in die falsche Richtung marschiere. Doch es gibt immer wieder die Möglichkeit, eine gelassene Einstellung zu entwickeln und mit mir selbst ins Reine zu kommen, was mich im Laufe der Jahre äußerst froh gestimmt hat. Gottes Hand leitet mich, führt mich durch die Gänge meines Herzens. Sobald diese Unterweisung in friedlicher Atmosphäre unterbrochen wird, merke ich es.

Den daraus resultierenden Missklang mag ich nämlich nicht.

Wenn wir auf dem richtigen Weg sind, treibt uns die Lebenskraft sanft von einem Punkt zum nächsten. Sobald jedoch dieser ruhige Strom aufhört zu fließen, ist es Zeit, die Richtung zu wechseln. Lieben Sie sich selbst. Akzeptieren Sie Ihren momentanen Zustand. Gestehen Sie ein, dass Ihnen ein Irrtum unterlaufen ist.

Wenn wir uns in einer misslichen Lage befinden, reagiert unser Körper vielleicht heftig darauf. Wir verbiegen und verrenken uns und geraten aus dem Gleichgewicht. Möglicherweise ignorieren wir ihn völlig und geben uns selbst auf. Oder wir reagieren fast allergisch auf einen Menschen, einen Ort, eine Sache. Alkoholiker zum Beispiel haben eine Allergie gegen Alkohol. Die Krankheit zwingt sie, weiter zu trinken und noch mehr von der Substanz in sich aufzunehmen, die ohnehin schon giftig für sie ist. Der Alkoholiker verliert jegliche Kontrolle über sich und sein Leben. Er leidet nicht nur unter einer Krankheit – sein Körper, sein Verstand, seine Gefühle, seine Intuition und seine Seele sind durch die allergische Reaktion auf den Alkohol ständig aus dem Gleichgewicht.

Ähnlich reagieren wir auf bestimmte Menschen. Ihre Gegenwart schwächt uns. Unser Verstand ist wie betäubt. Wir können nicht mehr klar denken. Die eigenen Gefühle sind uns fremd. Wir wissen nicht, was verkehrt läuft und warum es uns so schlecht geht. Und je länger wir in diesem Zustand bleiben und je mehr wir uns Mühe geben, ihm zu entfliehen, desto kränker fühlen wir uns.

Kommen Sie in Einklang mit Ihrem Innern, Ihrer Wahrheit, Ihrem höchsten Gut – mit sich selbst und mit

Gott. Wenn wir übereinstimmen mit uns selbst, stimmen wir auch mit der Welt überein. Sobald wir von unserem Weg abkommen, versucht das Universum zunächst oft, uns auf behutsame Weise darauf aufmerksam zu machen. Unsere Energie schwindet. Der Schwung lässt nach. Wir rennen hier und da gegen eine Wand. Falls wir diese Zeichen übersehen, geht das innere Hämmern weiter, bis die Lektion gelernt ist. Auf den Weg zurückzufinden ist manchmal schwierig, aber dafür werden uns Ruhe, Freude, das Bewusstsein der eigenen Stärke und wahres Glück zuteil.

Vergessen Sie nicht: Auf das Timing kommt es an. Und das Timing des Universums verlangt nun, dass wir unser höchstes Wohl erstreben. Falls wir uns dagegen sträuben, wird der Druck so lange weiterbestehen, bis wir die jeweilige Lektion akzeptieren.

Geben Sie Ihrer Seele die Chance, Ihnen mitzuteilen, was sie braucht. Drängen Sie nicht mehr so sehr. Rennen Sie nicht gegen die Wand, wenn Sie sich in eine Sackgasse manövriert haben. Legen Sie eine Pause ein, falls die Energie Sie nicht weiter vorantreibt. Finden Sie heraus, wie der eingeschlagene Kurs korrigiert werden kann. Manchmal erfordert es einige Mühe, um auf den richtigen Weg zurückzukehren. Im Falle von Suchtkrankheiten müssen wir wohl einen Experten zu Rate ziehen und eine Entziehungskur machen – beziehungsweise Anschluss an eine Selbsthilfegruppe suchen, die nach dem Zwölf-Schritte-Programm arbeitet. Wenn wir mit unserer Co-Abhängigkeit zu kämpfen haben, brauchen wir dafür ebenfalls Unterstützung. Sex-, Spiel- und Ess-Sucht, der Verstoß gegen gesellschaftliche Normen, die Verletzung der Gesetze der Liebe, die in jedes Herz geschrieben sind, stellen Probleme dar, die gelöst werden können.

Vielleicht müssen wir eine Beziehung beenden, in der wir körperliche oder seelische Misshandlungen erleiden und nicht mehr glücklich sind. Oder uns bleibt keine andere Wahl, als die Arbeitsstelle zu wechseln, umzuziehen oder unseren Lebensstil von Grund auf zu ändern.

Möglicherweise ist das Problem nicht allzu ernst. Aber selbst wenn es nur einer kleineren Korrektur bedarf, werden äußere Unstimmigkeiten und innere Dissonanzen uns zu schaffen machen und unseren Frieden stören.

Holen Sie tief Luft. Empfinden und befreien Sie jene Emotionen, die Sie unbedingt vermeiden wollten. Kehren Sie in Ihren Körper zurück. Lieben Sie wieder sich selbst. Sie merken schon, wann Sie auf der richtigen Spur sind.

Gehen Sie nicht zu hart mit sich ins Gericht, falls Sie vom Wege abgewichen sind. Das bloße Bemühen, der richtigen Spur erneut zu folgen, macht aus dem Abstecher eine heilsame, aufregende Erfahrung, die dazu dienen kann, auch anderen Menschen zu helfen.

Stürmen Sie nicht blindlings los, wenn Sie auf dem Holzweg sind und ein ungutes Gefühl haben. Fragen Sie sich – und vor allem auch Gott –, welchen Schritt Sie als nächsten unternehmen sollen.

Ein Weg wird sich auftun, der Ihnen weniger beschwerlich und umso richtiger erscheint.

Das ist der Weg, der nach Hause führt.

»Vor Jahren hatte ich einen Traum«, erzählte mir eine Bekannte, »der mich aus der Fassung brachte. Es war die Zeit, als meine Tochter angefangen hatte, Drogen zu nehmen. Im Traum befand sie sich in einem dunklen Verlies oder Keller. So ein übler Typ beherrschte sie völlig, hatte von ihrer Seele Besitz ergriffen. Ihm gehörte das Verlies. Ich versuchte mit ihm auszuhandeln, dass er meine Tochter freigibt. Doch er schüttelte den Kopf, lehnte mein Geld ab und sagte, dass sie mit ihm allein fertig werden müsse.«

Jeder Mensch muss seine Seele zurückkaufen und die Bedingungen seiner Freilassung selbst aushandeln.

Manchmal fordert uns die Stimme des Herzens nicht dazu auf, den Löwen noch heftiger zu bekämpfen, zu siegen, die eigenen Gefühle zu ignorieren, sich anzupassen, den anderen dauernd zu gefallen. Manchmal sind Verzicht und Loslassen die großartigsten Beweise von Stärke, die wir erbringen können.

Durchtrennen Sie die Stricke, die Sie binden. Befreien Sie die Geisel. Lassen Sie Geist, Körper, Verstand, Gefühl und Intuition wieder ins Gleichgewicht kommen. Seien Sie mit sich selbst im Einklang, dann sind Sie auch mit der Welt im Einklang. Lassen Sie Dunkelheit und Schwere aus Ihrem Leben verschwinden – sie sollen nun der Vergangenheit angehören. Sie können im Moment wohl noch nicht weit in die Ferne schauen – aber dennoch darauf vertrauen, dass das Licht Ihren Weg bei jedem Schritt erhellen wird, sobald dieser Weg der richtige ist.

Befreien Sie sich von den Überresten quälenden Selbsthasses und mangelnder Selbstliebe. Akzeptieren Sie Ihr Karma, lernen Sie die Lektion. Wir alle machen Fehler oder haben mit Menschen und Situationen zu tun, die nicht zu unserem Besten sind. Habgier, ein gebrochenes Herz, Betrug, zerstörte Träume, Ressentiments, Bitterkeit, Zorn, Angst, Rachsucht, Schuldgefühl und die Annahme, von Gott vergessen worden zu sein – durch all das sind wir empfänglich für bestimmte Erfahrungen, die schnell unser Leben dominieren.

Wenn wir die Lektion lernen und unser Karma annehmen, kann sich der Fehler in ein Ereignis verwandeln, das nützlich und angenehm ist. Der Umweg, den wir machten, um auf den Hauptweg zu gelangen, wird dann zu einem wichtigen und notwendigen Bestandteil unserer geistigen Reise. Diese Läuterung ist aus unserem Leben nicht mehr wegzudenken.

Hören Sie auf, sich zu quälen oder zu denken, Sie wüssten genau, was für Sie und den Rest der Welt am besten ist. Fällen Sie keine Urteile mehr – weder über andere noch über sich selbst. Vergegenwärtigen Sie sich Ihren Zustand, und ergreifen Sie in aller Ruhe die erforderlichen Maßnahmen, um der eigenen Person Liebe und Achtung entgegenzubringen. Wenn Sie den Ihnen gemäßen geistigen Weg finden wollen, so bedarf es dazu hingebungsvoller Selbstliebe.

Unsere Seele zurückzukaufen kann eine teure und zeitaufwändige Angelegenheit sein. Allmählich wieder in einen harmonischen Zustand zu gelangen ist bisweilen ein schmerzlicher Prozess. Aber die Zeit, das Geld, die emotionale Energie und die Mühe, die wir aufwenden, um unsere Seele zu befreien, sind die sicherste Investition, die wir je getätigt haben.

Führen Sie jeden Tag eine innere Inventur durch. Lernen Sie, jene Gefühle zu erkennen, die sich regen, wenn Sie Ihren Weg gehen und etwas *richtig* machen. Wenn ich *richtig* sage, meine ich weder »korrekt« noch »gemäß sämtlichen Vorschriften«. Vielmehr benutze ich dieses Wort, um die Empfindung zu beschreiben, mit Herz, Seele und Seligkeit tief verbunden zu sein. Achten Sie auch darauf, wie es ist, auf dem Holzweg, nicht zentriert und uneins mit sich selbst zu sein. Würdigen und kultivieren Sie das Gefühl, dem richtigen Weg zu folgen. Benutzen Sie es als täglichen Indikator dafür, ob die Richtung weiterhin stimmt und welche Entscheidungen Sie treffen müssen.

Veranlassen Sie die anstehende Änderung. Sind Sie in einem Ihrer Lebensbereiche vom eigentlichen Ziel abgerückt? Haben Sie die Stimme des Herzens ignoriert, die Ihnen sagte, was Sie glücklich machen würde, was Ihnen angenehm wäre – in der Arbeit, in Beziehungen, in bestimmten Situationen? Sind Sie aufgrund von Drogen-, Sex- oder Spielsucht in eine Zwangslage geraten? Nur allzu leicht reden wir uns ein, genauso wie bisher weitermachen zu müssen – obwohl es nicht funktioniert, uns keinerlei Vergnügen bereitet und den Wünschen unserer Seele zuwiderläuft. Doch niemand *zwingt* uns, immer wieder das Gleiche zu tun. Bei allen Problemen, die Menschen haben, können gewisse Hilfen in Anspruch genommen werden. Gibt es in Ihrem Leben einen Bereich, der Sie derart in die Defensive drängt und in Angst versetzt, dass Sie ihn gar nicht näher betrachten wollen? Sind Sie in einigen Punkten dogmatisch geworden, bestehen Sie darauf, dass alles so laufen muss, wie Sie es gesagt haben? Gibt es eine Sache, die Sie mit immer größerem Aufwand in Ordnung bringen möchten, obwohl sie Ihnen umso mehr Schwierigkeiten macht? Vielleicht finden Sie es nützlich, darüber etwas in Ihr Tagebuch zu schreiben – und herauszufinden, welche Blockaden durch das Schreiben beseitigt werden. Oben auf der Seite können Sie ein bestimmtes Thema notieren – Arbeit, Geld, Beziehung, Sex, Alkohol- oder Drogenabhängigkeit usw. Beantworten Sie dann folgende Fragen: Folge ich der Stimme meines Herzens? Habe ich dabei ein Problem?

Gibt es einen Bereich in Ihrem Leben, den Sie zu kontrollieren versuchen oder der Ihrer Meinung nach Sie kontrolliert? Ist da ein Aspekt, durch den Sie sich gefangen, ja wie eine Geisel fühlen? Schreiben Sie darüber. Beginnen Sie mit jemandem ein Gespräch, das genau um dieses Thema kreist. Steigen Sie so tief, wie Sie es verantworten können, in Ihr Inneres hinab, sobald Sie bereit sind, Ihre Seele zu entdecken und die Wahrheit zu enthüllen. Wenn Sie auf ein Problem stoßen, sollten Sie einen Plan entwerfen, um es zu lösen. Vielleicht müssen Sie sich in ärztliche Behandlung begeben – oder damit anfangen, eine Beziehung zu beenden, die nicht mehr intakt ist. Unter Umständen sind Sie gezwungen, den Arbeitsplatz zu wechseln oder eine neue berufliche Laufbahn einzuschlagen. Einige Veränderungen geschehen nicht von heute auf morgen. Sie markieren den Übergang von einem Lebenszyklus in den nächsten. Jedenfalls beginnen sie damit, dass wir uns ihrer bewusst werden. Der »Korrekturplan« mag einige Zeit beanspruchen. Haben Sie keine Angst. Bitten Sie seriöse örtliche Stellen um Hilfe, falls Sie darauf angewiesen sind. Suchen Sie im Telefonbuch nach den Adressen und Telefonnummern der Anonymen Alkoholiker und der Behandlungszentren für Suchtkranke, wenn Sie mit derlei Problemen zu kämpfen haben. Vertrauen Sie dem Prozess der Veränderung. Sie werden zu jenen Hilfsquellen geführt, die Sie benötigen.

MANTRAS

Wenn ich meine panische Angst fühle, entdecke ich meinen Weg.

Wenn ich mir meiner Sterblichkeit bewusst werde, befreie ich mich von der Furcht, auf Hilfe angewiesen zu sein.

Wenn ich meinen Schamgefühlen vertraue, bin ich bereit, mein Versagen zu erkennen.

Wenn ich meinen Kummer nicht mehr verdränge, kann ich die Angst zum Ausdruck bringen, meine Seele zu verlieren.

Wenn ich mir die Wut darüber verzeihe, dass ich meine Gefühle gezielt unterdrückt habe, verschwindet die Angst, mich meiner Vergangenheit schämen zu müssen.

Wenn ich meine verdrängte Wut zum Ausdruck bringe, erwacht die Liebe zu geistiger Unterweisung.

Wenn ich meine Schuldgefühle so artikuliere, wie ich es gerne möchte, wird meine Verbindung zu Gott wiederhergestellt.

Wenn ich anerkenne, dass ich ein Gespür dafür habe, was meine Einsamkeit heilt, gebe ich mich umso vorbehaltloser der geistigen Leere hin.

Wenn ich meine Angst und Einsamkeit wahrnehme, verwandelt sich die Isolation in das Bewusstsein dessen, was ich brauche.

Wenn ich mir darüber klar werde, dass ich mich selbst im Stich gelassen habe, finde ich die Kraft, mich wieder zu lieben.

Wenn ich meine Verbindung zum Geistigen aktiviere, weist mir das den Weg zu größerer Vitalität.

10. Heilmittel

Dankbarkeit für das, was wir in Händen
halten, kann diese Substanz unendlich
vervielfältigen.

Thomas Printz, *The Seven Beloved Archangels Speak*

Transformierende Alchimie

*Benutzen Sie es, wenn sich das Leben immer mehr
um Sie zusammenzieht, wenn Ihnen alles zu viel wird
und Ihre Energie dahinschwindet, sodass
Sie völlig am Boden zerstört sind;
benutzen Sie es auch, um in Beziehungen,
in Ihrer persönlichen Entwicklung, in Ihrem Innern,
bei finanziellen Angelegenheiten, bei der Arbeit
oder in jedem anderen Lebensbereich
negative Energie in positive umzuwandeln.*

»Heute Morgen war ich wirklich in dieser wirbelnden
Abwärtsbewegung gefangen«, sagt mein Freund. »Es
war, als würde ein dunkler Trichter mich einsaugen.
Voll Selbstmitleid, geheimem Groll, Wut und Angst
stürzte ich auf den Grund meiner Seele. Es herrschte ein
heilloses Durcheinander. Ich dachte nur noch daran,
wie schlimm das alles war, dass es nie besser werden

würde, wie verängstigt, frustriert und wütend ich deswegen war. Ein Gedanke jagte den anderen, ein Gefühl führte zum nächsten, das noch schlechter, noch negativer war. Ich hatte mich regelrecht in mein Selbstmitleid verstrickt.«

Wenn mein Freund in solche inneren Wirbel gerät, die ihn immer weiter nach unten ziehen, nehme ich Reißaus. Wenn ich in der gleichen Lage bin wie er, ziehen sich die Menschen von mir zurück. Das ist durchaus in Ordnung. Dann kann ich selbst mich kaum ertragen.

Ein anderer Freund drückt es so aus: »Es ist, als wäre links von dir ein großer Tornado oder Wirbel, der sich nach unten dreht. Er enthält Selbstmitleid und Verzweiflung, Angst und Negativität – jedes schreckliche Gefühl, das überhaupt existiert. Rechts befindet sich ein weiterer Wirbel oder Trichter. Der dreht sich nach oben. In ihm sind Hoffnung, Ekstase, Freude, Glück – all die guten Dinge des Lebens. Dazwischen befindet sich der Nullpunkt. Wir geraten in die abwärts führende Spirale, und sie zieht uns immer mehr in die Tiefe. Dann befreien wir uns daraus und kehren zur Mitte zurück – zum Nullpunkt in unserer Seele: Wir erheben uns einfach, gehen herum, putzen uns die Zähne und tun, was wir tun müssen. Wir machen weiter. Unsere Füße tragen uns dorthin, wo wir sein sollten, unsere Stimme sagt, was uns auf dem Herzen liegt, und wir lassen alle Gedanken zu, die uns durch den Kopf gehen. Das Leben ist wieder leicht und natürlich.«

Verlassen Sie den Nullpunkt.

Beginnen Sie die spiralförmige Bewegung nach oben.

Das zehnte Heilmittel soll Ihnen helfen, die Depressionen der nach unten führenden Spirale zu überwinden.

»Jeder Gedanke, den Sie denken, strebt danach, sich zu manifestieren, es sei denn, er wird durch einen stärkeren, intensiveren Gedanken neutralisiert«, schreibt Joseph Murphy in *Miracle Power for Infinite Riches* (Wunderkraft für unendliche Reichtümer).

Lassen Sie mich zuerst das Wort *Reichtum* definieren. Reichtum beschränkt sich nicht allein auf das Geld, das wir auf der Bank haben oder mit uns herumtragen. Er umfasst die ganze Fülle des Universums: alle Eigenschaften, Dinge, Menschen, Überzeugungen, Gefühle, Abenteuer, Lektionen, jede Form, in der Kreativität und Liebe zum Ausdruck kommen – ob durch Natur, Sex oder Gefälligkeit, ob wir ein Bild malen, in einem Theaterstück mitspielen oder ein Buch schreiben. Reichtum bedeutet, dass wir körperlich, geistig und seelisch gesund sind, dass wir keine übermächtige Angst mehr haben und dass wir unsere Heilkräfte benutzen, um die Welt ringsum zu berühren, weil uns selbst dieses Geschenk so oft zuteil wurde. Die Liste wäre beliebig fortzusetzen. Wenn wir es uns genau überlegen, können wir unendlich viele dieser Reichtümer erwerben.

Mein Gott wird all meine Bedürfnisse stillen, gemäß den herrlichen Reichtümern, die Ihm zur Verfügung stehen.

Fest steht jedenfalls, dass wir mit allen Reichtümern gesegnet sind.

Es ist an der Zeit, diesen Segen in unser Leben zu integrieren.

Jetzt wollen wir uns einer anderen Welt zuwenden, nämlich der der Alchimie. Jesus war ein Alchimist. Er vermehrte Brot und Fisch mit Hilfe jener Grundsätze, die wir uns durch dieses Heilmittel aneignen wollen. Wir werden uns daran erinnern, dass wir die wirksame Kunst der Alchimie auch in unserem Alltag ausüben können.

Setzen Sie Ihren Zauberhut auf. Gehen Sie in Ihr Labor. Entzünden Sie die Flamme unter den Bunsenbrennern. Vergessen Sie nicht, Ihre weiße Kutte überzuziehen. Wir werden einen der zweckdienlichsten Aspekte erkennen, der sich daraus ergibt, dass wir unsere Einheit mit dem All nutzbar machen. Wir werden lernen, unsere Lebensenergie zu transformieren, indem wir mit der GROSSEN SUMME ALLES SEIENDEN arbeiten.

Besinnen Sie sich zunächst darauf, welch erhabene Macht den Wörtern *Ich bin* innewohnt.

Machen Sie sich dann bewusst, dass wir einiges tun müssen, um einen Haufen Unrat abzutragen – jene genauso negativen wie zahlreichen »Ich-bin«-Sätze, die sich im Laufe der Zeit angesammelt haben:

Ich bin unglücklich. Ich bin arm dran. Ich bin in einer Sackgasse. Ich bin im Stich gelassen worden. Ich bin äußerst skeptisch. Ich bin hier verkehrt. Ich bin zu spät dran. Ich bin hässlich. Ich bin ein Versager. Ich bin mir nicht im Klaren, worum es bei dieser Reise eigentlich geht.

Manchmal haben wir – bewusst oder unbewusst – unsere Vergangenheit in ein echtes Chaos verwandelt. Wir tragen Energien und Gedanken mit uns herum, die unser Herz und unseren Kopf verdunkeln. Egal, wie sehr wir uns auch bemühen, unsere gute Arbeit fortzuführen und Seele und Leben rein zu halten – wir haben mit einer Unordnung zu kämpfen, die uns immer enger einschließt.

Nun denn. Das ist unser Zustand. Wir versuchen mit aller Kraft, unser Leben zu ändern und auf dem geistigen Weg zu bleiben. Wir setzen uns mit der eigenen Innenwelt auseinander, denken immer wieder daran, anderen und uns selbst etwas Gutes zu tun. Wir verarbeiten unsere Gefühle, manchmal beschwingt, dann wieder frustriert. Wir achten darauf, unsere Verpflichtungen gegenüber anderen und uns selbst einzuhalten. Wir beten. Wir führen Gespräche. Wir machen wirklich unsere Arbeit. Wir glauben an das göttliche Timing. Wir hören auf die Stimme des Herzens und vertrauen – so weit wie möglich – uns selbst.

Doch an einigen Tagen, in manchen Wochen – oder im Laufe von Monaten, Jahren oder gar Jahrzehnten – wird uns alles zu viel. Wir kommen aus dem Schlamassel nicht mehr heraus. Er lässt uns kaum noch Luft zum Atmen; die negative Energie hat von uns Besitz ergriffen. Wir sind erschöpft. Im Grunde haben wir kein Vertrauen – zumindest zweifeln wir daran. Ganz gleich, wie sehr wir an uns gearbeitet haben: In den Eingeweiden regt sich immer wieder ein Schmerz, ein Gefühl von Leere.

Wir blicken zurück und blicken nach vorn. Nichts scheint den Aufwand zu rechtfertigen, und wir sind sicher, auf dem falschen Weg zu sein. Jemand hat uns vergessen, und dieser Jemand ist jeder, den wir je geliebt haben, einschließlich Gott.

Je angestrengter wir unser Leben, unser Ich und unseren Zustand betrachten, desto schlimmer sieht alles aus. Sogar die Hoffnung kommt uns nur wie ein Köder vor, der an einem Stock vor unseren Augen baumelt, unerreichbar; was wir auch ersehnen, es wird uns ein für alle Mal vorenthalten. Das Ganze ist ein übler Trick.

Wir sind müde. Wir sind zu spät dran. Die ersten drei Dimensionen haben uns überfordert. Und selbst die vierte – Raum und Zeit – scheint ringsum »zusammenzubrechen«. Wir mögen unsere jetzige Situation nicht. Wir sind überzeugt, am falschen Platz zu sein. Wir schauen auf die Uhr. Sie ist stehen geblieben. Uns bleibt keine Zeit mehr.

All unsere Bemühungen waren vergeblich. Unsere Gefühle sind völlig durcheinander. Negative Gedanken jagen durch unseren Kopf. Und wir wissen nicht mehr, wie es ist, das Innere aufzuschließen.

Vielleicht halten wir uns eine Weile aufrecht, aber eigentlich möchten wir uns flach auf dem Boden ausstrecken.

So viel Schmerz und Bitterkeit von früher blieb zurück. So viele Verletzungen, unerledigte Angelegenheiten und so viel Verzweiflung müssen noch thematisiert werden. Eine Zeit lang konnten wir diese Gefühle und Dinge verdrängen. Jetzt machen sie sich bemerkbar. Wir sind unglücklich, fühlen uns einsam. Und obwohl wir in diesem Leben ein Ziel haben mögen, finden wir dennoch nicht unseren Platz.

Das zehnte Heilmittel ist zwar stark, aber es kann jeden Tag benutzt werden. Es wirkt der Abwärtsbewegung und jeder negativen Gedankenform entgegen, die auf Kopf, Herz und Schulter drückt. Es verdeckt sie nicht nur, sondern wandelt sie in positive Energie um.

Dieses Heilmittel ist einfach, muss allerdings aktiviert und eingesetzt werden, damit es seine Wirkung entfaltet.

Ein guter Alchimist achtet zunächst einmal darauf, welche Bestandteile er transformieren möchte. Das heißt, wir müssen uns in aller Deutlichkeit bewusst machen, was unsere Aura beeinträchtigt: die negativen Gefühle, die Unzufriedenheit, die Hoffnungslosigkeit, der Schmerz – all das, was wir in unser Gebet mit einschließen.

Vergessen Sie nicht, dass auch der Gedanke eine Form von Gebet darstellt. Gedanken zu hegen, die uns nach unten ziehen – wie wütend oder traurig wir sind, wie viele Probleme wir haben, was wir alles tun müssen –, bedeutet, ein eindringliches Gebet zu sprechen. Allerdings schauen wir dabei den Schöpfer an und sagen laut: »Nein danke.«

Je mehr wir uns auf das Negative konzentrieren, desto stärker wird es. Kann es da überraschen, dass wir das von uns selbst verursachte Chaos nicht mehr bewältigen? Wir haben die Macht der Alchimie benutzt, um heillose Verwirrung anzurichten. Indem wir klagten, wie schrecklich alles sei, wurde die ganze Situation nur verschlimmert. Es ist deshalb an der Zeit, diese Kräfte in umgekehrter Richtung einzusetzen.

Wahre Dankbarkeit, Lob und Verehrung für die Dinge, wie sie momentan sind, werden das Durcheinander beseitigen helfen. Sagen Sie nicht bloß: »Danke für die Wohltaten.« Es geht jetzt darum aufzuräumen. Sagen Sie also: »Danke für alles.« Besinnen Sie sich auf Ihre Verbindung mit dem Schöpfer. Lassen Sie in Ihrem Geist die Flammen der Hingabe, des Respekts, des Vertrauens und der Liebe lodern.

Nur zu. Bedanken Sie sich für all das Gute, das Ihnen zuteil wird. Aber auch für den Schmerz. Denn gerade ihn versuchen Sie ja umzuwandeln.

Sagen Sie Dank, und preisen Sie Ihren Schöpfer für Ihr Leben – wie es war und wie es ist.

Danken Sie ihm voll des Lobes für den Menschen, der Sie sind, und für die Aufgaben, die Sie hier zu erfüllen haben. Seien Sie Ihm dankbar für Ihre Lektionen und auch für all Ihre Gefühle und intuitiven Fähigkeiten. Sagen Sie immer wieder »Danke«, bis dieses Wort aus Ihrem tiefsten Innern kommt, bis die violette Flamme der Bewunderung, der Liebe und der Dankbarkeit unter Ihren Füßen emporschießt, Sie einhüllt, über Ihren Kopf steigt und schließlich den Himmel berührt, wobei sie Ihre Seele läutert und transformiert.

Bald können Sie gar nicht anders, als zutiefst dankbar zu sein für Ihre Person, Ihr Leben und Ihren Zustand.

Kein Wunder, dass Ihr Herz und Ihre Seele erkaltet sind. Die Flamme der Dankbarkeit erlosch. Sie erwarten ja auch nicht, dass ein Feuer im Kamin weiterbrennt, wenn Sie nicht Holz nachlegen und die Glut schüren. Also erwarten Sie bitte auch nicht, dass das erhabene, transformierende Feuer der Dankbarkeit brennt, wenn Sie übersehen oder vergessen haben, es zu nähren.

Ihr Bunsenbrenner funktioniert. Sie verfügen über alle nötigen Ingredienzen. Tun Sie sie in das Gefäß und schmelzen Sie sie. Erkennen Sie, welch magische Kraft die Dankbarkeit besitzt.

Achten Sie darauf, Ihre weiße Kutte anzubehalten. Hegen Sie ehrenwerte Absichten. Ihr Handeln soll stets von Liebe inspiriert sein.

Schauen Sie nur! Es wirkt bereits. Sie sind reich. Sie selbst, Ihre Situation, Ihre momentane Tätigkeit – all das ist ein wertvolles Geschenk Gottes. Sie haben die Energien des Himmels auf die Erde geholt und in Ihr Leben integriert. Denken Sie jetzt daran, für diesen Transformationsprozess täglich einige Minuten zu erübrigen. Lassen

Sie die mächtige Flamme der Verehrung und der reinen Dankbarkeit nicht ausgehen.

Sie haben das, was Ihnen zuteil wurde, nicht genommen und in einen neuen Zustand verwandelt, sondern einfach all die Reichtümer, die Sie bereits besaßen – und fast zerstört hatten –, wieder in ihren ursprünglichen Zustand gebracht und sie dadurch noch vergrößert.

Seit jeher tragen Sie einen Zauberhut auf dem Kopf. Ihre Gedanken und Wörter sind Gebete. Es liegt bei Ihnen, wie Sie sie einsetzen. Sie können das, was Sie haben, schlecht machen und sich so lange darüber beklagen, bis es tatsächlich an Wert verliert. Oder Sie nehmen fünf Brote und zwei Fische und speisen damit fünftausend Menschen.

Experimentieren Sie mit Ihren Kräften, bis Sie mit deren Wirkungen und Ihren eigenen Reaktionen vertraut sind und sich wohl fühlen. Benutzen Sie sie dann nach Belieben in jedem Bereich Ihres Lebens: in finanziellen Angelegenheiten, im Umgang mit der Natur, mit Zeit, Raum, Beziehungen, Gefühlen und den Lektionen der Liebe.

Sie können sich umschauen und feststellen, wie beunruhigt Sie sind und wie wenig Sie haben – oder mit all Ihren Bestandteilen arbeiten, sie erhitzen und verschmelzen, um zu erkennen, über welche Reichtümer Sie eigentlich verfügen.

Sie haben gerade eine Reise nach Südfrankreich, in eines der Zentren der mittelalterlichen Alchimie, unternommen. Dankbarkeit, Lob und Verehrung sind keine nebensächlichen Hilfsmittel oder Techniken. Durch sie haben Sie Einblick gewonnen in einige der tiefsten Geheimnisse der Transformation, die es auf dieser Welt gibt.

Jahrhundertelang haben die Menschen darüber gesprochen und geschrieben.

Besinnen Sie sich stets auf jene Methode, die allein die alchimistische Transformation in Gang bringt: Sie müssen Gott aus ganzem Herzen, aus tiefster Seele und mit totaler Geisteskraft lieben. Und Sie müssen lernen, zuallererst Ihn zu lieben. Verehrung und Dankbarkeit müssen rein und echt sein. Was uns auch gegeben oder vorenthalten wurde – es ist weniger wichtig als die Vereinbarung, die wir mit Gott hinsichtlich unserer hiesigen Aufgaben getroffen haben.

Kehren Sie jetzt ins Leben, ins Heute zurück. Machen Sie sich bewusst, wer Sie sind – nämlich der Zauberer in Ihrem Leben. Und stets praktizieren Sie die Kunst der Alchimie. Wenn Sie ein Chaos angerichtet haben, dann wandeln Sie es allmählich um. Der Wirbel, der Sie nach unten zog, treibt sie dann immer weiter nach oben. Wahrscheinlich müssen Sie viel tun, um die Arbeit, die Sie bereits geleistet haben, zu transformieren.

Bleiben Sie am Ball. Geben Sie sich Mühe. Betreiben Sie jeden Tag so viel Alchimie wie nötig. Bereinigen Sie Ihre Vergangenheit. Verwandeln Sie Ihre Gegenwart. Wenn Sie dankbar sind für Ihre Gaben und Ihren Zustand, bleiben Sie nicht stecken. Im Gegenteil, die transformierende Alchimie befreit Sie – und jeden Menschen, jede Erfahrung in Ihrem Leben. Tun Sie alles – jedes Gefühl und Ereignis, jede Person und Beziehung – aus Vergangenheit und Gegenwart ins Feuer. Sehen Sie in jedem Menschen, der Ihren Weg kreuzt(e), das Göttliche, und danken Sie dem Schöpfer, dass Er ihn erschuf. Setzen Sie alle Situationen, die Ihnen Kopfzerbrechen bereiten, den violetten Flammen aus. Seien Sie dankbar dafür, dass Er diese Dinge geschehen ließ – und für all die Vorteile, die Ihnen daraus erwachsen. Beten, danken und lieben Sie, bis Ihr gesamtes Leben in weißem Licht erstrahlt.

Danken Sie Gott für Ihre Arbeit und Ihre geschäftlichen Angelegenheiten, für das Geld in Ihrer Tasche und das Geld, das Sie auf der Bank haben – oder das Ihnen fehlt.

Jetzt finden Sie den richtigen Dreh.

Üben Sie weiterhin. Entwickeln Sie sich von einem Lehrling der Alchimie zu einem Menschen, der sich seiner Reichtümer und Segnungen voll bewusst ist.

Beobachten Sie, wie sich vor Ihren Augen alles verwandelt. Ist das nicht ein laienhafter Zugang zur Zauberei? Nun ... ein bisschen. Aber im Grunde geht es dabei um die mystische Liebe und die Lehren Jesu.

Sie benutzen dieses Heilmittel nicht, um Ihre Emotionen, Ihren geistigen Weg oder die Lektionen, an denen Sie gerade arbeiten, zu verdrängen – sondern umso oft wie nötig Ihre Verbindung mit der Kraft des großen ICH BIN einzugestehen, zu bejahen, zuzulassen, zu schätzen, zu ehren, zu lieben und sich ihr ganz zu widmen.

Übungen

Üben Sie, zu loben und zu rühmen. Es war Mitte bis Ende der siebziger Jahre, als ich mir zum ersten Mal der enormen Wirkungen der Dankbarkeit voll bewusst wurde. Ich hatte gerade mein erstes Haus gekauft. Bevor ich es fand, stellte ich mir vor, wie mein Traumhaus aussieht.

Aber das einzige Haus, das ich mir leisten konnte, war ein heruntergekommenes dreistöckiges Gemäuer mit Löchern in der Wand, durch die man ins Freie sah, mit fleckigem orangefarbenem Teppichboden und eingestürzten Decken. Ich wusste nicht, wie man Wände streicht, tapeziert, Böden abschleift. In den ersten drei Monaten, die ich dort verbrachte, saß ich – nachdem die anderen sich schlafen gelegt hatten – auf dem Boden des Wohnzimmers und weinte. Ich war völlig ratlos. Damals dachte ich, dass sich die Dankbarkeit auf jene Dinge bezieht, die ich gerne mag. Dann stieß ich auf ein kleines Buch mit dem Titel *Praise Works!* (Loben hilft!) von Merlin Carothers. Es handelte von der Macht des Lobs und vermittelte mir die Einsicht, nicht nur für die Wohltaten dankbar zu sein, sondern Gott für alles zu danken.

Nach der Lektüre beschloss ich, etwas Neues auszuprobieren. Anstatt jede Nacht weinend und jammernd in der Mitte des Fußbodens zu sitzen, wollte ich diese Zeit und Energie der Dankbarkeit widmen. Ich fing sofort damit an. Ich habe vergessen, wie und wann sich das Haus veränderte. Aber genau das geschah – vor meinen eigenen Augen. Das Geld, die Materialien, die Hilfe und die Ideen für die Renovierung – all das war plötzlich vorhanden. Die Arbeiten, für die niemand aufzutreiben war, konnte ich nun selbst ausführen. Im Laufe von sechs bis neun Monaten wurde das baufälligste Haus zum eindrucksvollsten Domizil in der ganzen Nachbarschaft. Von allen Häusern, in denen ich je gelebt habe, ist dieses mein liebstes. Meine Kinder empfanden das auch so. Der Macht des Lobs und der Dankbarkeit sind keine Grenzen gesetzt. Doch trotz dieser tief greifenden Erfahrung vergesse ich manchmal immer noch, die Alchimie als Hilfsmittel zu benutzen. Dafür ist es nie zu spät. Sie soll uns dazu bringen, Dankbarkeit und Lob in unserem Alltag zu verankern. Wenn wir das Feuer einen Tag lang vernachlässigen, kann es ausgehen. Dann müssen wir wieder von vorn anfangen, Holz sammeln, es anzünden, die Glut schüren. Einfacher ist es, jeden Tag einige Minuten damit zu verbringen, dass wir Gott preisen, Ihm danken für alles, was wir haben, und für jede Situation, in der wir uns wieder finden. Erübrigen Sie morgens, mittags oder abends etwas Zeit, um zu flüstern, zu singen, zu schreiben, wie dankbar Sie sind. Machen Sie sich keine Sorgen, falls Sie keinen tiefen Dank empfinden. Wiederholen Sie ihn immer wieder, bis die Worte in jeder Faser Ihres Seins wahr klingen.

Nehmen Sie die schwierigen Aufgaben in Angriff! Gibt es in Ihrem Leben einen Bereich, den Sie nicht in den Griff bekommen? Fühlen Sie sich durch die negative Energie und die Last des Problems überfordert? Haben Sie sich so lange eingeredet, dass es kompliziert, bedrückend und unlösbar sei, bis daraus in Ihrem Kopf und in Ihrem Leben buchstäblich ein Monster entstand? Das ist eine Angelegenheit, mit der Sie sich speziell auseinander setzen müssen. Machen Sie einen Anfang, indem Sie in Ihr Tagebuch schreiben und Ihr Leben analysieren. Sind da einige frühere Ereignisse, die Sie quälen und die transformiert werden müssen? Oder leiden Sie unter gegenwärtigen Erfahrungen, die sich Ihrer Kontrolle zu entziehen scheinen und die Sie automatisch als negativ und deprimierend bezeichnen? Arbeiten Sie an dieser besonderen Aufgabe! Sie wird mehr Kraft und Zeit beanspruchen als die tägliche Gewohnheit, Dankbarkeit einzuüben. Vielleicht müssen Sie zunächst genauso viel Zeit aufwenden,

Gott für die Situation und die darin enthaltene göttliche Liebe zu danken und zu preisen, wie Sie brauchtes, um sich über die schwierige und unerträgliche Lage zu beschweren. Wenn Sie das Negative in vielfacher Weise bestätigt haben, müssen Sie wohl eine ganze Weile ernsthaft alchimistische Arbeit leisten. Eventuell sind Sie gezwungen, fünfzehn bis dreißig Minuten täglich zu investieren, um die betreffende Situation umzukehren. Beobachten Sie sich genau, zumal im ersten Stadium. Unter Umständen haben Sie sich angewöhnt, zuerst einmal daran zu denken, wie schrecklich und unkontrollierbar das alles sei. Bemühen Sie sich umgehend, die Sache zu bereinigen. Verdrängen Sie hierbei nicht Ihre Gefühle. Sagen Sie: *Ich empfinde Angst, Bedrückung, Wut und lasse sie los.* Falls diese Gefühle nicht verschwinden, sollten Sie versuchen, auch für sie dankbar zu sein. Nachdem Sie sich so weit wie möglich von ihnen befreit haben, verbringen Sie einige Minuten mit Gebet und Dank. Wir leben in einer Gesellschaft, die sofort Ergebnisse sehen will. Obwohl sich die Situation vielleicht nicht unmittelbar ändert, mögen wir uns doch spontan besser fühlen. Engagieren Sie sich für diesen Prozess und räumen Sie ihm eine gewisse Zeit ein. Achten Sie darauf, wie scheinbar ausweglose Situationen vor Ihren Augen sich gleichsam in Luft auflösen oder verwandeln. Erkennen Sie auch, was mit Ihnen geschieht. Einige Lektionen und Erfahrungen sollen wir einfach durchmachen. Aber eine neue Einstellung zu diesen Ereignissen kann einen himmelweiten Unterschied bewirken. Unsere Alchimie besitzt die Macht, eine andere Welt zu erschaffen.

Schaffen Sie sich eine »Dankbarkeitsschachtel« an. Vielleicht finden Sie eine schöne kleine Schachtel, die Sie zu Ihrer »Dankbarkeitsschachtel« machen und in die Überlebensausrüstung für Ihre Seele tun. Legen Sie in diese Schachtel kleine Zettel mit einem kurzen Text oder Fotos, die jeden Aspekt von Ihnen und Ihrem Leben repräsentieren. Sie können eine bestimmte Situation beschreiben oder Fotos von sich beziehungsweise von Ihren Lieben nehmen. Lassen Sie dabei Ihrer Kreativität freien Lauf; erfassen Sie so viele persönliche Bereiche – Leben, Arbeit, Beziehungen, Finanzen, Ihre Vergangenheit, Gegenwart, Zukunft –, wie Sie möchten. Ziehen Sie dann wahllos ein Papier oder Foto hervor und bringen Sie Ihre Dankbarkeit zum Ausdruck, sich an diesem Tag mit dem betreffenden Bereich auseinander setzen zu können. Oder halten Sie die ganze Schachtel in Händen, und konzentrieren Sie sich auf jede darin enthaltene Vorstellung. Manchmal sind konkrete Symbole, die diese Vorstellungen repräsentieren, ein äußerst nützliches Hilfsmittel, um unsere Aufmerksamkeit und Energie auf den jeweiligen Bereich zu richten. Seien Sie offen für alle Formen, in denen sich Ihr alchimistischer Transformationsprozess manifestiert. Möglicherweise stellen Sie fest, dass Sie tiefer in eine Situation eindringen, um deren Lektion zu lernen. Dann merken Sie, wie die Situation sich ändert und so gestaltet, wie Sie es wünschen. Oder Ihnen wird bewusst, dass Sie eine Person oder Sache endlich loslassen. Die Dankbarkeit beseitigt Ressentiments und Feindseligkeit. Sie macht jeden Menschen frei.

Mantras

Wenn ich Leidenschaft und Dankbarkeit zum Ausdruck bringe, werde ich sicher durchs Leben geführt.

Wenn ich meine Liebe bekunde, kommen sichtbare und unsichtbare Wahrheiten miteinander in Einklang.

Ich bin.

11. Heilmittel

Und der Name des Sterns heißt Wermut.
Und der dritte Teil der Wasser ward
Wermut, und viele Menschen starben von
den Wassern, denn sie waren bitter geworden.

Offenbarung 8,11

Gute Abschlüsse und neue Anfänge

*Benutzen Sie es, um Ressentiments und Bitterkeit von
früher zu beseitigen und um im Leben den Kreislauf
von Anfang und Ende zu fördern.*

Der Verlust – der den Übergang zwischen Ende und Neubeginn markiert – ist ein uralter, unvergänglicher Bestandteil des Lebensrhythmus. Wir lernen unsere Lektionen, verabschieden uns von Menschen, Dingen, Orten,
die uns halfen, diese Lektionen zu lernen und unsere
Überzeugungen zu ändern, und setzen dann unseren Weg
fort.

Manchmal bewirken wir selbst den Verlust, dann wieder wird er uns aufgezwungen. Wir wollten ihn nicht.
Wir sehnten uns danach, dass die Liebesbeziehung,
Freundschaft, geschäftliche Verbindung oder Angelegenheit sich anders entwickeln würde. Nachdem wir uns

darauf eingelassen hatten, stellten wir allerdings fest, dass sie uns nicht für alle Zeit glücklich machte. Sie war nicht die große Belohnung des Universums dafür, dass wir vieles durchgemacht und erlitten haben, sondern nur eine weitere Lektion.

Einige sagen, dass wir uns auf diese Weise einmal mehr *vom Karma befreien*; andere sprechen von persönlichem Wachstum; und manche haben überhaupt keinen Ausdruck dafür. Diese letzteren werden immer bitterer und taumeln durchs Leben – oder sie werden gefühlsmäßig unterdrückt und tun gar nichts mehr. Sie weigern sich, weiterzugehen und *einen weiteren Verlust* oder *noch etwas, das schief ging*, zu ertragen.

Das elfte Heilmittel soll uns helfen, mit dem fortlaufenden, allgegenwärtigen Zyklus von Tod und Wiedergeburt in unserem Leben übereinzustimmen. Ich beschränke mich dabei nicht auf den physischen Tod, obwohl auch er Teil des Zyklus ist. Vielmehr spreche ich von allen Zyklen des Todes und der Wiedergeburt – von der geheimnisvollen Energie, die das Universum benutzt, um uns, unser persönliches, emotionales und spirituelles Wachstum ebenso zu erneuern wie unsere Beziehungen und unsere Arbeit.

Es geht um den ständigen Kreislauf der Veränderung.

In dieser großartigen Zeit der Wendungen und Umschwünge können Ressentiments und Bitterkeit einen breiten Raum einnehmen. Wir tragen eine Verlustliste mit uns herum, die genau festhält, was alles verkehrt lief. Die meisten von uns kennen den Vorgang. In unserem Leben tritt eine Wende ein, und wir schöpfen Hoffnung. Vielleicht erreichen wir diesmal unser Ziel. Man wird uns nicht betrügen; am Ende geht bestimmt alles gut aus.

Wir entspannen uns ein bisschen, obwohl wir im Hintergrund eine Melodie hören, die der Filmmusik von *Der weiße Hai* ähnelt. Dann ändert sich wieder etwas. Und siehe da: Wir sind mit einem weiteren Betrug und Verlust konfrontiert. Was wir auch dachten und erhofften – es bewahrheitet sich nicht; erneut kommt alles anders, als wir geplant hatten. Jedes Mal, wenn dergleichen passiert, empfinden wir ein wenig mehr Ressentiment und Bitterkeit gegenüber den beteiligten Personen. Nachdem sich genügend solcher Zyklen vollendet haben, setzen wir unsere zerstörten Träume und verlorenen Hoffnungen auf eine Liste und heften sie dem Erstbesten ans Revers. Wir machen ihn dafür verantwortlich, dass er uns nicht das ewige Glück auf Erden bescherte; und wir haben eine weitere bittere Enttäuschung erlebt, die wir in unsere Seele einspeisen.

»Ich bemühe mich wirklich ernsthaft darum, jede Form von Ressentiment deutlich zu erkennen«, sagte mir eine Frau. »Aber wie viel Mühe ich mir auch gebe, die Liste der Ressentiments wird immer länger. Als ich das letzte Mal einen Blick darauf warf, enthielt sie genauso viele Eintragungen wie das Telefonbuch von Los Angeles.«

Wenn wir gleichsam rückwärts durch ein Astloch gezogen werden, fühlen wir uns hinterher meistens erleichtert. Dieser Seufzer der Erleichterung, gepaart mit ekstatischer Freude, stellt sich auch ein, wenn wir durch einen langen, dunklen Tunnel gegangen und endlich zum Licht vorgedrungen sind. Zumindest waten wir nicht mehr durch den Schlamm. Doch die Wendungen und Umschwünge – jene unerwarteten Schicksalsschläge, die uns schwer zusetzen, ohne dass wir etwas dafür können – verdrießen uns schnell.

Sobald wir merken, dass die Situation oder die Beziehung, auf die sich all unsere Wünsche und Hoffnungen richteten, einen anderen Verlauf nimmt als geplant, ist es an der Zeit, selbst zu agieren, anstatt aus Feindseligkeit und Bitterkeit heraus immer nur zu reagieren.

Um jenen Zustand zu erreichen, in dem das Ende einen Neubeginn einleitet, müssen wir uns oft erst einmal bewusst machen, wie unglücklich wir im Grunde sind. Angst, Wut und Widerwille gegen gewisse Umstände – gegen die Menschen, mit denen wir leben oder arbeiten, gegen ihr Verhalten, gegen unsere Gefühle, die wir in ihrer Nähe haben – geben einen Hinweis auf die wahren Eigenschaften unserer Seele, darauf, wie sie gerne wäre und wohin sie tatsächlich möchte. Wenn wir unsere Gefühle erkennen und befreien, kommen wir besser voran. Dagegen sitzen wir schnell in der Falle, wenn wir sie verbergen und in diesem dreidimensionalen Drama stecken bleiben. Gefühle und Umstände dienen dazu, uns etwas beizubringen und uns zu verdeutlichen, dass wir weitergehen müssen. Sobald wir die Lektion begriffen haben, können wir die Gefühle loslassen.

Schuldzuweisungen, Selbsthaß, Feindseligkeit und Rachsucht sind eine schwere Last für uns. Selbst wenn wir nach bestem Wissen und Gewissen versuchen, derlei Gefühle zu verarbeiten, ist es wichtig, die Seele bis zum Grund zu reinigen. Falls wir auch nur einen Anflug von Bitterkeit dort zurücklassen, kann sie irgendwann all unsere Gefühle und Handlungen negativ beeinflussen. *Das Leben hat wieder einmal zugeschlagen*, denken wir dann. Und: *So sind die Dinge eben.*

Ein Schauder ergreift uns, ein schlechter Geschmack ist in unserem Mund, der bis in die Tiefen unserer Seele dringt. »Ich habe Angst, meine Ressentiments völlig loszulassen«, berichtet ein Mann. »Wenn ich nicht gehässig und aggressiv bin, werden die Leute, die mich schon einmal hereingelegt haben, wiederkommen und es erneut versuchen.«

Echte Stärke, echte geistige Kraft, wie sie dem Krieger eignet, gründet nicht auf Bitterkeit, Ressentiment und Hass. Vielmehr resultiert sie daraus, dass wir klar sind, uns selbst kennen und die ruhige Sicherheit besitzen, unsere Wahrheit zum Ausdruck bringen zu können. Wir treten unseren Feinden gegenüber, machen genauso gelassen wie entschieden die Gefahren, Manipulationen und Täuschungen aus und wandeln dann die negative Energie um, damit wir uns schützen und verteidigen können.

So viele Geschehnisse in unserem Leben dienten dazu, uns in einen Zustand der Bewusstheit und der Selbstliebe zu bringen. Sie zielten darauf ab, dass wir unsere Schwächen und Ängste näher erforschten und lernten, unsere Stärke erneut geltend zu machen. Wir können die Zeit jetzt nutzen, um die eigenen Wertvorstellungen zu klären und uns an die eigenen Qualitäten zu erinnern.

Die Wendungen, Umschwünge, Rückwärtsbewegungen durch das Astloch und die scheinbar endlosen Märsche durch lange, dunkle Tunnel sollten uns aufwecken, uns klarmachen, was wir eigentlich tun, und uns zu bewussten Menschen erziehen.

Das enthebt die anderen nicht der Verantwortung für das, was sie getan haben oder immer noch beabsichtigen und was uns gegenüber nicht gerade fair ist. Auch wir sind verantwortlich für unser Verhalten. Aber es bestätigt sich, dass wir nicht als Geiseln gehalten wurden. Wir selbst haben uns – manchmal sogar kopfüber – ins Chaos gestürzt, in dem wir dann unterzugehen drohten.

Wir sind keine Opfer. Seit jeher handeln wir aus eigenem Antrieb.

Es gab einen Grund, warum es uns dorthin zog, und auf einer bestimmten Ebene war etwas, das wir sehen, tun und lernen wollten. Unser Verstand, Bewusstsein und Überbewusstsein versuchten angestrengt, die Situation zu erfassen und zu bereinigen. Vielleicht waren Sie deshalb in dieser Beziehung, in der Sie weder Ihre Bedürfnisse stillen noch Liebe empfangen konnten – und die Sie nach wie vor verbittert –, weil Ihre Überzeugung, keine Liebe verdient zu haben, in Frage gestellt werden sollte. Falls Sie weiterhin die Beziehung für Ihr Unglück verantwortlich machen, anstatt Ihre Überzeugung zu ändern, werden Sie in der nächsten Beziehung ähnlichen Kummer erleben.

Selbst wenn wir überlistet, getäuscht und betrogen wurden von Menschen, denen wir vertrauten, besteht das größte Problem doch darin, dass wir voller Bitterkeit und Ressentiment die betreffende Situation nicht wirklich hinter uns lassen. Sie bleibt dann ein Bestandteil unseres Lebens. Wir werden so lange fortfahren, »Light-Shows« zu kreieren aufgrund der Überzeugung, dass wir Opfer sind, bis wir uns selbst befreien.

Echte geistige Stärke zeigt sich darin, dass wir unsere Wahrheit zum Ausdruck bringen. Wir brauchen nicht zu schreien. Das zeugt keineswegs von Stärke, sondern von Angst. Allein durch die Kraft des Geistes gelangen wir in jenen Zustand, wo wir – Gott sei Dank! – die Vergangenheit und all die damit verbundenen Menschen loslassen können, wo wir die fehlenden Teile unserer Lektion entdecken, dann jene Fesseln lösen, die uns zu Geiseln machen, und schließlich uns selbst, unsere Vergangenheit, Gegenwart und Zukunft erlösen.

Es gibt viele Ereignisse und Dinge im Leben, die wir weder kontrollieren noch ändern können. Zugleich aber sind wir viel stärker, als wir vielleicht glauben. Wenn wir mit der Energie der guten Abschlüsse und neuen Anfänge arbeiten, sind wir fähig, die Vergangenheit zu korrigieren, die Gegenwart anders zu gestalten und auf das Schicksal einzuwirken.

Dieses Heilmittel verlangt, dass wir für unsere früheren, jetzigen und künftigen Taten die volle Verantwortung übernehmen.

Es erfordert klares Denken und die Verpflichtung, die aus der Vergangenheit stammenden Gefühle zu empfinden, zu achten und zu heilen. Es zwingt uns, mit wachem Bewusstsein und Engagement das dreidimensionale Drama zu transzendieren. Indem wir in der fünften Dimension – der wahren Welt des Denkens und Fühlens, des Geistes und der Vorstellung – arbeiten, erschaffen wir unsere Zukunft neu.

Wenn wir unerledigte Angelegenheiten – in Form von Ressentiments und Bitterkeit oder infolge unserer beschränkten, hartnäckig verteidigten Überzeugungen in Bezug auf das Leben, die Menschen, Gott, die Liebe und uns selbst – mit uns herumtragen, werden diese Überzeugungen und die damit einhergehenden Gefühle immer wieder ähnliche Situationen heraufbeschwören, obwohl die betreffenden Personen und Ereignisse in weiter Ferne sind. Doch handelt es sich hier ja um einen Heilungsprozess, erinnern Sie sich? Sie bekommen das, was Sie im

Geiste sehen. Wenn Sie die Wiederholungen früherer Szenen vermeiden möchten, ist es an der Zeit, diese in helleres Licht zu tauchen.

Es hatte einen Grund, warum wir in jener verzwickten Lage und mit bestimmten Leuten zusammen waren. Jede einengende Überzeugung und Emotion zeitigt Konsequenzen. Wenn wir glauben, Gott liebe uns nicht, verzweifeln wir an der Liebe und machen sie für alles verantwortlich. Wenn wir nicht an die Liebe glauben, kapseln wir uns ab. Geiseln brauchen keine Verantwortung für sich zu übernehmen. Wenn wir in Kummer versinken, fest davon überzeugt, dass wir diese Strafe verdient haben und auf dem ganzen Planeten die einzigen sind, die leiden, dann müssen wir uns mit dem eigenen Leben nicht auseinander setzen. Aus Opfern werden Märtyrer; das kann kein sehr angenehmer Zustand sein. Wenn wir uns überflüssig vorkommen, macht uns Gottes wunderbare Welt ganz bitter. Menschen, die immer betrogen werden, brauchen ihren Entscheidungen weder zu trauen, noch für sie geradezustehen. Und Leute, die durch den bitteren Gechmack in ihrem Mund verdrossen sind, tun so, als ob sie im Grunde nicht wirklich deprimiert wären.

Ende und Neugeburt oder Neubeginn gehören stets zum Leben mit dazu. Wenn wir uns verpflichten, den geistigen Weg zu gehen, wenn wir die Absicht haben, auf ihm zu bleiben, ist jede Beziehung, jede Begebenheit, mit der wir konfrontiert werden, eine wichtige Station auf der Heimreise.

Selbst jene Ereignisse, die sehr wehtaten, jene Phasen, in denen wir furchtbar betrogen wurden, haben uns geholfen, wesentliche und wertvolle Informationen über uns selbst zu erhalten. Jeder Augenblick unseres Lebens enthielt genau das, was wir brauchten, um unseren Beitrag zum göttlichen Plan zu leisten. Vielleicht haben wir einen bedeutsamen Teil unseres Herzens zurückgewonnen – und erkannt, wie liebenswert wir doch sind, obwohl wir viel mitmachen mussten. Möglicherweise war dieser Job nicht der richtige für uns – und die Entlassung oder Aufforderung zur Kündigung gab uns die nötige Motivation, um einmal in aller Ruhe zu überlegen, welche Aufgaben unsere Seele hier eigentlich erfüllen soll. Der größere Rahmen zeichnet sich ab. Er ist weit umfassender als derjenige, den wir sehen, wenn wir in die alltäglichen Details und manchmal unangenehmen Gefühle verstrickt sind, die aus der ständigen »Enthüllung« unseres Lebens resultieren.

Bisweilen erzeugten Gegensatz und Widerstand gerade den Druck, den wir brauchten, um allmählich wieder an uns selbst zu glauben.

Der Zyklus von Ende und Neubeginn ist sogar in jenen Beziehungen und Situationen gegenwärtig, aus denen wir uns nicht zurückziehen. Eine Phase kommt zum Abschluss, und eine neue fängt an. Jede hat in unserer Geschichte einen bestimmten Ort und Zweck. Es ist dies der ewige Rhythmus des Lebens. Damit das Neue geboren werden kann, muss das Alte sterben. Dadurch entsteht kurzzeitig eine Leere. Nachdem wir sie überwunden haben, brauchen wir uns nicht mehr an Menschen und Dinge zu klammern.

Wir werden das auch gar nicht wollen. Es ist keine Kraft mehr dafür da. Wir sind unfähig, zu bleiben – es sei denn, wir verkaufen unsere Seele. Wenn wir uns gefangen fühlen oder uns von einer Situation abhängig machen, obwohl unsere Seele sich befreien und weiterentwickeln möchte, beschwören wir schreckliche Verwirrungen herauf. Empfinden und heilen Sie also Ihre Gefühle, und schreiten Sie dann weiter auf Ihrem Weg voran.

Lernen Sie zu erkennen, wann die Lektion gelernt und die Zeit mit einem Menschen oder an einem Ort beendet ist. Packen Sie dann Ihre Koffer und ziehen Sie weiter. Tragen Sie alle Sachen zusammen, machen Sie sich alle Einsichten bewusst, zu denen Sie dort gelangt sind. Bitten Sie um Hilfe. Sie erhalten sie in dem Umfang, wie Sie sie brauchen. Es gibt kaum einen einsameren und trübseligeren Zustand, als nach der Party allein in einem Zimmer zu sitzen und daran zu denken, wie schön es vorher war.

Betrauern Sie Ihre Verluste. Versenken Sie sich in Ihre Gefühle. Das ist notwendig, um zu genesen, zu lernen und die Erkenntnisse zu gewinnen, die eine bestimmte Situation für uns bereithielt. Steigen Sie tief in Ihr Inneres hinab. Spüren Sie Ihre Ressentiments, Ihre Bitterkeit und die Überbleibsel Ihrer zerstörten Träume auf. Lassen Sie die Risse in Ihrem Herzen zuheilen. Vergessen Sie kein Gefühl, das Ihnen zu schaffen macht.

Bringen Sie in jeder Situation Ihre Angelegenheiten zum Abschluss, damit Sie sich nicht mehr mit ihr beschäftigen müssen.

Wünschen Sie jedem der beteiligten Menschen alles Gute, auch wenn Sie wütend, verletzt, enttäuscht sind und es so aussieht, als wären Sie abermals verlassen worden, als wären Sie wieder einmal allein. Die Feinde zu lieben bedeutet nicht, sie genauso fest ins Herz zu schließen wie die Freunde. Aber wenn Sie sich sicher und stark genug fühlen, finden Sie vielleicht zu dieser Einstellung.

Wünschen Sie ihnen jetzt einfach Glück und hüllen Sie sie in Licht. Umgeben Sie die ganze Szene mit einer liebevollen Atmosphäre.

Segnen Sie jene, die Ihre Partner waren und dazu beitrugen, dass Sie in ihrer Gegenwart wichtige Lektionen lernten.

Bringen Sie alles zu einem guten Ende.

Es soll aber nicht so angenehm und süß sein, dass Ihnen von Sirup und Zucker schlecht wird. Wenn das Ende in einen neuen Anfang übergeht, müssen wir unbedingt darauf achten, die eigene Wahrheit zum Ausdruck zu bringen. Zwingen Sie die anderen nicht, die Situation genauso zu beurteilen wie Sie. Im Amphitheater des Lichts fasst jeder das Schauspiel auf seine Weise, aus seiner Warte auf. Erwarten Sie nicht, dass jemand Ihnen gegenüber ehrlich ist, wenn er sich selbst weiterhin anlügt. Gehen Sie nicht im Streit auseinander, aber machen Sie auch Ihren Standpunkt klar. Sie brauchen den Menschen nichts von sich mitzugeben – weder Geld noch Gefühle noch kostbare Energiereserven. Nicht um jeden Preis schließen wir Frieden mit der Vergangenheit, und schon gar nicht um den Preis inneren Friedens. Sagen Sie die Wahrheit. Vielleicht besteht die Lektion, die Sie lernen sollten, gerade auch darin.

Wenn Sie alle diese Aufgaben erfüllen und mit Würde Ihren Weg fortsetzen, brauchen Sie nicht mehr zurückzukehren. Sie sind dem Ziel Ihrer wunderbaren Reise einen Schritt näher gekommen. Sie müssen die Situation mit anderen Menschen (die nur anders aussehen) nicht wiederholen. Die Lektion ist abgehakt. Eine überraschende Wendung wird Sie weder verwirren noch quälen. Sie schreiten mühelos voran.

Sobald eine Sache zu Ende geht und das Signal zum Aufbruch ertönt, gibt es einige Verhaltensweisen, die Ihnen helfen werden. Seien Sie so bald wie möglich sanft, ehrlich und klar mit sich und allen anderen Beteiligten. Bereinigen Sie weitestgehend Ihre Gefühle, bevor Sie mit ihnen sprechen, damit Sie ausgeglichen sind und aus einer Position der Stärke und der Liebe handeln. Sagen Sie ihnen, was Sie vorhaben und warum Sie das gerne tun möchten. Enthalten Sie sich jeglicher Schuldzuweisung. Damit würden Sie Ihr Gegenüber nur unter Druck setzen. Sprechen Sie vielmehr über Ihre Gefühle, Ihre Bedürfnisse und die Situation an sich – doch frei von Hass. Halten Sie nötigenfalls inne, um dann in klarem und liebevollem Ton fortzufahren.

Geben Sie den anderen Gelegenheit, zu fühlen, zu antworten und vielleicht sogar ein wenig boshaft oder gehässig zu sein. Gestatten Sie ihnen, sich innerlich auf die neue Lage einzustellen und herauszufinden, inwieweit diese ihr Leben beeinflusst. Erwarten Sie kein Einverständnis; dazu mag es noch zu früh sein. Wie Sie sich entscheiden, bleibt allein Ihnen vorbehalten. Wenn Sie der Stimme des Herzens und der Seele folgen, werden Sie genau wissen, was Sie wann tun müssen.

Falls die beteiligten Personen verbittert und gemein sind, brauchen Sie nicht in der gleichen Weise zu reagieren. Damit würden Sie nur ein dreidimensionales Drama inszenieren und von Ihrem Weg abkommen. Gewiss wollen wir manchmal lieber streiten und unseren Aggressionen freien Lauf lassen. Ein derartiges Verhalten verhindert jedoch, dass wir uns selbst betrachten und weiter voranschreiten. Wenn wir die anderen für unseren Zustand und unsere zerstörten Träume verantwortlich machen, müssen wir keine Verantwortung für das eigene Leben und dessen Neugestaltung übernehmen. Dann sehen wir auch keinen Grund, unsere Überzeugungen zu ändern.

Beschließen Sie ganz bewusst, sich darauf nicht einzulassen. Der Verdruß und die Wut der anderen haben mit Ihnen wirklich nichts zu tun. Sollen sie so sein, wie sie sind; Sie wiederum bemühen sich zu erkennen, wer Sie sind und welche Aufgaben Ihre Seele hier zu bewältigen hat. Bisweilen sind diese Menschen gar nicht so verwirrt und aufgebracht, wie Sie denken. Das ist nur Ihre Sichtweise.

Zaubern Sie dann ein bisschen, aber tun Sie es stets mit Liebe. Stellen Sie sich vor, dass die ganze Situation in einen großen Honigtopf eingeschlossen ist. Drücken Sie im Geiste Ihren Namen wie einen Stempel auf die Namen der anderen Menschen. Übernehmen Sie das Kommando. Bestehen Sie darauf, dass dieses Ende – so bitter es auch sein mag – einen süßen Beigeschmack bekommt.

Jedes Mal, wenn Sie daran denken, malen Sie sich aus, dass diese Namen zusammen mit Ihrem auf einer kleinen Schriftrolle stehen, die wiederum in einer engen Honigwabe inmitten des von goldener Liebe umhüllten Topfes steckt.

Dann sammeln Sie alle Bestandteile Ihres Seelenlebens, die Sie so leicht zurücklassen. Vergessen Sie zum Beispiel nicht Ihre Selbstachtung, weil Sie glauben: *Mit mir stimmt etwas nicht*, oder ein Stück Ihres Herzens, weil Sie meinen: *Ich bin nicht liebenswert. So etwas wie Liebe gibt es nicht* und *Mir wird keine Liebe zuteil.* Verzichten Sie auch nicht auf Ihr Glück und Ihr Schicksal, indem Sie sich sagen, *Ich kann nirgendwo mehr hin* und *Da sind kaum noch Träume und Wünsche, die zu verwirkli-chen wären.* Achten Sie außerdem darauf, dass kein Aspekt Ihres geistigen Selbst zurückbleibt aufgrund der Überzeugung, Gott sei böse und Ihnen feindlich gesinnt, weil das alles sonst nicht passiert wäre. Falls Sie irgendei-nen Teil Ihres seelischen und intuitiven Selbst preisgege-ben haben, müssen Sie diesen wieder in Ihren Besitz brin-gen. Wenn wir Lügen lange genug glauben, vergessen wir manchmal, dass wir die Wahrheit eigentlich genau kennen.

Der nächste Schritt mag Ihnen noch nicht klar sein, aber Sie brauchen auf Ihrem Weg nicht zurückzugehen und sich erneut mit der Situation zu konfrontieren, falls Sie bemüht sind, ein gutes Ende herbeizuführen, der eige-nen Wahrheit verpflichtet zu bleiben und alle Teile Ihrer Seele zu vereinigen, die man schnell »liegen läßt«. Dann können Sie davon ausgehen, dass der nächste Schritt Sie der Heimat näher bringt.

Das ist eine Befreiung.

Springen Sie jetzt ins Leere. Achten und akzeptieren Sie diesen dunklen Ort, aus dem jede Neugeburt, jede Schöpfung hervorgeht. Lehnen Sie sich dann im Sitz des Amphitheaters zurück. Essen Sie genüsslich Ihr Pop-corn und trinken Sie Ihre Limonade. Harren Sie gedul-dig, froh und glücklich der Dinge, die da kommen wer-den.

Die nächste Vorstellung beginnt gleich.

ÜBUNGEN

Versüßen Sie Ihre Vergangenheit! Haben Sie eine »Ressentimentliste«, die inzwischen so viele Eintragungen enthält wie das Telefonbuch einer Großstadt? Und selbst wenn sie nicht gar so lang ist: Halten Sie immer noch an einigen Überbleibseln zäher Wut aus früheren Situationen fest, die sich nicht in der Weise entwickelten, wie Sie es wollten oder hofften? Hat sich irgendwo in Ihrem Herzen oder in Ihrem Leben Bitterkeit breit gemacht – deutlich fühlbar oder eher unbewusst, aber dennoch vorhanden? Es ist Zeit, die Seele gründlich zu erforschen, die Vergangenheit zu bereinigen. Wenn Sie sich nicht sicher sind, ob Sie all Ihre Angelegenheiten zum Abschluss gebracht haben, sollten Sie die Namen der Ihnen wichtigen Menschen und Situationen auf eine Liste setzen. Berücksichtigen Sie jede enge Beziehung (auch die zu angeheirateten Verwandten); nennen Sie Eltern, Geschwister, Kinder, weitere Familienmitglieder, Nachbarn, Freunde, Arbeitgeber, Angestellte, Geschäftspartner – ja sogar Ärzte und Lehrer, wenn sie Ihrer Meinung nach Ihr Leben negativ beeinflusst haben. Beschäftigen Sie sich mit dieser Liste. Überfliegen Sie sie mehrmals. Welche Gedanken und Gefühle stellen sich dabei ein? Manchmal gewöhnen wir uns so sehr daran, wegen eines bestimmten Vorfalls oder Lebensbereiches verbittert und gehässig zu sein, dass wir all unseren unauslöschlichen Verdruß und Groll auf ihn projizieren. Wir wissen gar nicht mehr, welche Empfindungen er eigentlich in uns hervorruft, weil wir ihm seit langem mit Ärger und Verachtung begegnen. Doch sobald wir uns einen dieser Namen ins Gedächtnis rufen, merken wir, wie tief der Stachel sitzt.

Nehmen Sie jedes verwirrende Ereignis zum Anlaß, Tagebuch zu führen, zu beten und nachzudenken. Schreiben Sie alles auf. Durchleben Sie es noch einmal auf dem Papier oder in Ihren Träumen, damit Sie nicht zurückkehren müssen, um sich tatsächlich mit ihm auseinander zu setzen. Bisweilen löst dieser Prozess eine Lawine von genauso heftigen wie unangenehmen alten Gefühlen aus. Träume können Ihnen helfen, diese Gefühle zu verarbeiten. Bevor Sie abends einschlafen, notieren Sie den Namen der betreffenden Person auf einem Zettel neben dem Bett. Bitten Sie Ihre Träume, mehr Klarheit zu schaffen. Vielleicht haben Sie einen Traum, der die verborgenen und verdrängten Gefühle noch steigert. Er dient keinem anderen Zweck, als Sie in Ihrer emotionalen Arbeit zu unterstützen. Wachen Sie auf! Erinnern Sie sich daran, was Sie geträumt haben, und lassen Sie dann diese schlimmen Gefühle allmählich los.

Lernen Sie, anderen Menschen und sich selbst zu verzeihen! Bemühen Sie sich gezielt um die Kunst der Versöhnung und üben Sie sie ein. Die bewusste Nachsicht und der Segenswunsch in Bezug auf die andere und die eigene Person kann jede Situation mit heilsamer Energie erfüllen. Dazu müssen wir unser Inneres aufschließen. Natürlich heißt das nicht, dass wir völlig willenlos sind und uns von diesem Menschen erneut verletzen, manipulieren oder missbrauchen lassen. Wenn wir unsere Arbeit getan haben, braucht es nicht so weit zu kommen. Wichtig ist, dass wir unsere Angst vor solchen Übergriffen thematisieren.

Eventuell sehnen Sie sich nach einer Visualisierung, die andere Leute und Sie selbst von der Vergangenheit befreit. Die folgende Übung hat mir einer meiner Heiler beigebracht. Sie ist äußerst wirksam, weil sie vielerlei Emotionen zutage fördern und zugleich uns helfen kann, diese zu überwinden. Fertigen Sie eine Liste aller Personen an, denen Sie verzeihen wollen oder müssen. Sehen Sie sich in einem Raum aus weißem Licht, wo Sie mit ihnen sprechen. Stellen Sie sich vor, dass auch Gott, Maria, Jesus, Buddha oder irgendeine andere heilige Gestalt dort zugegen ist. Die betreffende Person bittet Sie, ihr alles zu verzeihen, was sie je gesagt, gefühlt, gedacht oder getan hat, um Ihnen – in welcher Form auch immer – Schmerz zuzufügen. Daraufhin teilen Sie aus tiefstem Herzen mit, dass sie ihr verzeihen. Konzentrieren Sie sich auf diesen Prozess, bis Sie das wirklich sagen können und auch so meinen. Gehen Sie all Ihre Gefühle und Einwände durch, denn diese müssen Sie klären und beseitigen. Stellen Sie sich dann vor, dass auch Sie Ihr Gegenüber bitten, Ihnen jene Äußerungen und Handlungen zu verzeihen, die ihm in irgendeiner Weise schadeten. Seien Sie dabei ehrlich. Vergegenwärtigen Sie sich dieses geistige Bild so lange, bis Sie merken, dass der oder die andere versöhnlich gestimmt ist. Wenden Sie sich schließlich Gott (oder einem der oben genannten heiligen Wesen) zu und bitten Sie, dass Ihnen jede Missetat verziehen sei. Lassen Sie die Situation auf sich wirken, bis Sie fühlen, wie nachsichtig Sie beurteilt und behandelt werden. Bleiben Sie bei dieser Übung, bis Sie nach einigem Nachdenken über jeden Bereich Ihres Lebens sagen können: »Wie wunderbar er doch ist!«

Mantras

Wenn ich meinen Kummer empfinde, bringe ich meine Träume umso liebevoller zum Ausdruck.

Wenn ich beschließe, mein Herz zu heilen, kann ich die Zukunft voller Vertrauen akzeptieren.

Das Leben nimmt Anteil und erneuert.

Ich entscheide mich für die Freude.

Ich verzeihe.

Ich verzeihe mir selbst.

Wenn ich in liebevollen Beziehungen meiner Freude freien Lauf lasse, überwinde ich meine Traurigkeit.

Ich akzeptiere alles, was ich erlebt habe, um in meinen jetzigen Zustand zu gelangen.

Ich bejahe die Zyklen in meinem Leben, vertraue und füge mich ihnen.

12. Heilmittel

Fürchte dich nicht, Daniel; denn von dem
ersten Tage an, als du von Herzen begehrtest
zu verstehen, und anfingst, dich zu demütigen
vor deinem Gott, wurden deine Worte erhört,
und ich wollte kommen um deiner Worte willen.

Daniel 10,12

Das Herz öffnen

Benutzen Sie es, um das Herzchakra zu aktivieren;
um in Einklang zu kommen mit der universellen,
persönlichen und überpersönlichen Liebe;
um für Gottes Liebe offen zu werden;
um alte Überzeugungen von der Liebe zu revidieren;
um die reinsten Formen der Selbstliebe
und der Liebe für andere zum Ausdruck zu bringen;
und um Liebe empfangen zu können.

Als ich zum ersten Mal die ägyptischen Pyramiden be-
sichtigte, um darin zu meditieren und die »besonderen
Kräfte« zu empfangen, bestand mein Freund und Lehrmeister Essam – ein Araber aus Gise, ein Mann mit reinem Geist und offenem Herzen – darauf, dass ich eine
weiße Kopfbedeckung trage. Auf dem Kamel reitend

musste ich also kurz anhalten, ein langes weißes Tuch kaufen und es mir um den Kopf binden, ehe ich dann die Pyramiden betreten konnte, um meine Initiation zu vollenden und die »besonderen Kräfte« in mich aufzunehmen.

Ich fand die Aktion lächerlich. Das Tuch hatte umgerechnet nur ein paar Dollar gekostet, was immerhin darauf schließen ließ, dass ich nicht einfach nur an der Nase herumgeführt wurde. Trotzdem kam mir dieser Teil des Rituals absurd vor. Ins Zentrum der Grabstätte zu kriechen, dann wegen jener ominösen Kräfte in meditativer Haltung und mit einem weißen Turban auf dem Boden zu sitzen erschien mir doch ein bisschen übertrieben. Ein solches Gebaren unterschied sich völlig von der Lebensweise, mit der ich in den Vereinigten Staaten konfrontiert war, wo man traditionellen Zeremonien fast zynisch und insgeheim verächtlich gegenüberstand.

Ich begriff nicht, was es mit dem Ritual auf sich hatte. Und gewiss glaubte ich nicht daran, dass die Menschen auf diesem Planeten, gleich welcher Nationalität, Zugang haben zu irgendwelchen besonderen Kräften. Der weiße Stoff um meinen Kopf war gewissermaßen die Krönung der ganzen Erfahrung. Dennoch setzte ich mich ihr aus.

Heute bin ich froh darum.

Und ich würde sie jederzeit wieder machen.

Sie half mir, meine verborgene und unbewusste Verachtung für das Leben und mich selbst, für geistige Kraft und Rituale zu überwinden. Sie veranlasste mich, mein Herz zu öffnen. In diesem Leben gibt es bestimmte Tore, die wir nur dank einer reinen und absoluten Demut, einer absoluten Hingabe durchschreiten können.

Eines dieser Tore bildet den Eingang zum Herzen.

Einige alte Religionen und Glaubenslehren, einschließlich jener, die sich nach dem Wirken Jesu in dieser Welt zum Christentum entwickelte, beinhalten eine heilige Feier – ein Fest –, um Menschen in symbolischer Form dazu zu beglückwünschen, dass sie die höheren Chakren (Energiezentren) des Körpers geöffnet und aktiviert haben. Diese befinden sich im jadegrünen Kreis um das Herz, im himmelblauen Kreis über der Kehle, im violetten Kreis zwischen den Augenbrauen, den viele als mystisches Auge bezeichnen, und im weißen Kreis auf dem Schädel, der uns mit dem Himmel, der Wahrheit und mit Gott verbindet.

Zu diesen Energiezentren und Wahrheiten gelangen wir durch das Herz.

Dort beginnt alles. Und dorthin führt der Weg nach Hause.

Das zwölfte Heilmittel dient dazu, das Herz zu öffnen und zu beleben – und darüber hinaus jede falsche Ausrichtung, irrtümliche Anpassung und unzulängliche Bedingung in der DNS unserer Seele zu korrigieren. Es soll den ursprünglich perfekten Zustand jener »Aufzeichnungen« wiederherstellen, auf denen unser Leben beruht.

Manchmal erzeugen wir durch unsere Reaktion auf ungesunde Situationen, Stimmungen und Umwelteinflüsse einen Missklang in unserem Innern. Dann wieder verfälschen andere Menschen unsere Aufzeichnungen, weil sie mit sich selbst nicht im Reinen sind. Auch Eltern, Freunde und Personen, denen wir vertrauen und Zugang zu den tiefsten Gefühlsschichten gewähren, können unserem Energiefeld wesentliche Vorstellungen einprägen, die sich vielleicht negativ auf unser Leben auswirken.

Wir mögen immer wieder an uns arbeiten, Emotionen loslassen, meditieren, den geistigen Weg beschreiten, unser Leben zu verbessern suchen – und dennoch den Eindruck haben, nirgendwo anzukommen. Es scheint, als würden wir wie wahnsinnig in einer Tretmühle laufen, bis wir völlig erschöpft sind. Dann fragen wir uns, warum das alles nichts bringt, warum uns diese Bemühungen so auslaugen und warum wir dauernd da landen, wo wir angefangen haben.

Der Heilungsprozess besteht vor allem auch darin, die in unserer geistigen DNS gespeicherten Aufzeichnungen gleichsam zu reinigen. Eine architektonische Konstruktion kann und wird niemals über die ihr zugrunde liegende Entwurfszeichnung hinausgehen. Die Vorstellung von einer geistigen DNS ist nicht neu, und sie bewegt sich stets innerhalb der üblichen Grenzen der menschlichen Einbildungskraft hinsichtlich der Gesetzmäßigkeiten des Lebens. Sie geht zurück auf den Sohar, jenen zentralen Text der jüdischen Kabbala, der eine so starke Wirkung haben soll, dass allein das Vorhandensein des Buches in einem Haus das Leben der Bewohner ändern kann, auch wenn sie nie darin lesen. Man sagt, schon die flüchtige Lektüre des Sohar beeinflusse die Seele so tief, dass dadurch der im menschlichen Geist enthaltene »Bauplan« wiederhergestellt wird. Es genügt, den Text zu überfliegen, ohne auch nur einen Buchstaben des hebräischen Alphabets zu kennen.

Das beweist, welche Macht diese alten Überzeugungen besitzen.

Das zeigt aber auch, wie wichtig die verschlüsselten Botschaften in unserer Seele und in unserem Leben sind.

Gestatten Sie sich, in den Zustand der Vollkommenheit zurückversetzt zu werden. Lassen Sie es geschehen in der fünften Dimension, auf der spirituellen Ebene, wo alles Leben entsteht und stattfindet. Sehen Sie den heilkräftigen Balsam vor sich, das Öl, gepresst aus der starken und magischen Frucht des Olivenbaums, ein gesundes, regenerierendes, heiliges, kostbares Öl voller Sauerstoff und Ozon aus der schützenden Hülle des Planeten, das über Ihren Kopf gegossen wird. Fühlen Sie, wie das Öl jede Stelle Ihres physischen Körpers durchtränkt. Malen Sie sich aus, es zu trinken. Es schmeckt gut, und es erfüllt jede Zelle, jede Faser Ihres Seins mit jenem neuen Leben, das für Ihre Inkarnation ursprünglich vorgesehen war.

Spüren Sie, wie es Ihr Herz wäscht, reinigt und läutert.

Begeben Sie sich auf die höchsten Ebenen, die Sie in diesem Leben erreichen können. Gehen Sie ein Wagnis ein. Öffnen Sie Ihr Herz.

»Ich liebe meinen Verlobten. Ich will mit ihm zusammen sein. Aber sein Herz ist verschlossen. Wie kann ich ihn dazu bringen, es aufzuschließen?«, fragte mich eine Frau.

»Sie können niemanden zwingen, das eigene Herz aufzuschließen«, antwortete ich. »Aber vielleicht möchten Sie damit anfangen, dass Sie Ihr eigenes Herz öffnen.«

Nehmen Sie ein Risiko auf sich! Glauben Sie an die Liebe, an sich selbst, an das Leben, an Gott. Ihr Dasein wird stets von Ihren Überzeugungen abhängen. Ihre »Light-Show« verläuft gemäß dem Drehbuch, das Sie für die einzelnen Szenen geschrieben haben. Wenn Sie nicht an die Liebe glauben – ja nicht einmal daran, dass sie überhaupt existiert –, wird das Universum dem entsprechen, indem es Ihnen ständig das zeigt, was Sie sich vorstellen. Sie sehen die Show, die Sie selbst kreiert haben.

Wenn Sie nicht davon überzeugt sind, dass es da draußen eine magische Welt gibt, die es kaum erwarten kann, sich vor Ihren Augen zu entfalten, Ihnen Hinweise auf synchrone Prozesse zu geben und Sie auf Ihrem Weg zu leiten, wird es Ihnen schwer fallen, die universelle Liebe zu erkennen. Ihr Zynismus führt dann alles auf Glück oder Zufall zurück.

Wenn Sie nicht daran glauben, dass Gott Sie liebt, sind Sie weder in Ihrem Leben noch in Ihrem Herzen für diese Liebe offen.

Ganz gleich, wer Ihnen dann Liebe entgegenbringt – ein Kind, ein Liebender, eine Freundin, Gott oder Christus: Sie empfinden diese Schwingung nicht als Ausdruck von Wahrheit. Die Wörter und Gesten prallen an Ihrem Energiefeld ab. Sie sehen und hören bloß den Schmerz und all die Lügen und Täuschungen, mit denen Sie früher konfrontiert waren. Wenn jemand in Ihr Leben tritt, verstecken Sie sich hinter Ihrem Panzer, weil Sie ja wissen, dass wahre Liebe nicht von Dauer ist. Warum also sollten Sie sich öffnen und etwas riskieren?

Einige von uns begnügen sich mit den Surrogaten der Liebe – Geld, Sex und Dingen. Andere flüchten sich in die Arbeit. Natürlich kann diese auch Liebe beinhalten. Aber unsere Seele kam vor allem deshalb hierher, um Liebe zu schenken und zu empfangen; das ist ein elementarer Bestandteil unseres ursprünglichen Lebensplans.

Gedanken und Überzeugungen sind zwar wichtig, doch eine Existenz, die allein vom Verstand gesteuert wird, lässt viele Bedürfnisse ungestillt. Jüdische Glaubenslehren, christliche Grundsätze, islamische Moralvorstellungen oder andere religiöse Anschauungen können buchstabengetreu gelernt und befolgt werden, und trotzdem übersehen wir dabei das Wesentliche, wenn unser Herz verschlossen ist und wir nicht in Liebe handeln und leben.

Die Liebe ist die stärkste Macht der Welt.

Die Energie ringsum ist neutral. Wir besitzen die Fähigkeit, sie zu aktivieren und zu nutzen aufgrund von Absichten, die dem dunklen Bereich entstammen – oder von solchen, die in weißes Licht getaucht sind. Um diese Energie für unser höchstes Wohl zu verwenden, müssen wir uns öffnen und von innen heraus leben.

»Viele Leute verstehen Aikido nicht«, sagte meine Lehrmeisterin. »Sie lernen die Techniken nie. Eben weil sie in ihrer Ratio gefangen sind und Angst haben, das Herz aufzuschließen.«

Fühlen und befreien Sie Ihre Angst und Ihre Panik! Erforschen Sie Ihre dunklere Seite und jene Dinge, die Sie bisher weder sehen noch empfinden wollten. Lassen Sie das Licht des Bewusstseins durch alle Ihre Zellen und in jeden Augenblick Ihres Tages scheinen. Machen Sie sich klar, wer Sie sind und in welchem Zustand Sie sich befinden.

Treffen Sie dann ganz gezielt eine Entscheidung; gehen Sie die Verpflichtung ein, Ihr Herz zu öffnen und aus dessen Mitte heraus zu leben.

Für ein so geführtes Dasein gibt es keine Regeln; diese sind nur dann notwendig, wenn man vom Kopf her lebt. Gewiss, es gibt universelle Wahrheiten, aber wenn Sie aufnahmefähig sind, werden sie Ihnen zur rechten Zeit nahe gebracht.

Angelo war einer der ersten Menschen, mit denen ich mich nach meiner Ankunft in Los Angeles anfreundete. Von dem Moment an, da wir uns begegneten, schloss ich ihn ins Herz. Er war mein Friseur, wurde aber auch zu meinem Vertrauten. Er machte seine Arbeit sehr gut – besser als all die anderen Friseure, bei denen ich bisher gewesen war. Irgendwann sagte ich ihm das und fragte ihn, ob er eigentlich wüßte, dass er reine, wahre Liebe verkörpere. Außerdem interessierte mich, wie er es geschafft habe, seine Kunst so zu perfektionieren.

Bemerkenswert war nicht nur sein technisches Geschick beim Haarschneiden. Welche Person er auch berührte, er gab ihr das Gefühl, schön, besonders und wunderbar zu sein. Er hatte dieses gewisse Etwas. Seine Arbeit, seine Hände, seine Gegenwart – all das trug dazu bei, dass jede(r) sich so schön und einzigartig fühlte, wie Gott es beabsichtigt hatte.

Er arbeitete nicht vom Kopf her. Er teilte die Haare nicht einmal in kleine Büschel, wie es die meisten seiner Kollegen tun. Ich sagte ihm, er sei so gut, dass er sogar mit geschlossenen Augen die Haare schneiden könne. Er war ein Meister seines Fachs.

»Ich wusste immer schon, dass ich dazu bestimmt war, Haare zu schneiden«, erklärte er. »So weit ich zurückdenken kann, wollte ich nichts anderes tun. Dabei mache ich eigentlich gar nichts. Ich lasse einfach nur zu, dass Gott meine Hände führt.«

Obwohl sein Tod für uns überraschend kam – wir hatten ihn nicht so früh erwartet –, glaube ich doch, dass er sich über seinen Zustand im Klaren war. Gegen Ende seines Lebens schien er erfüllt von höchster Bewusstheit, übersinnlicher Wahrnehmung und tiefer geistiger Verbundenheit. Am Abend, bevor er starb, diskutierten wir am Telefon. »Du gehst nirgendwohin«, sagte ich. »Wir beide wissen, dass du hier noch einiges zu tun hast.«

Ich wollte ihn nicht verlieren. Mir kam es so vor, als würde ich mit ihm sämtliche Menschen verlieren, die ich je geliebt hatte. Plötzlich fanden sie sich alle in meinem Herzen ein, und im nächsten Augenblick waren sie verschwunden.

Ich denke, dass Angelo wohl doch mit dem Leben abgeschlossen hatte. Er starb am Tag darauf. In einer seiner letzten Bemerkungen gab er mir zu verstehen, dass ich nie vergessen solle, einfach dorthin zu gehen, wo die Liebe mich hinführt.

Nach nur wenigen Jahren verriegeln wir so schnell unser altes Herz, bis es sich wie eine ausgetrocknete, trostlose Grube anfühlt. Allzu leicht reden wir uns ein, dass es sicherer sei, sich nicht zu exponieren und kein Risiko einzugehen. Wir schützen uns selbst durch Hartherzigkeit, Zynismus und die Überzeugung, dass es im Grunde keine Liebe gebe.

Wenn wir unser Leben in dieser Weise verbringen wollen, haben wir das Recht und gewiss auch die Möglichkeit dazu. Aber uns wird immer etwas fehlen, egal wie viel Geld wir auf dem Bankkonto anhäufen oder wie oft wir Sex haben. Wir können uns weismachen, dass wir glücklich sind und alles wie am Schnürchen läuft. Aber mitten in der Nacht, wenn der Mond durchs Fenster scheint, wissen wir, dass das nicht stimmt.

Lernen Sie, sich selbst zu lieben und dabei auch von Gott und dem Universum Liebe anzunehmen. Gehen Sie dann einen Schritt weiter. Lernen Sie, andere Menschen zu lieben und die Liebe von ihnen zu empfangen und zu akzeptieren.

Dieser Glaube versetzt Berge.

Demütig zu werden ist ebenfalls hilfreich.

Bitten Sie um Beistand, und lassen Sie sich von Gott, dem Universum und Ihrer Seele zeigen, was als nächstes zu tun ist. Seien Sie unbesorgt. Sie wissen schon, welche Maßnahmen Sie ergreifen müssen. Sie werden geführt. Sie können stets offen sein und dennoch in Sicherheit leben aufgrund der von Ihnen gezogenen Grenzen. Vor allem kommt es darauf an, dass Sie hierbei offen sind für sich selbst – für Ihr Wesen, Ihre Gefühle, Ihre Wünsche. Die Selbstliebe ist ein wichtiger Bestandteil eines von innen her gelebten Lebens.

Manchmal habe ich Angst, dass man mich benutzt, übervorteilt oder misshandelt, wenn ich mir meine Offenheit bewahre. Ich denke, dass ich zu verwundbar bin. Allmählich aber wird mir klar, dass ich mich da geirrt habe. Am verwundbarsten bin ich gerade dann, wenn mein Herz verschlossen ist, weil ich so meine emotionalen Reaktionen, meine Selbstliebe und meine Verbindung zu göttlicher Unterweisung und Wahrheit ignoriere.

Falls Sie sich aufgrund Ihrer freimütigen Art unsicher und unwohl fühlen, ziehen Sie sich aus einer heiklen Situation einfach zurück.

Legen Sie ein weißes Taschentuch auf Ihren Kopf, und lassen Sie die Energie Ihres Herzens nach oben strömen, bis sie sich mit Gottes Licht und Liebe verbindet. Feiern Sie Ihre Initiation in die Welt der höheren Liebe.

Jetzt sind Sie bereit, etwas über die besonderen Kräfte zu erfahren, die im Universum enthalten und Ihnen zugänglich sind.

Einmal beklagte ich mich bei einem Freund über mein Aussehen; ich erzählte ihm, wie froh ich sei, dass eine bestimmte Person mich an diesem Tag nicht zu Gesicht bekommen habe, weil meine äußere Erscheinung einiges zu wünschen übrig ließ. Mein Freund lächelte und schüttelte den Kopf. »Mach dir keine Sorgen über dein Aussehen«, versicherte er mir. »Wenn ein Mensch dich liebt, sieht und liebt er deine Seele.«

Wenn ich im Hotel wohne, hänge ich oft dieses kleine Schild mit der Aufschrift *Bitte nicht stören* an die Tür. Doch häufig stören mich die Leute trotzdem. Verärgert frage ich mich dann: *Können die das Schild nicht lesen?* Obwohl wir uns nach besten Kräften bemühen, in unserem Leben und in all unseren Beziehungen Liebe zu finden, kann es durchaus sein, dass wir ein unsichtbares Schild mit uns herumtragen, auf dem steht: *Bitte nicht stören. Ich glaube nicht an die Liebe. Rühr mich nicht an.*

Die Welt reagiert empfindlicher auf unsere Überzeugungen, als wir es uns eingestehen wollen.

Gelegentlich entdecken wir auf unserem Heimweg kleine Hütten, in denen wir unterschlüpfen. Wir wollen vielleicht gar nicht lange bleiben, aber nach einer Weile reden wir uns ein, dass wir zumindest in Sicherheit sind. Dann lassen wir uns dort häuslich nieder und bezeichnen den Ort als unser Zuhause.

Der ständige Wechsel und die Verpflichtung, immer weiter voranzuschreiten und endlich heimzukehren, können uns ermüden, ja sogar Überdruß bereiten. Dann haben wir bald das Gefühl, dass schmerzliche oder angenehme Erfahrungen einander ablösen, ohne irgendeinen Sinn zu ergeben. Bleiben Sie nicht stehen, ehe Sie Ihr Ziel erreicht haben! Geben Sie sich nicht mit weniger zufrieden als dem, was die Stimme des Herzens wünscht. Halten Sie durch. Beginnen Sie notfalls noch einmal von vorn. Setzen Sie einen Fuß vor den anderen, und legen Sie auch diese zusätzliche Strecke zurück.

Vom Kopf her oder im Kummer zu leben mag in der Vergangenheit ganz in Ordnung gewesen sein, aber heute sind Sie dazu nicht mehr gezwungen. Fahren Sie fort, Ihre Gefühle zu empfinden, zu beten und Ihrem Wissen zu vertrauen. Passen Sie sich dem Rhythmus Ihres Lebens an. Setzen Sie sich mit Ihren Überzeugungen auseinander. Gestalten Sie Ihr Dasein täglich so, dass Ihnen die größten Wohltaten zuteil werden. Nehmen Sie jeden Augenblick bewusst wahr. Achten Sie auf die Details. Sammeln Sie die Hinweise, die Sie erhalten.

Sie sind nicht in einer Tretmühle. Die öde Routine bringt nichts. Kommen Sie nicht zum Stillstand, bevor Sie Ihr Herz völlig aufgeschlossen haben. Lassen Sie sich durch Ihr Leben, durch Ihren inneren Prozess den ganzen Weg bis zur Türschwelle führen. Bitten Sie um Hilfe. Üben Sie demütig Verzicht. Schreiten Sie dann durch die Tür. Es ist Zeit, heimzukehren in Ihr Herz.

Überlegen Sie sich Ihre Äußerungen genau. Wörter entfalten eine enorme Wirkung. Sagen Sie nicht: *Ich mache zu* oder *Ich kapsle mich ab*. Sagen Sie: *Ich öffne mich*.

ÜBUNGEN

Leben Sie gefährlich; gehen Sie das Risiko der Liebe ein! Haben Sie irgendwann beschlossen, dass es in dieser Welt einfacher und sicherer sei, ohne Liebe zu leben? Holen Sie Ihr Tagebuch hervor. Seien Sie ganz offen. Halten Sie ehrlich und gewissenhaft Ihre Ansichten über die Liebe fest. Schreiben Sie, wann Sie enttäuscht, zurückgewiesen, betrogen wurden – welche Menschen Ihnen keine Liebe entgegenbrachten, obwohl Sie es sich wünschten, und welche Menschen Ihnen sehr wohl Liebe entgegenbrachten, Sie dann aber verlassen haben. Wie denken Sie über universelle Liebe und Gleichzeitigkeit? Notieren Sie Ihre Antworten. Finden Sie heraus, woran Sie glauben, denn hierin liegt Ihre eigentliche schöpferische Kraft. Bemühen Sie sich dann, Ihre Gefühle in Bezug auf verlorene Lieben und zerstörte Träume zu heilen und loszulassen, bis Sie schließlich wahre Liebe schenken, empfangen und in Ihrem Leben verankern. Beschreiben Sie Ihre spontanen Reaktionen und Abwehrmechanismen in der Liebe. Was machen Sie, wenn Sie sich verletzt oder abgewiesen fühlen? Wie erwehren Sie sich der Liebe? Haben Sie sich all den Freuden ringsum verschlossen und eine zynische Haltung eingenommen? Beobachten Sie sich selbst, Ihre Beziehung zur eigenen Person, zu anderen Menschen, zu Gott, und bringen Sie Ihre Einsichten zu Papier. Stellen Sie sich dann vor, dass Ihr Schutzengel hinter Ihnen steht, Sie so lange mit einem Stock anstößt, bis Sie der Liebe genügend vertrauen, um den Mund zu öffnen und zu sagen: »Ich liebe dich.« Lernen Sie, dieses Wagnis einzugehen.

Bitten Sie Gott, dass Er Ihnen hilft, das Herz zu öffnen! »Es braucht viel Kraft, um morgens aufzustehen und auf diesem Planeten ein Leben zu führen, das von Leidenschaft und Offenheit geprägt ist«, sagte meine Tochter einmal. Ich pflichtete ihr bei. Manchmal brauchen wir Unterstützung. Bitten Sie also Gott und das Universum um alles, was Sie benötigen, um Ihr Herz aufzuschließen und Ihr Leben dementsprechend auszurichten. Beginnen Sie, indem Sie sich selbst bewusst machen, wer Sie sind, was Sie wirklich fühlen und was Ihnen wichtig ist. Gehen Sie damit nach draußen und bitten Sie Gott,

Ihnen zu helfen, sich einem anderen Menschen zu offenbaren. Bewahren Sie Ihre Klarheit, bleiben Sie zentriert in Ihrem Wesen, Ihren Empfindungen, Gedanken und Ahnungen. Sie merken schon, wann Sie in Situationen geraten, in denen jemand Sie ausnutzt oder nicht vertrauenswürdig ist. Danken Sie dieser Person dann, dass sie Ihnen als eine Art Trainingspartner diente. Üben Sie immer wieder, sich selbst zu lieben, indem Sie Ihre Wünsche, Bedürfnisse und Einsichten deutlich erkennen. Seien Sie offen für alle Erfahrungen, die Ihre Aufnahmefähigkeit weiter erhöhen. Vielleicht möchten Sie einen Film anschauen, ein Buch lesen oder etwas tun, das Sie noch nie getan haben. Möglicherweise werden Sie aufgefordert, Ihren Weg zu verlassen und einen kleinen Abstecher zu unternehmen. Oder Ihnen kommt die Idee, irgendwo Urlaub zu machen. Achten Sie auf die Zeichen, die das Universum Ihnen gibt, um Sie zu heilen und Ihr Herz aufzuschließen.

Lieben Sie sich selbst! Sobald wir anfangen, uns zu öffnen und unsere Überzeugungen und Aufzeichnungen – unsere verschlüsselte geistige DNS – zu korrigieren, müssen wir einsehen, dass da wahrscheinlich einiges aufzuarbeiten ist. Frühere Vorstellungen und Gefühle kommen wieder zum Vorschein. Manchmal wissen wir vielleicht gar nicht, was mit uns geschieht. Wir brechen in Tränen aus oder reden über weit zurückliegende Ereignisse. Eventuell sind wir deswegen wütend, ja zornig. Wenn wir jedoch darum bitten, dem offen zu begegnen, werden die Hindernisse und Blockaden beseitigt. Gehen Sie sanft mit sich um. Gestatten Sie Ihrem Herzen, sich aufzutun und zu gesunden, und nehmen Sie bewusst wahr, was Sie davon abhält, aufrichtig, klar und rein zu sein. Falls Probleme auftauchen, die Sie über Gebühr belasten, erbitten Sie Beistand. Gehen Sie zu einem seriösen Fachmann – einem Therapeuten. Sprechen Sie mit einem Freund. Passen Sie dabei gut auf sich auf. Gönnen Sie sich das, was Sie brauchen. Unser Wohlergehen besteht auch im Vertrauen darauf, dass das Universum unsere Bedürfnisse stillt – gerade auch jene nach Heilung und Hilfe. Die Selbstliebe markiert den ersten Schritt in Richtung Offenheit.

MANTRAS

Wenn ich auf die Stimme des Herzens höre, wird mein Vertrauen in Liebesbeziehungen wiederhergestellt.

Wenn ich den Schmerz der Zurückweisung empfinde, heilt mein gebrochenes Herz.

Wenn ich mir meinen abgrundtiefen Kummer bewusst mache, kann ich im Glauben an Gott meine Liebe zum Ausdruck bringen.

Wenn ich offen bin für die Liebe, bejahe ich den Schmerz und baue auf Gott.

Wenn ich mich wieder sicher genug fühle, Liebe zu empfangen, verwandeln sich meine Schuldgefühle in den Glauben an die Liebe.

Ich habe Liebe verdient.

Männer sind vertrauenswürdig.

Frauen sind vertrauenswürdig.

Ich habe Vertrauen in Liebesbeziehungen.

Ich nehme die Liebe an.

Wenn ich in die Liebe einwillige, bekenne ich mich zum Frieden.

Ich befreie mich von der Angst, jene Menschen zu betrügen, die ich liebe und die mich lieben.

Ich bewirke nichts als Liebe.

Ich verbinde mein Glück erneut damit, dass ich Liebe empfange.

Wenn ich zugebe, dass ich voreingenommen auf liebevolle Fürsorge verzichtet habe, entwickle ich allmählich die Bereitschaft, sie zu empfangen.

Ich betrachte es als einen Ausdruck von Mitgefühl, Liebe zuzulassen.

Ich öffne mich, um die Liebe in mich aufzunehmen.

Ich bin liebenswert.

Ich schließe mein Herz auf.

Danksagung

Ich danke Gott; meiner Tochter Nichole (für ihre redaktionelle und bibliographische Arbeit und für ihre Liebe); meinem Sohn Shane (dafür, dass er mein Schutzengel ist); Kyle Mathews (für seine Geschichten und Heilmethoden und seine Freundschaft); meiner Mutter (dafür, dass sie mir mein Dasein ermöglicht hat); Francisco (für seine Gebete und geistigen Übungen); Dr. Steve Sherwin (für seine Heilmethoden, Meditationen und Visualisierungen); Virginia Mayhew (dafür, dass sie mir die spirituelle Dimension des Aikido erschlossen hat); Arnold Steele (für seine Bilder und Geschichten); Norman (für seine Entdeckungen und Betrachtungen und seine Freundschaft); Angelo; Nazil; Lucinda Bassett; Mike Graham (für seine »Light-Show«-Theorie); Mark Chimsky, meinem Lektor; den Kinesiotherapeuten von Minnesota, vor allem Marci, Steve und Bill Gustafson; und dem Rest der Bande, der mir half, den Weg nach Hause zu finden.